OS GRUPOS
NO DIREITO SOCIETÁRIO ALEMÃO

HANS-GEORG KOPPENSTEINER

O ESTABELECIMENTO ESTÁVEL
NAS CONVENÇÕES MODELO
DA OCDE E DA ONU

CARLA PALMEIRA

A LICENÇA POR MATERNIDADE
E A SUSPENSÃO DO CONTRATO DE TRABALHO

LUÍSA ANDIAS GONÇALVES

OS RENDIMENTOS DO TRABALHO
E A SUA TRIBUTAÇÃO

JOANA DOMINGUES

OS GRUPOS
NO DIREITO SOCIETÁRIO ALEMÃO

HANS-GEORG KOPPENSTEINER

O ESTABELECIMENTO ESTÁVEL
NAS CONVENÇÕES MODELO
DA OCDE E DA ONU

CARLA PALMEIRA

A LICENÇA POR MATERNIDADE
E A SUSPENSÃO DO CONTRATO DE TRABALHO

LUÍSA ANDIAS GONÇALVES

OS RENDIMENTOS DO TRABALHO
E A SUA TRIBUTAÇÃO

JOANA DOMINGUES

OS GRUPOS NO DIREITO SOCIETÁRIO ALEMÃO
O ESTABELECIMENTO ESTÁVEL
NAS CONVENÇÕES MODELO DA OCDE E DA ONU
A LICENÇA POR MATERNIDADE E A SUSPENSÃO
DO CONTRATO DE TRABALHO
OS RENDIMENTOS DO TRABALHO E A SUA TRIBUTAÇÃO

AUTORES
HANS-GEORG KOPPENSTEINER
CARLA PALMEIRA
LUÍSA ANDIAS GONÇALVES
JOANA DOMINGUES

EDITOR
EDIÇÕES ALMEDINA, SA
Rua da Estrela, n.º 6
3000-161 Coimbra
Tel.: 239 851 904
Fax: 239 851 901
www.almedina.net
editora@almedina.net

PRÉ-IMPRESSÃO • IMPRESSÃO • ACABAMENTO
G.C. – GRÁFICA DE COIMBRA, LDA.
Palheira – Assafarge
3001-453 Coimbra
producao@graficadecoimbra.pt

Março, 2006

DEPÓSITO LEGAL
241077/06

Os dados e as opiniões inseridos na presente publicação
são da exclusiva responsabilidade do(s) seu(s) autor(es).

Toda a reprodução desta obra, por fotocópia ou outro qualquer processo,
sem prévia autorização escrita do Editor,
é ilícita e passível de procedimento judicial contra o infractor.

NOTA DE APRESENTAÇÃO

O quarto volume das "Miscelâneas" do IDET — Instituto de Direito das Empresas e do Trabalho abre com um texto do Prof. Hans-Georg Koppensteiner sobre "Os grupos no direito societário alemão", *correspondente a uma conferência dada pelo Autor na FDUC, no âmbito do V Curso de Pós-Graduação em Direito das Empresas (do IDET). Poucos meses antes, havia sido publicado o comentário monumental (mais de 1350 páginas densas) de Koppensteiner ao* Konzernrecht *alemão* (Kölner Kommentar zum Aktiengesetz, Band 6, 3. Aufl., Carl Heymanns Verlag, 2004). *O texto que aqui se inclui oferece uma síntese de alguns dos aspectos principais de um direito que inspirou e continua a influenciar o direito dos grupos de sociedades português.*

Tem sido preocupação do IDET incentivar alguns pós-graduados para o trabalho de investigação. Concedeu já, por isso, sete bolsas de investigação anuais. Os trabalhos das Dras. Carla Palmeira, Luísa Gonçalves e Joana Domingues estão entre os primeiros sinais que o Instituto, muito gostosamente, expõe à publicidade crítica.

Coimbra, Fevereiro de 2006

Jorge. M. Coutinho de Abreu

OS GRUPOS
NO DIREITO SOCIETÁRIO ALEMÃO*

HANS-GEORG KOPPENSTEINER

---

* Este texto surge na sequência de algumas conferências que dei nas Faculdades de Direito da Universidade Católica de Lisboa e da Universidade de Coimbra na Primavera de 2005. Foram acrescentadas algumas referências.

I
INTRODUÇÃO

A história do "Konzernrecht" (direito dos grupos de socie-dades)[1] remonta aos anos vinte e trinta do século passado. Com base numa doutrina ampla, mas primordialmente de carácter descritivo, foram introduzidas definições fundamentais na res-pectiva lei de 1937. Porém, estas definições ficaram sem conse-quências legais importantes. Até hoje, a lei escrita limita-se a grupos abrangendo uma SA, embora os mesmos problemas possam surgir a respeito de outros tipos de sociedade. Voltare-mos a este assunto adiante.

Pouco tempo depois da guerra começaram disputas inten-sas com vista a uma reforma, o que teve a sua origem nas de-ficiências da lei existente, por um lado, e na concentração pro-gressiva da economia alemã, por outro. Seguiu-se um projecto ministerial (1958) que já continha elementos decisivos para a lei futura, nomeadamente a distinção entre grupos contratuais e os chamados grupos de facto. Estes últimos foram tratados severa-mente quanto à responsabilidade da entidade dominante. A ideia reguladora subjacente a este conceito foi a de incitar à celebra-ção de um contrato de subordinação se houvesse intenção de utilizar a influência dominante. Exactamente pela sua severidade,

---

[1] Sobre este tema DETTLING, *Die Entstehung des Konzernrechts im Aktiengesetz von 1965*, 1997.

este projecto encontrou uma resistência considerável por parte dos círculos interessados. O resultado foi que a lei de 1965 (AktG) manteve o objectivo de proteger eficazmente os accionistas e os credores de uma SA em dependência. Mas a forma dessa protecção foi abrandada significativamente.

Dada a complexidade da matéria e a abundância da jurisprudência e da doutrina, temos de nos limitar a tratar dos aspectos aparentemente mais importantes no que concerne às normas relativas à protecção dos accionistas e de terceiros[2]. Outros elementos do direito dos grupos, por exemplo a proibição de as sociedades dependentes adquirirem acções da sociedade dominante, não serão tratados.

Começaremos por apresentar uma sinopse da lei originária e da evolução legislativa. Seguidamente, passaremos à discussão de alguns problemas de interpretação na perspectiva dos tribunais e da doutrina. Segue-se uma comparação condensada com o regime das sociedades "coligadas" em Portugal e algumas observações sobre a evolução do complexo a nível europeu.

---

[2] Um tratamento breve da matéria é oferecido por ENGRÁCIA ANTUNES, *Os grupos de sociedades*, 2.ª ed. 2002, p. 170 ss.

II
SINOPSE DA LEI ORIGINÁRIA
E DA EVOLUÇÃO LEGISLATIVA

1. Resumo

As normas sobre os grupos encontram-se em diferentes pontos da lei[3], a saber, nos §§ 15-22 e nos §§ 291-328. O primeiro grupo contém definições dos tipos diversos de grupo (§§ 15-19). Seguem-se disposições a respeito da obrigação de uma empresa que adquiriu mais de 25 ou 50 % das participações informar a sociedade que, por seu lado, tem de publicar a informação (§§ 20-22). O segundo grupo de normas começa por regular contratos de empresa, sendo os mais importantes o contrato de domínio e o contrato de transferência de todo o lucro para outra empresa, o que em termos do código português se designa de "convenção de atribuição dos lucros" (§§ 291-310). Seguem-se disposições sobre os grupos de facto (§§ 311-318), a incorporação ("Eingliederung") (§§ 319-327)[4] e, finalmente, participações recíprocas (§ 328).

Esta sistematização diverge do princípio tradicional, segundo o qual as questões de grupo eram sempre reguladas em conexão

---

[3] Lei sobre as sociedades anónimas (AktG). Salvo indicação contrária, os artigos seguidamente citados pertencem a esta lei.

[4] É uma operação que economicamente equivale a uma fusão, mas distingue-se desta pela manutenção das sociedades existentes.

com questões paralelas da SA isolada.[5] A razão deste procedimento foi aumentar a transparência da lei.

O conteúdo principal da lei originária pode resumir-se da forma que seguidamente se apresenta. Entre as definições, destaca-se pelas suas consequências legais o conceito de dependência (§17), isto é, a possibilidade de uma empresa exercer (directa ou indirectamente) influência dominante sobre uma sociedade. A fim de facilitar a aplicação desta regra, surge uma presunção de dependência ligada a uma maioria dos votos na assembleia geral. Esta presunção assenta na competência da assembleia de determinar os membros do conselho de fiscalização (*Aufsichtsrat*) que, por seu lado, têm de seleccionar os membros do conselho de administração, advindo daí uma propensão destas pessoas para actuarem consoante o interesse do accionista dominante. O § 16 contempla regras sobre o cálculo da maioria, nomeadamente a inclusão de participações na mão de sociedades dependentes ou de acções detidas por sua conta. Se houver dependência, intervém uma presunção de direcção única dos membros do grupo (§ 18).

A aplicabilidade do direito dos grupos depende do facto de a entidade dominante ser empresa. O raciocínio subjacente a esta decisão do legislador é a distinção dos interesses entre um accionista privado e um accionista empresarial. Considera-se que o interesse do accionista privado é geralmente idêntico ao interesse da sociedade, não havendo consequentemente conflito de interesses. É exactamente o contrário que se impõe se a entidade dominante é empresa. Neste caso, há um conflito porque a maioria empresarial utilizará normalmente a sua influência para enriquecer, a custo da sociedade dependente, quer dizer, a custo dos accionistas minoritários e dos credores da mesma. São muito debatidas as consequências desta ideia para a noção da empresa, por exemplo, a questão de saber se participações

---

[5] Exemplo: a SA não pode adquirir – com certas excepções – as suas próprias acções. A mesma regra aplica-se a sociedades dependentes. As normas pertinentes são os §§ 71 e 71d.

múltiplas (51% na SA, 90% noutra sociedade) fundamentam uma empresa[6]. O tribunal supremo (BGH)[7] e a opinião dominante da doutrina defendem uma resposta positiva, consistindo o argumento decisivo na presença do conflito de interesse que se encontra na base da noção de empresa. Um outro exemplo: se uma sociedade holding detém só uma participação, não estamos perante o conflito de interesse anteriormente mencionado. Por conseguinte, esta holding não pode ser considerada empresa.[8]

Acrescente-se uma nota terminológica. A empresa é normalmente definida como conjunto (organização) de coisas e pessoas a fim de realizar um objectivo económico. Por isso distinguimos entre empresa e o seu detentor (o empresário). Só este último tem capacidade jurídica. Ora, as normas relacionadas com os grupos pressupõem esta capacidade. "Empresa" neste contexto designa em verdade o detentor da empresa.

Quanto aos contratos de empresa, existem duas classes (§§ 291, 292). A primeira abrange o contrato de domínio e o contrato de transferência do lucro total. A importância prática desde último tipo deduz-se em grande parte do direito tributário que permite à sociedade dominante saldar o seu resultado financeiro com o do outro parceiro no contrato. O denominador comum destes contratos é uma reorientação fundamentalíssima da SA dependente, no sentido em que deixa de ser dirigida por uma administração só responsável perante a sociedade (contrato de domínio) ou que já não trabalha no interesse dos accionistas (contrato de transferências do lucro). Fala-se de "contratos de organização" (*Organisationsverträge*)[9], a fim de distingui-los

---

[6] V. a este respeito KOPPENSTEINER, *Kölner Kommentar zum Aktiengesetz*, 3.ª ed. (2004) § 15 N. 20-85, EMMERICH/HABERSACK, *Aktien- und GmbH-Konzernrecht*, 4.ª ed. (2005) §15 N. 6-24.

[7] Bundesgerichtshof.

[8] Cf. por ex. KOPPENSTEINER, *op. cit.*, § 15 N. 62.

[9] O campo de aplicação desta noção e o seu valor analítico são muito controversos. V. KOPPENSTEINER, *op. cit.*, Vorb. § 291, N. 156-161.

de contratos de troca normais que pertencem ao direito das obrigações.

Pertencem à segunda classe os contratos de empresa contidos no § 292, com a particularidade de que também eles influenciam consideravelmente a função futura da empresa. Depois de ter locado toda a empresa da sociedade, para dar um exemplo, a tarefa da administração reduz-se à gestão da contrapartida.

A razão para agregar estas duas classes de contratos de empresa consiste na existência de disposições comuns quanto aos pré-requisitos do contrato. Iremos, de seguida, concentrar-nos nos contratos da primeira classe.

Os passos necessários para formar o contrato começam pela elaboração do projecto por parte dos representantes das entidades interessadas, entre as quais também pode figurar mais do que uma entidade dominante, se houver coordenação entre elas[10]. Deve tratar-se de empresas no sentido já exposto. Tal necessidade tem a ver com o pano de fundo tributário da regra e com considerações sistemáticas. Só as empresas estão expostas às normas relativas aos grupos de facto. Outras entidades não precisam, então, de ser admitidas à celebração de um contrato aqui relevante[11].

O projecto tem de ser confirmado pela assembleia geral da SA que aceita a obrigação definindo o tipo do contrato, por exemplo, executar as ordens da outra parte (contrato de domínio). A lei exige uma maioria qualificada (três quartos dos votos). Esta maioria corresponde àquela que rege a alteração do estatuto. Caso a outra parte do contrato seja igualmente uma SA, também a sua assembleia tem de confirmar o contrato, mais uma vez por maioria qualificada (§ 293 (2)). A razão consiste nas consequências do contrato quanto a esta SA, consequências que vamos referir de seguida. O contrato só entra em vigor

---

[10] V. a este respeito KOPPENSTEINER, *op. cit.*, § 291, N. 57-64.
[11] Cf. KOPPENSTEINER, *op. cit.*, § 291, N. 8.

depois de ser registado, o mesmo se aplicando à alteração do estatuto.

Em relação às consequências legais do contrato, distingue-se entre as disposições que visam os credores, por um lado, e as que visam os accionistas minoritários, por outro. Para começar, é derrogada a regra geral segundo a qual a transferência de património da sociedade para os accionistas (salvo dividendos) é proibida (§ 291 (3)). Como contrapartida, temos normas que garantem a conservação do património da SA existente no início do contrato, destacando-se como a mais importante a obrigação compulsiva de compensar anualmente as perdas da sociedade (§ 302). Acresce o dever de garantir o pagamento das dívidas existentes no momento do termo do contrato (§ 303), que se transforma numa obrigação de pagar se a SA entrar em insolvência. Esta disposição demonstra uma confiança limitada do legislador na capacidade de sobrevivência da SA após o termo do contrato. A compensação das perdas só assegura, de facto, o património de balanço e não a sua composição. De resto, não impede a transferência de reservas disfarçadas antecedentes à conclusão do contrato. Finalmente, não há nada para contrabalançar o risco de insolvência da entidade dominante.

Os accionistas minoritários têm o direito de requerer uma garantia de dividendos, ou de se exonerarem (§§ 304 ss.). O contrato é nulo se não refere nada sobre a garantia de dividendos (§ 304 (3)). Quanto à alternativa (exoneração), a lei prevê como regra geral a troca de acções em acções da sociedade dominante. Se a entidade dominante não é SA ou se é dependente por sua vez, a indemnização consiste em dinheiro. Do ponto de vista dos accionistas minoritários, a regra geral parece duvidosa porque não têm o direito de optar por dinheiro em vez de deverem contentar-se com uma troca das suas acções[12]. O problema capi-

---

[12] A justificação do governo foi a de permitir ao accionista a aquisição de acções de uma sociedade mais "próxima" do investimento original. Mas este raciocínio é fraco. Cf. KOPPENSTEINER, op. cit., § 305 N. 36.

tal das regras apresentadas é o de saber como calcular o montante dos dividendos a garantir e da exoneração[13]. Um outro problema – a realização prática de uma garantia (e exoneração) justa – é tomado em conta por regras processuais especiais a favor dos accionistas minoritários[14].

Outros elementos da lei sobre os contratos de empresa têm a ver, por exemplo, com o termo do contrato ou os limites da capacidade para dar instruções no quadro de um contrato de domínio. Estes aspectos não serão aqui objecto de tratamento.

Quanto à "Eingliederung" (integração ou incorporação, não há termo técnico em português), limitemo-nos a dizer que é imprescindível a manutenção de 95 % do capital por parte da SA dominante, assim como deliberações das assembleias gerais com maioria qualificada e a inscrição no registo. As consequências legais mais importantes são a transferência das acções "minoritárias" *ex lege* para a sociedade dominante contra uma exoneração segundo regras correspondentes aos contratos de empresa, e a protecção dos credores através do dever (atenuado em relação aos contratos de empresa) de compensar as perdas anuais e, além disso, pela responsabilidade directa da SA integrante pelas dívidas da SA integrada.

Passemos a algumas observações preliminares a respeito dos grupos de facto. O objectivo do legislador foi o de colocar a sociedade dependente na mesma situação económica de uma sociedade independente, ou seja, assegurar a integridade do seu património e do seu potencial empresarial. Este objectivo é predeterminado pela garantia constitucional de propriedade. Não há base legal alguma que admita a expropriação de uma parte dos accionistas pela maioria. Um outro argumento a favor da base teleológica do direito dos grupos factuais é de ordem sistemática.

---

[13] V. Infra III. 4. e EMMERICH/HABERSACK, *op. cit.*, § 304 N 29-55.

[14] V. o chamado "Spruchgesetz". Para uma explicação desta lei, por ex. EMMERICH/HABERSACK, *op. cit.*, Anh. § 328.

A protecção quase perfeita dos accionistas no quadro do contrato de empresa requer uma protecção equivalente, em caso de inexistência de contrato. De outra maneira, não só havia uma inconsistência da lei, mas também a desvalorização do contrato de empresa. O motivo de celebração de um contrato de domínio ficaria muito enfraquecido, se o resultado – domínio – pudesse ser atingido com menor dispêndio.

É por isso que a lei contém a proibição de exercício de uma influência desvantajosa, salvo se houver compensação da desvantagem durante o ano fiscal. A desvantagem ("Nachteil") compreende-se como resultado de um comportamento que o administrador de uma SA independente não teria tido, se tivesse agido com a diligência apropriada. Com o objectivo de assegurar a eficácia da regra, a lei prevê um relatório da administração que se refira a todos os negócios da sociedade com a empresa dominante ou outros membros do grupo, bem como a outras medidas tomadas por iniciativa dessa mesma empresa. O relatório deve declarar a não ocorrência de desvantagens ou a sua compensação. O relatório tem de ser avaliado por um ou mais peritos (responsáveis também pela avaliação das contas anuais) e pelo conselho de fiscalização. Estes devem também juntar declarações equivalentes à da administração. Se ainda assim houver desvantagens por iniciativa da entidade dominante sem compensação adequada, a SA pode reivindicar que a empresa dominante, os seus administradores ou os próprios administradores compensem o dano. Respondem também os peritos e os membros do conselho de fiscalização, caso os seus relatórios sejam falsos. Os accionistas podem liquidar esse dano em nome próprio, mas só a favor da sociedade. Os credores têm o mesmo direito, condicionado, porém, pela impossibilidade de obterem prestação por parte da SA.

Este regime que, à primeira vista, parece eficaz, comporta ainda deficiências importantes relacionadas com as dificuldades que a noção de desvantagem transporta em certos casos, como p.e. a reorientação da produção ou a renúncia de um mercado em troca de um outro. Mesmo se uma desvantagem, que pressupõe sempre a comparação de um estado real com uma evolução hipotética, puder ser verificada, resta ainda o problema da quantificação. Sem uma resposta a esta pergunta, é impossível calcular o dano. Um outro ponto é a não publicação dos relatórios mencionados. Isso faz com que nem os accionistas, nem os credores disponham das informações necessárias para iniciar um litígio. Estes e outros defeitos obrigam à conclusão de que os objectivos perseguidos pelo legislador não foram atingidos. Ainda assim, não existem planos oficiais que garantam a melhoria das regras existentes. No entanto, não é fácil encontrar um caminho satisfatório e exequível no plano político. Neste contexto, há uma regra interessante na lei, em suplemento ao regulamento relativo à Sociedade Europeia. Segundo esta regra, os accionistas que se opõem à criação de uma SE – Holding têm o direito de exigir uma compensação em dinheiro se a SE for dependente. Dada a aplicabilidade do direito dos grupos à SE com sede alemã, esta regra mostra que a confiança do legislador nas suas próprias regras é limitada. A questão será então se a ligação entre dependência e exoneração instalada no quadro da SE permite analogias noutras constelações.

2. Evolução legislativa

A evolução legislativa desde a promulgação do novo direito dos grupos em 1965 não se pode considerar acentuada. Basta aqui mencionar alguns pontos que se revelam mais importantes. O primeiro prende-se com uma reforma da preparação das deliberações das assembleias gerais, tendo a ver com contratos de empresa e a integração. Esta reforma insere-se numa outra, que diz respeito às reestruturações de sociedades, como a fusão e a cisão condicionadas pelas 3.ª e 6.ª directivas europeias no campo das sociedades. As normas foram reformuladas e generalizadas, assegurando a informação dos detentores de participações, antes de decidirem sobre a operação. Como já vimos, certos contratos de empresa, e particularmente a operação chamada integração (incorporação), equivalem economicamente a uma fusão. Foi por isso que a intensificação das informações a prestar, precedente à deliberação, faz parte também agora do direito dos grupos.

O conteúdo principal das novas disposições (§§ 293 ss.) pode resumir-se da forma seguinte. Os administradores das entidades participantes têm de elaborar um relatório, explicando e justificando o projecto a nível económico e jurídico, com ênfase na indemnização da minoria. Este relatório é sujeito ao exame de um ou mais peritos independentes, seleccionados pelo tribunal competente. Os peritos têm de fornecer um relatório escrito sobre o exame do contrato de empresa, destacando a justificação da exoneração. Diversas medidas servem para divulgar estes relatórios aos accionistas que, além disso, têm direito a informações adicionais sobre todos os aspectos relevantes da operação a analisar nas assembleias gerais. O objectivo destas regras consiste não só na protecção da minoria, mas também na redução de processos relativos à determinação da garantia de dividendos ou da exoneração.

Uma lei de 2002, a respeito de ofertas públicas de aquisição[15] (agora a reformular em virtude de uma directiva publicada) obriga as pessoas que adquiriram uma certa percentagem do capital de uma SA cotada na bolsa a oferecer a aquisição também do resto das acções. A percentagem em questão (30 %) baseia-se na ideia de que esta permite o controlo. O sentido da regra consiste, então, em fornecer uma protecção contra os perigos da dependência. É claro, por isso, que o direito das ofertas públicas de aquisição e o direito dos grupos têm uma base comum de ordem teleológica. Isso não quer dizer, todavia, que

---

[15] Wertpapiererwerbs- und Übernahmegesetz (WpÜG).

o direito dos grupos se torna supérfluo. Basta pensar nas sociedades não cotadas ou naqueles accionistas que não aceitam a oferta de aquisição[16].

Em conexão com a lei que regula as ofertas públicas de aquisição, houve mudanças concomitantes da lei sobre a SA. O campo de aplicabilidade do dever de informar a SA por ocasião da aquisição de mais do que 25 % ou 50 % do seu capital limita-se agora a sociedades não cotadas. É que para as outras se aplicam – outra vez na sequência de uma directiva – disposições mais severas, particularmente sob a forma de limiares mais baixos (a partir de 5 %) e da inclusão de entidades que não têm o carácter de uma empresa. O cálculo da quota relevante quanto ao dever de informação foi coordenado em função do cálculo da participação que provoca a oferta de aquisição. Eis-nos perante um segmento do direito das sociedades dirigindo-se especialmente a sociedades cotadas.

Um outro elemento novo também ligado a ofertas públicas de aquisição mas não limitado a estas constelações é a introdução de disposições que possibilitam um accionista na posse de 95 % do capital a eliminar o resto (contra compensação adequada). Este princípio, também em vigor em Portugal, foi atacado alegando-se a garantia de propriedade. Mas o tribunal constitucional português defende a opinião contrária[17]. Isto corresponde ao entendimento preponderante na Alemanha[18]. Ao fim e ao cabo, o raciocínio do legislador, i. e., abrir um caminho para o accionista dominador afastar o potencial "incomodador" de uma minoria muito pequena, tem os seus méritos, ficando assegurado que os accionistas não sofrem danos patrimoniais. Por enquanto, os accionistas em questão ainda não podem aban-

---

[16] A respeito do precedente v. KOPPENSTEINER, *op. cit.*, Anh. § 318 N 46.

[17] Acórdão n.° 491/2002/T. Const.; igualmente Supremo Tribunal de Justiça 7195/02

[18] Para referências v. EMMERICH/HABERSACK, *op. cit.*, § 327a N 7.

donar a SA por iniciativa própria ("sell out"). No que respeita às sociedades cotadas, a respectiva directiva[19] contém, porém, disposição contrária.

O último ponto a mencionar neste contexto refere-se à reforma da lei que estabelece a determinação judicial da garantia de dividendos ou da compensação adequada no contexto de contratos de domínio, da integração, da fusão ou do squeeze-out. A finalidade desta reforma é a de acelerar o processo que no sistema antigo durou às vezes mais de dez anos.

---

[19] Directiva 2004/25/EG, J. O. 2004 L 142/12, art. 15,16.

III
AS PERSPECTIVAS DOS TRIBUNAIS
E DA DOUTRINA

Vamos seguidamente analisar, inevitavelmente de uma forma muito abreviada, os problemas mais importantes quanto à interpretação do direito dos grupos.

1. Como já sabemos, o regulamento explícito dos grupos limita-se basicamente à SA. Daí levanta-se a questão sobre o tratamento de outros tipos de sociedade, nomeadamente da sociedade por quotas.

Os problemas resultantes do contrato de domínio ou da transferência do lucro não se limitam à SA. No entanto, o contrato de domínio não tem grande importância prática porque a administração de uma sociedade por quotas está geralmente sujeita às instruções dos sócios.

As soluções encontradas correspondem em grande medida à semelhança dos problemas. O contrato de empresa precisa de ser confirmado pelos sócios, segundo a opinião dominante mesmo com unanimidade. Parece melhor, no entanto, contentar-se com uma maioria qualificada[20]. Esta maioria pode alterar o estatuto e é também suficiente para aprovar a fusão entre sociedades por

---

[20] Mais minuciosamente ROWEDDER/SCHMIDT-LEITHOFF/KOPPENSTEINER, GmbHG, 4.ª ed. 2002, Anh. § 52 N 55.

quotas. Tal aprovação parece também imprescindível na sociedade dominante. Isto corresponde ao resultado de uma analogia com o § 293 (2) da lei sobre a SA anteriormente mencionada. A analogia justifica-se porque as consequências do contrato ao nível da sociedade dominante (compensação de perdas, garantia de dividendos ou exoneração) não diferem da situação duma SA dominante. O contrato deve ser registado como alteração do estatuto ou por aplicação do § 294 AktG (per analogiam). Quanto à defesa dos direitos dos sócios minoritários, existem dois caminhos: uma acção de anulação, caso o contrato não contenha cláusulas adequadas, ou – em alternativa – a exoneração por causa urgente. A acção dirige-se neste caso ao pagamento do montante equivalente ao valor da participação. Ambas as alternativas implicam, porém, um pesado problema prático que se prende com o facto de o ónus da prova do valor da participação ser da responsabilidade do requerente, não sendo aplicáveis as regras processuais relacionadas com a SA.

Quanto aos grupos de facto, a opinião quase unânime defende que os §§ 311 ss. AktG não permitem a analogia. O argumento principal assenta nas posições distintas do administrador de uma SA e do gerente de uma sociedade por quotas. O último encontra-se sujeito às instruções dos sócios e está exposto à destituição imediata. Assim falta uma premissa imprescindível do funcionamento das normas que governam a SA dependente. Intervêm, então, só princípios gerais, como a proibição de votar em conexão com negócios entre a entidade dominante e a sociedade por quotas, ou a regra segundo a qual é dever de cada sócio apoiar o interesse comum e abster-se, por isso, de qualquer acto ou omissão capaz de danificar a sociedade.

2. O (chamado) grupo qualificado

Foi também na sequência das deficiências mencionadas que o tribunal supremo, com base em trabalhos preparatórios doutrinais, "inventou" o grupo qualificado. Esta noção designa uma situação em que a sociedade dependente, por iniciativa da empresa dominante, se encontra numa posição em que os instrumentos capazes de assegurar o seu património já não funcionam. É o caso, por exemplo, de a direcção única ser de tal modo intensa que a avaliação de actos isolados se torna impossível, no que toca às suas consequências. Trata-se de casos em que o critério da diligência adequada do gerente de uma sociedade independente já não é operável. Um grupo qualificado pode, no entanto, resultar de uma medida única. Temos, por exemplo, a reorientação da sociedade no sentido de a sua produção passar a estar ao serviço das necessidades de outros membros do grupo, por o risco inerente ser incalculável e, por isso, não aceitável por parte de um administrador diligente. Um outro exemplo seria a atribuição dos riscos a uma sociedade filial, sem a possibilidade de angariação dos respectivos lucros. É incontestável que a criação de um grupo qualificado é ilegal. Mas isso não dá resposta à questão das consequências trazidas pela criação de um tal grupo. Esta questão está entre as mais disputadas (centenas de livros, ensaios, acórdãos) no direito das sociedades da Alemanha, primordialmente para a sociedade por quotas mas também para a SA[21]. Como já foi exposto, as respectivas regras do código não resolvem este problema adequadamente.

Podem distinguir-se três fases da evolução da discussão[22]. A partir dos anos oitenta, o tribunal supremo, apoiado pela parte domininante da doutrina, decidiu: no caso de direcção duradoura e abrangente de uma sociedade por outra empresa, intervém a presunção de que foram negligenciados os interesses da sociedade dependente. Como consequência legal, o tribunal achou conveniente uma analogia com o § 302 AktG, o que implica a

---

[21] Para referências ROWEDDER/SCHMIDT/LEITHOFF/KOPPENSTEINER, *op. cit.*, Anh. § 52 N 88-105.

[22] Cf. KOPPENSTEINER, *op. cit.*, Anh. § 318 N 53-62 com referências.

obrigação de a empresa dominante compensar as perdas anuais da sociedade dependente. Aplica-se igualmente o § 303 (garantia em favor dos credores) que, na insolvência da sociedade, foi interpretado no sentido de consagrar o direito de ser pago. Depois de um certo período de tempo, verificaram-se as consequências fatais deste tratamento do problema. A impossibilidade prática de desmentir a presunção conduziu ao resultado de grupos qualificados em toda a parte, resultando na quase revogação do princípio da responsabilidade limitada. O tribunal supremo reagiu de forma a abandonar a presunção mencionada. No seu lugar foi introduzida uma nova regra segundo a qual o requerente deve apresentar factos aptos a mostrar que os interesses da sociedade foram prejudicados para além de intervenções compensáveis.

Recentemente, o tribunal também abandonou a analogia com os §§ 302, 303, em favor de um conceito geral segundo o qual os sócios devem respeitar o interesse da sociedade no sentido de ela permanecer capaz de satisfazer os credores. São inadmissíveis, por isso, intervenções que ponham em perigo a existência da sociedade, sendo a sua extinção somente permitida no quadro de um procedimento de liquidação. Diz o tribunal que, fora de um tal procedimento, o património da sociedade necessário para cumprir as suas obrigações é intocável.

Comentando esta evolução, diremos que a solução do problema pela aplicação analógica do § 302 AktG era sempre falsa, pois os pressupostos para tal entendimento da lei não existem. O supracitado artigo refere-se a uma situação legal, enquanto o grupo qualificado é ilegal, tendo por isso as suas próprias consequências legais, por exemplo a acção inibitória. Há mais argumentos, por exemplo, o de a responsabilidade segundo o § 302 pressupor uma deliberação da assembleia geral da sociedade dominante, que não existe no caso do grupo qualificado. A nova vertente do tratamento do problema enquadra-se, pelo contrário, numa doutrina mais ou menos reconhecida, que é a da desconsideração da personalidade colectiva (lifting the corporate veil,

Durchgriff) ou da separação patrimonial, em certos casos[23]. A semelhança dos factos aqui relevantes com casos conhecidos de desconsideração da personalidade jurídica, tais como a mistura das esferas patrimoniais ou de subcapitalização material, é óbvia. Podemos, então, concluir que a desconsideração da personalidade jurídica funciona como suplemento das regras que governam o grupo de facto. As últimas limitam-se a casos nos quais as consequências de uma intervenção são compensáveis, ou seja, verificáveis e calculáveis. Resta uma questão ainda muito debatida, isto é, a questão de saber se os sócios respondem para com a sociedade ou directamente perante os credores, ou se são necessárias distinções adicionais[24].

Os sócios de uma sociedade por quotas têm direito de exonerar-se, caso a maioria produza um estado ilegal aqui relevante. Quanto aos accionistas num caso paralelo, a questão parece estar em aberto[25].

3. Problemas ao nível da sociedade dominante

Para além do já mencionado § 293 (2) (competência da assembleia geral da sociedade dominante para deliberar sobre um contrato de empresa), a lei negligenciou o facto de a formação e a gestão de um grupo poder levantar problemas ao nível da SA dominante[26]. Se uma parte significativa, talvez preponderante, do património de uma SA é transferida para uma sociedade filial (sem ou com participação de terceiros), o espaço de

---

[23] Quanto ao reconhecimento deste conceito em Portugal v. COUTINHO DE ABREU, *Curso de Direito Comercial II (Das Sociedades)*, 2002, p. 174 ss.

[24] Cf. KOPPENSTEINER, *op. cit.*, Anh. § 318 N 78 ss., ultimamente p. e. HENZE, WM 2005, 717, 724.

[25] V. KOPPENSTEINER, *op. cit.*, Anh. § 318 N 105-110.

[26] Um tratamento breve da matéria é oferecido por ENGRÁCIA ANTUNES, *Os grupos de sociedades*, 2.ª ed. 2002, p. 170 ss.

competência da administração alarga-se à custa da assembleia geral. Isto refere-se a operações como a fusão, a transformação, a alteração do estatuto e a contratos de empresa feitas ao nível da sociedade filial.

Num caso entretanto famoso ("Holzmueller"), o Tribunal Supremo teve de decidir se a transferência de 80 % do património de uma SA abrangendo as suas actividades principais precisava de aprovação pela assembleia geral. O tribunal deliberou afirmativamente, não obstante a falta de um enquadramento legislativo. Num segundo caso ("Gelatine"), este recente, tendo a ver com a transferência de uma participação de uma sociedade filial para outra, o tribunal confirmou a sua posição, limitando-a simultaneamente, no sentido da competência da assembleia geral depender de um caso grave equivalente aos dados do acórdão anterior. A base jurídica deste reconhecimento de "competências não escritas" foi vista originariamente numa disposição que abre uma opção para atribuir competência à assembleia geral (§ 119 (2)). Esta opção transforma-se, segundo o tribunal, numa obrigação se uma transacção afecta gravemente os direitos dos accionistas. No segundo caso, o tribunal admitiu a fraqueza desta argumentação. Prefere agora caracterizar a sua posição como resultado de uma "freie Rechtsfortbildung" (em português talvez "complemento livre do direito"). A doutrina (quanto à segunda decisão ainda escasseia) está dividida quanto ao resultado e à sua justificação. A opinião predominante alega que a competência em questão tem de ser deduzida de normas que explicitamente conferem competências à assembleia geral, baseando-se, por outras palavras, numa analogia global. Outras perguntas disputadas referem-se à obrigação da administração de assegurar a transferência de lucros das sociedades filiais para a sociedade-mãe no interesse dos seus accionistas, ou à competência da sua assembleia geral em casos de operações ao nível de sociedades subordinadas que, ao nível da sociedade-mãe, exigiriam aprovação.

A evolução descrita merece ser criticada[27]. É óbvia a tendência da lei para determinar nitidamente as competências da assembleia geral de uma SA, e isso com inteira justificação. É que os administradores e o conselho de fiscalização precisam de critérios claros para decidirem se a assembleia geral tem ou não de intervir previamente. Ora, não existe regra nenhuma que se preste como base sólida de uma analogia. A evolução da jurisprudência conduz, então, a normas sem base na lei e com um campo de aplicação muito duvidoso. Acresce o problema de delimitar claramente os casos bagatelas. À excepção dos casos em que uma sociedade unipessoal recebe todo o património de uma SA sem outras actividades[28], o entendimento da lei apresentado tem de ser refutado consequentemente. É necessária uma autorização do estatuto que possibilite a aquisição de participações. De outra maneira, a descrição obrigatória do objectivo da SA no estatuto estaria incompleta.

4. Avaliação de participações

No contexto de muitas operações, nomeadamente como consequência de um contrato de empresa, os sócios minoritários têm o direito de exigir a troca das suas participações por participações de outra sociedade ou uma indemnização em dinheiro. Em ambas as situações, surge a questão de saber como calcular a relação de troca das participações ou do montante da compensação[29].

Até há relativamente pouco tempo (mais ou menos cinco anos), a opinião praticamente geral defendia a tese de que o pro-

---

[27] Mais desenvolvidamente KOPPENSTEINER, *op. cit.*, Vorb. § 291, N 31--107; para uma análise crítica do último acórdão KOPPENSTEINER, Der Konzern 2004, 381 ss.

[28] Discussão do ponto em KOPPENSTEINER, *op. cit.*, Vorb. § 291 N 95, 102, 103, 105.

[29] Para uma análise das soluções discutidas EMMERICH/HABERSACK, *op. cit.*, § 305 N 36-77, KOPPENSTEINER, *op. cit.*, § 305 N 50-123.

blema devia ser resolvido por uma avaliação do valor da empresa (na qual o requerente tinha uma participação) ou das empresas participantes (caso as participações tivessem de ser trocadas). O segundo passo era o de relacionar o número de participações detidas com o número total. O valor da indemnização deduzia--se, por fim, da multiplicação da percentagem pelo valor da empresa (método indirecto). Quanto ao método para apreciar o valor da empresa, reconhece-se hoje que o alvo não pode consistir em avaliar a substância, mas sim o potencial de rendimento. Com base em resultados do passado progride-se para um julgamento de rendimentos futuros, cujo valor à data da deliberação da assembleia geral determina o montante procurado.

Baseado numa vertente da doutrina, o Tribunal Constitucional tomou outra posição. Segundo esta posição, o accionista tem direito a liquidar o montante que podia ter realizado por venda na bolsa. Segundo o tribunal, este cálculo faz parte da garantia constitucional da propriedade (método directo). Há, porém, uma restrição importante. Se o cálculo indirecto anteriormente descrito leva a uma compensação mais elevada, é este o montante devido. Ainda assim, a posição do tribunal é muito duvidosa, quer no plano constitucional, quer no plano prático. Dos argumentos relevantes só mencionamos os seguintes. O tribunal constitucional atribui um vasto espaço ao legislador a fim de definir o conteúdo da propriedade de uma acção. A palavra da lei indica que este espaço foi utilizado no sentido de ser determinante o valor da empresa (método indirecto). Além disso, a posição do tribunal leva a uma discriminação entre accionistas de sociedades cotadas na bolsa, que são tratados mais favoravelmente do que os accionistas de sociedades não cotadas. Finalmente, esta posição implica outras questões quase irresolúveis. Uma delas é a de saber como determinar a cotação relevante em termos temporais[30].

---

[30] Uma tentativa de abordagem do problema encontra-se em KOPPENSTEINER, *op. cit.*, § 305 N 101-109.

IV
COMPARAÇÃO COM O REGIME
DAS "SOCIEDADES COLIGADAS" EM PORTUGAL

O âmbito de aplicação das normas em causa limita-se a relações entre sociedades de capital (SA, sociedade por quotas, sociedades por acções). Isto quer dizer que a noção de "empresa" é irrelevante, o que implica uma restrição importante relativamente ao direito alemão.

A simples participação representando certas percentagens (a partir de 10 %) corresponde ao § 20 da lei alemã que, no entanto, só intervém a partir de 25 %. Tal como na Alemanha, existem regras especiais a respeito de sociedades cotadas. Devido a uma directiva pertinente, não podia ser de forma diferente. No que concerne às participações recíprocas, o núcleo do regulamento em ambos os países é novamente mais ou menos idêntico.

A definição de relações de domínio (dependência) em Portugal (art. 486 CSC) é muito similar ao § 17 da lei alemã. Uma certa diferença deduz-se do conteúdo das presunções de dependência. Em Portugal, utilizam-se os critérios decisivos para as contas consolidadas, enquanto o pressuposto alemão é formulado independentemente. Há também consequências legais paralelas, por exemplo a proibição de adquirir participações de uma sociedade dominante, a atribuição de participações detidas por sociedades dependentes à sociedade dominante no contexto do dever de comunicação ou para averiguar se há uma participação de 100 % (domínio total). Um outro paralelismo encontra-se no

Código dos Valores Mobiliários, segundo o qual é compulsiva uma oferta de aquisição a partir de uma participação de 33 %. Tal como na Alemanha, a aplicabilidade desde princípio depende de a sociedade ser cotada na bolsa. À excepção, duvidosa de resto, do art. 83 (4) CSC, não há nada mais visando a protecção dos sócios e dos credores de uma sociedade em dependência[31]. Aqui temos de constatar uma diferença importante relativa ao direito alemão.

Uma particularidade do direito português é a do domínio total inicial ou superveniente que pressupõe a manutenção directa ou indirectamente de 100 % do capital[32]. No caso de aquisições tendentes ao domínio total (90 % ou mais), há (comparável com o direito alemão) um direito a eliminar os accionistas minoritários. Este direito é acompanhado por um direito correspondente do accionista (sell out). Note-se que a contrapartida pode constar de quotas ou acções da sociedade dominante. Outras consequências legais são idênticas às do contrato de subordinação que se deduz da remissão do artigo 491 CSC.

Os pressupostos do contrato de subordinação são parecidos, mas não idênticos, com o direito alemão[33]. Destaquemos a responsabilidade da sociedade dominante para com os credores da sociedade dependente, que não existe na Alemanha. Por outro lado, as perdas da sociedade dependente só precisam de ser compensadas após o termo do contrato. Dado isto, parece aconselhável, do ponto de vista dos accionistas, preferir a exoneração à garantia de dividendos porque a capacidade de sobrevivência após o termo do contrato é provavelmente ainda mais precária do que no âmbito do sistema alemão. Um contrato de atribuição de lucros à sociedade dominante não é possível isoladamente, mas só em combinação com um contrato de subordinação.

---

[31] V. a posição crítica de ENGRÁCIA ANTUNES, *op. cit.*, p. 278
[32] Tratamento exaustivo da regulação por ENGRÁCIA ANTUNES, p. 843 ss.
[33] V. ENGRÁCIA ANTUNES, *op. cit.*, p. 655 ss.

O significado prático do direito dos grupos é aparentemente muito limitado. Se estou bem informado, quase não há acórdãos sobre a matéria. As razões são talvez as seguintes: o contrato de subordinação tem de ser aprovado por 50 % de sócios minoritários. A lei prevê uma proibição de transferir bens para outros membros do grupo sem justa contrapartida. O contrato não permite vantagens no campo do direito tributário. Dado isto, e tendo em conta as consequências mencionadas do contrato, parecem faltar motivos suficientes para celebrar tais contratos. Quanto ao domínio total, há aparentemente uma tendência para evitar uma participação de 100 %.

V
DIREITO EUROPEU

1. O anteprojecto de uma directiva respeitante a grupos foi abandonado na sequência da resistência da maioria dos estados membros, o que se prendia com a forte influência do direito alemão sobre o anteprojecto. Em vez disso, a Comissão tenciona abordar problemas específicos em três áreas. Esta intenção faz parte de uma comunicação de 2003 com o título: "Modernizar o direito das sociedades e reforçar o governo das sociedades na União Europeia – Uma estratégia para o futuro"[34]. Segundo este documento, os planos da Comissão, no campo dos grupos, referem-se à publicidade, a uma política de grupo e ao problema das assim denominadas pirâmides.

2. O ponto de partida quanto à publicidade ou à transparência de grupos tem de ser o facto de as contas consolidadas segundo a 7ª directiva não conterem informações quanto à situação financeira dos membros do grupo e ao grau de dependência. Há soluções parciais para as sociedades cotadas. Estas sociedades precisam de contas consolidadas de acordo com os IAS[35].

Os planos da Comissão prevêem uma directiva, visando a publicação anual de informações sobre, por exemplo, a estru-

---

[34] COM (2003) 284g final

[35] Agora IFRS = International Financial Reporting Standards.

tura do grupo, negócios dentro do grupo, filiais em crise, estrutura das dívidas. Prevê-se que esta intenção seja cumprida até 2006.

3. A comissão pretende (por uma directiva a promulgar até 2008) permitir adoptar uma política de grupo coordenada, na condição "de os interesses dos credores desta empresa serem efectivamente protegidos e de ser estabelecido o devido equilíbrio entre os encargos a serem suportados ao longo do tempo pelos accionistas da referida empresa e as respectivas vantagens". Este conceito não foi inventado pela Comissão, mas faz parte já do assim chamado relatório Winter e das propostas do Forum Europeu, ambos motivados pela doutrina francesa "Rosenblum". Na Alemanha, este plano é criticado fortemente. Esta atitude merece ser apoiada. A imprecisão de noções determinantes, por exemplo, a do "equilíbrio entre encargos e vantagens" e "ao longo do tempo", é enorme, com a consequência de parecer faltar um mínimo de segurança jurídica[36].

4. O problema designado pela noção "pirâmide" é o do financiamento de um grupo e refere-se a uma cadeia de sociedades gestoras de participações, com recurso muito alargado a accionistas minoritários. Segundo o relatório Winter, a consequência devia ser a não-admissão de tais sociedades à bolsa. A Comissão só publicou a intenção de obter um parecer.

---

[36] V. KOPPENSTEINER, *op. cit.*, Vorb. § 291 N 135.

O ESTABELECIMENTO ESTÁVEL NAS CONVENÇÕES MODELO DA OCDE E DA ONU

CARLA PALMEIRA

I
INTRODUÇÃO

> "The main use of the concept of a permanent establishment is to determine the right of a Contracting State to tax the profits of an enterprise of the other Contracting State."[*]

Com este estudo pretendemos analisar o conceito de "estabelecimento estável" na perspectiva do Direito Fiscal Internacional. A este propósito, é necessário porém avançar com alguns esclarecimentos prévios: em primeiro lugar, cingiremos a nossa investigação, às Convenções Modelo de Dupla Tributação da OCDE[1] e da ONU[2], por serem aquelas que assumem uma maior importância, nomeadamente pela sua aplicação, mais ou menos generalizada, em todo o mundo. E isto não só nas Convenções de Dupla Tributação, para as quais são modelo, mas também para as próprias legislações nacionais, que as seguem de perto.

Por outro lado, apesar de restringirmos o âmbito de investigação às Convenções Modelo acima referidas, estas não foram

---

[*] OECD, *Commentaries, Model Tax Convention on Income and on Capital, Condensed Version, 28 January 2003, cit.*, artigo 5.º, comentário 1, p. 85.

[1] OECD Model Tax Convention on Income and on Capital.

[2] United Nations Model Double Taxation Convention between Developed and Developing Countries.

as primeiras Convenções Modelo a existir[3], nem sequer as únicas que hoje se encontram em vigor. A este respeito não podemos deixar de fazer uma breve referência à Convenção Modelo de Dupla Tributação dos Estados Unidos da América (U.S. Treasury Department's Model Income Tax Treaty, de 16 de Junho de 1981)[4], à Convenção dos Países Nórdicos (Nordic Convention on Income and Capital, de 1983)[5] e a várias outras Convenções que têm a América Latina como o seu campo de aplicação[6].

Uma palavra deve ser dita a propósito da União Europeia[7]. A Jurisprudência Comunitária tem-se debruçado sobre a problemática do estabelecimento estável numa perspectiva muito par-

---

[3] Uma vez que foram precedidas, por exemplo, pelas Convenções Modelo do México (1943) e de Londres (1946). A este respeito veja-se ANTÓNIO DE MOURA BORGES, *Convenções sobre Dupla Tributação Internacional, cit.*, p. 112; MANUEL PIRES, *Da Dupla Tributação Jurídica Internacional sobre o Rendimento, cit.*, p. 740 e ARVID A. SKAAR, *Permanent Establishment – Erosion of a Tax Treaty Principle, cit.*, p. 88 e seguintes.

[4] Remetemos, a este propósito, para o estudo de AHMUD RIAHI – BELKAOUI, *Significant Current Issues in International Taxation, cit.*, p. 15 e seguintes e 175.

[5] Da qual nos dá conta MARIA CELESTE CARDONA, "O Conceito de Estabelecimento Estável – Algumas reflexões em torno deste conceito", *cit.*, p. 255.

[6] ANTÓNIO DE MOURA BORGES, *op. cit.*, p. 115, dá-nos conta da "(...) aprovação, pelo Grupo Andino, em 1971, de uma convenção multilateral e de um modelo para evitar a dupla tributação entre Estados membros e Estados não-membros do Grupo. Também a Associação Latino-Americana de Livre Comércio – ALALC –, em 1973, iniciou estudos tendentes a que se adoptasse um modelo de convenção sobre a dupla tributação da renda e do capital.". MARIA CELESTE CARDONA também a elas se refere – *op. cit.*, p. 255 e 256.

[7] A propósito da perspectiva europeia desta problemática veja-se MARIA CELESTE CARDONA, *op. cit.*, p. 275 e seguintes; GABRIELA PINHEIRO, *A Fiscalidade Directa na União Europeia, cit.*, p. 159 e seguintes; MÁRIO PATINHA ANTÃO, "Harmonização da Fiscalidade das Empresas na União Europeia – Algumas Notas de Racionalidade Económica", *Fisco,* n.º 93/94, *cit.*, p. 15 e seguintes e PETER J. WATTEL, "Corporate Tax Jurisdiction in the EU with respect to Branches and Subsidiaries; Dislocation Distinguished from Discrimination and Disparity; a Plea for Territoriality", *cit.*, p. 194 e seguintes.

ticular, através da conjugação[8] do direito de estabelecimento com a proibição de discriminação[9] – artigos 43.º e 12.º, respectivamente, do Tratado de Roma. Contudo, até hoje, não se avançou com qualquer Convenção Modelo sobre Dupla Tributação[10] que permita, num primeiro plano, homogeneizar as Convenções Modelo entre os Estados Membros da UE e, posteriormente, nortear as Convenções concluídas por esses mesmos Estados (ou pela própria UE) com países terceiros. Por isso mesmo, não nos debruçaremos sobre esta perspectiva do problema.

Do âmbito deste estudo fica também arredada a problemática do estabelecimento estável no direito português, na sua dupla vertente do direito interno (e, mormente, do CIRC e do CIVA)[11], e das Convenções de Dupla Tributação celebradas pelo

---

[8] Levada a cabo pelo Tribunal de Justiça – para mais desenvolvimentos veja-se MARTIN LAUSTERER, "Taxation of Permanent Establishments: issues and perspectives from the European Court of Justice", *cit.*, p. 88 e seguintes; OTMAR THÖMMES e INGRID KIBLBÖCK, "The Tax Treatment of Non-residents Taxpayers in the Light of the Most Recent Decision of the European Court of Justice", *EC Tax Review,* n.º 3, *cit.*, p. 158 e seguintes e CLAUDIO SACCHETO, "The EC Court of Justice and Formal and Substantial Criteria in the Taxation of Non-residents of Member States: A New Theorem by Fermat?", *Rivista di Diritto Tributario Internazionale,* n.º 1, *cit.*, p. 183 e seguintes.

[9] A este propósito, e para mais desenvolvimentos, veja-se JOÃO MOTA DE CAMPOS, *Manual de Direito Comunitário, cit.*, p. 257, 547 e seguintes.

[10] Apesar de já se encontrar aprovado, por exemplo, um Código de Conduta Comunitário da Fiscalidade das Empresas. A este propósito veja-se CLOTILDE CELORICO PALMA, "Código de Conduta Comunitário da Fiscalidade das Empresas", *Fisco,* n.º 86/87, *cit.*, p. 3 e seguintes.

[11] Veja-se MARIA CELESTE CARDONA, *op. cit.*, p. 265 e seguintes; ANTÓNIO BEJA NEVES, "O Conceito de Estabelecimento Estável", *Fisco,* n.º 29, *cit.*, p. 33 e seguintes; MARIA MARGARIDA CORDEIRO MESQUITA, "As Convenções sobre Dupla Tributação", *Ciência e Técnica Fiscal,* n.º 179, *cit.*, p. 43 e seguintes e 107 e seguintes; ALBERTO XAVIER, *Direito Tributário Internacional. Tributação das Operações Internacionais, cit.*, p. 261 e seguintes e 288 e seguintes; ALBERTO PINHEIRO XAVIER, "Relatório da Comissão de Reforma da Fiscalidade Internacional Portuguesa", *Ciência e Técnica Fiscal,*

42 *O Estabelecimento Estável nas Convenções Modelo da OCDE e da ONU*

Estado Português[12]. A este propósito remetemos para o estudado por outros Autores.

Conexionada com esta questão está também a da tributação do comércio electrónico. Infelizmente, a abrangência do assunto que nos propusemos estudar, não nos permite analisá-la, embora lhe reconheçamos extrema actualidade e importância[13].

Chegados a este ponto resta-nos explicar o porquê da escolha deste tema. É um facto que vivemos hoje num mundo globalizado "(…) que permite aos indivíduos, às empresas e às nações-Estados chegarem em todo o mundo mais longe, mais depressa, com menos custos e mais profundamente do que em qualquer outra época"[14]. Por isso mesmo, muitas empresas assumiram a sua dimensão internacional.

---

n.º 395, *cit.*, p. 158; MANUEL PIRES, *op. cit.*, p. 753 e seguintes; MARIA DE LOURDES CORREIA VALE, e M. H. DE FREITAS PEREIRA, "IRC – Tributação de entidades não residentes por lucros derivados de obras de construção e montagem no território português. Conceito de Estabelecimento Estável", *Ciência e Técnica Fiscal,* n.º 364, *cit.*, p. 441 e seguintes; JOSÉ CASALTA NABAIS, *Direito Fiscal, cit.*, p. 260 e 261; MINISTÉRIO DAS FINANÇAS, *Estruturar o Sistema Fiscal do Portugal Desenvolvido, cit.*, p. 92 e 245; ROGÉRIO MANUEL FERNANDES FERREIRA, "Permanent Establishments of Banks, Insurance Companies and other Financial Institutions", *Cahiers de Droit Fiscal Internacional*, LXXXIa, *cit.*, p. 645 e seguintes e ainda, embora numa perspectiva mais histórica, MARIA DE LOURDES CORREIA VALE, "A Tributação das Empresas com Estabelecimentos Estáveis no Estrangeiro", *Ciência e Técnica Fiscal,* n.º 179 - 180, *cit.*, p. 8 e seguintes e A. DE MELO E SILVA, "O Conceito de Estabelecimento Estável", *Ciência e Técnica Fiscal,* n.º 107, *cit.*, p. 35 e seguintes.

[12] A título de exemplo podemos citar MANUEL PIRES, *op. cit.*, p. 755 e seguintes; JOSÉ CASALTA NABAIS, *Direito Fiscal, cit.*, p. 190; PAULO DE PITTA E CUNHA "Sobre a Noção de Estabelecimento Estável", *A Fiscalidade dos Anos 90 (Estudos e Pareceres), cit.*, p. 309 e seguintes e ADELAIDE PASSOS, "ADT Portugal – EUA: A Tributação das Sociedades", *Fisco,* n.º 76/77, *cit.*, p. 3 e seguintes.

[13] Veja-se o estudo de SARIG SHALLAV, "The Revised Permanent Establishment Rules", *Intertax,* Volume 31, N.º 4, *cit.*, p. 131 e seguintes.

[14] THOMAS L. FRIEDMAN, *Compreender a Globalização O Lexus e a Oliveira, cit.*, p. 33.

Como a maior parte dos sistemas fiscais nacionais rege-se pelo princípio da tributação do rendimento mundial[15], no que concerne aos seus residentes, e pelo princípio da territorialidade[16], para efeitos de tributação dos rendimentos auferidos no seu território, por não residentes, facilmente se constata que as situações de dupla tributação jurídica internacional têm vindo a aumentar.

Vejamos a seguinte situação: a empresa x, residente no Estado A, decide instalar uma fábrica no Estado B. À partida, podemos concluir que esta empresa vai ser tributada no Estado A por todos os seus rendimentos (nos quais se incluem, à partida, os rendimentos da fábrica sita no Estado B) e no Estado B pelos rendimentos da fábrica que aí se situa. Caímos aqui numa situação de dupla tributação internacional, que será necessário resolver. Este problema pode ser ultrapassado quer através de medidas unilaterais, quer através de medidas bilaterais, nomeadamente através da celebração de convenções para combater a dupla tributação entre os Estados.

Nestas Convenções assume extrema relevância o conceito de estabelecimento estável. Maria Celeste Cardona afirma mesmo que "(…) o conceito de estabelecimento estável é nuclear e fundamental quer no âmbito do direito interno, para efeitos de tributação de entidades não residentes pelos seus rendimentos comerciais, industriais ou agrícolas, quer a nível internacional a propósito da regulamentação de normas de repartição do poder de tributar pelo Estado da fonte e pelo Estado da residência, com o fim de evitar a dupla tributação jurídica Internacional. O estabelecimento estável aparece assim a nível internacional como um pressuposto de tributação das actividades exercidas em determinado Estado, desde que, para tanto, assim se estipula, a empresa aí disponha de uma instalação fixa de negócios."[17].

---

[15] Veja-se o estudado por DIOGO LEITE DE CAMPOS, MÓNICA HORTA NEVES LEITE DE CAMPOS, *Direito Tributário, cit.*, p. 319 e seguintes.

[16] A este propósito veja-se ALBERTO XAVIER, "Introdução ao Direito Tributário Internacional", *BMJ,* n.º 320, *cit.*, p. 45 e seguintes.

[17] *Op. cit.*, p. 249.

44 *O Estabelecimento Estável nas Convenções Modelo da OCDE e da ONU*

Daí a importância de se saber quando é que se considera que a empresa x tem um estabelecimento estável no Estado B, porque caso tal se verifique, os seus rendimentos serão tributados aí e não no país da residência da empresa. É que "(...) the concept of permanent establishment marks the borderline for business between merely trading with a country and trading in that country."[18].

Intimamente relacionada com esta problemática do estabelecimento estável, aparece-nos a dialéctica da tributação no Estado da Fonte, ou da Origem (no Estado B, no exemplo indicado), ou no Estado da Residência (no Estado A, no mesmo exemplo). Esta é também uma questão que não queremos perder de vista, ao longo deste trabalho[19].

O método adoptado ao longo deste trabalho será assim, predominantemente, o método analítico, principalmente tendo por base os Comentários oficiais quer da OCDE, quer da ONU[20] e, em determinadas circunstâncias, o método comparativo[21].

---

[18] MICHAEL LANG, *Multilateral Tax Treaties; New developments in international tax law, cit.,* p. 59 (sublinhado nosso).

[19] Contudo, por agora, e a este respeito podemos fazer remissão para ANTÓNIO DE MOURA BORGES, *op. cit.,* p. 54 e seguintes, A. BEJA NEVES, *op. cit.,* Comentário de ANA PAULA DOURADO, p. 41 e PAULO CALIENDO V. DA SILVEIRA, "Do Conceito de Estabelecimentos Permanentes e sua Aplicação no Direito Tributário Internacional", *Direito Tributário Internacional Aplicado, cit.,* p. 532.

[20] Que constituem, na nossa opinião, verdadeiras interpretações autênticas e, nessa medida, serão essenciais para a interpretação das próprias Convenções. FRANCISCO ALFREDO GARCÍA PRATS, *El Establecimiento Permanente; Análisis jurídico-tributario internacional de la imposición societaria, cit.,* p. 35, partilha da nossa opinião: "En la configuración de estas soluciones generales ha contribuido el Comité Fiscal de la OCDE mediante la elaboración de los Comentarios al MCOCDE, con los que se crea una verdadera *opinio iuris* acerca de una interpretación común de todos los CDI que toman a aquél como punto de referencia.".

[21] No Capítulo III iremos tentar comparar as duas Convenções Modelo acima referidas.

Uma última palavra para, de algum modo, justificar a escolha da expressão "estabelecimento estável", ao invés de "estabelecimento permanente", por exemplo.

A primeira das expressões indicadas tem uma grande tradição, entre nós, quer no plano doutrinário, quer no plano legal. Assim, já em 1967, A. de Melo e Silva publicava um texto intitulado *O Conceito de Estabelecimento Estável*. A expressão foi igualmente adoptada pelo legislador fiscal no decreto-lei n.º 579/70 de 24 de Novembro[22] e no decreto-lei aprovador do CIRC[23], sobrevivendo até hoje.

Por esta razão, constatamos que, embora a tradução mais literal de "permanent establishment" seja "estabelecimento permanente", a expressão "estabelecimento estável" está muito enraizada no sistema fiscal português. Assim, adoptá-la-emos nas páginas que se seguem.

---

[22] A título de curiosidade, veja-se o artigo 7.º do referido texto legal.

[23] Vejam-se os números 5 a 7 do artigo 4.º do Decreto-lei 442-B/88 de 30 de Novembro.

II
O ESTABELECIMENTO ESTÁVEL
NA CONVENÇÃO MODELO DA OCDE

Em 1963, a OCDE lançou a sua primeira Convenção Modelo[24], sendo ainda hoje actual o seu principal objectivo, ou seja, "(...) a resolução de maneira uniforme dos problemas que se suscitam no domínio da dupla tributação jurídica internacional em matéria de rendimento e de património"[25].

Na análise que iremos levar a cabo da Convenção Modelo da OCDE convém ter sempre presente que estas considerações não poderão, sem mais, ser transpostas para o ordenamento jurídico interno português, em virtude de Portugal (tal como a Grécia, a Espanha, a Austrália, a Turquia, ...) ter formulado várias reservas[26] ao artigo 5.º desta Convenção[27].

---

[24] Como nos ensina ANTÓNIO DE MOURA BORGES, *Convenções sobre Dupla Tributação Internacional, cit.*, p. 111, "Os modelos de convenção não têm carácter obrigatório, dispondo apenas de valor indicativo, pelo que não são fontes do Direito, enquadrando-se mais precisamente na Doutrina. As suas cláusulas devem ser suficientemente elásticas, a fim de permitir-lhes a negociação e a consequente adaptação aos interesses das duas partes.". Veja--se também ALBERTO XAVIER, "Introdução ao Direito Tributário Internacional", *cit.*, p. 73.

[25] GABRIELA PINHEIRO, *A Fiscalidade Directa na União Europeia, cit.*, p. 155.

[26] Veja-se OECD, *Commentaries, Model Tax Convention on Income and on Capital, Condensed Version, 28 January 2003*, OECD, 2003, p. 107, sob a epígrafe "Reservations on the article"; MARIA MARGARIDA CORDEIRO MESQUITA,

48 O Estabelecimento Estável nas Convenções Modelo da OCDE e da ONU

Durante muito tempo discutiu-se se, para a definição de estabelecimento estável, se deveria atender ao defendido pela Teoria da Realização[28] ou, ao invés, ao preconizado pela Teoria da Pertença Económica. Acabando de uma vez por todas com esta discussão, a Convenção Modelo da OCDE[29] consagra "(...)

"As Convenções sobre Dupla Tributação", *cit.*, p. 110 e MINISTÉRIO DAS FINANÇAS, *Estruturar o Sistema Fiscal do Portugal Desenvolvido, cit.*, p. 92.

[27] Também MICHAEL LANG, *Multilateral Tax Treaties; New developments in international tax law, cit.*, p. 59 e 60 se refere às reservas formuladas por Portugal, nos seguintes termos: "Equivalent to the UN Model Convention, (...) Portugal considers that any building site or construction or installation project which lasts more than six months should already be regarded as a permanent establishment. (...) Portugal reserves its right to tax if such supervisory activities last more than six months. Portugal also considers that in this connection a permanent establishment exists if the activity of the enterprise is carried on with a certain degree of continuity by employees or any other personnel under contract."

[28] Como ensina MANUEL PIRES, *Dupla Tributação Jurídica Internacional sobre o Rendimento, cit.*, p. 733, para a Teoria da Realização ou dos Organismos Produtivos, "Não existindo fonte directa de ganhos, não se produzindo ou vendendo mercadorias, não se aumentando o valor do produto ou ainda não se prestando serviços mediante remuneração, não se estaria face a um estabelecimento estável. (...) Esta orientação foi consagrada no Modelo de Londres, que referiu, nos seus comentários, como características do estabelecimento estável:

1) «Lugar fixo» de negócios;
2) Carácter produtivo do lugar, isto é, o estabelecimento deve contribuir para os ganhos da empresa.
(...)

No Protocolo dos Modelos do México e de Londres (artigo V), enunciam-se as realidades compreendidas na expressão «estabelecimento estável», concluindo por uma referência genérica: «outros lugares fixos de negócios, tendo um **carácter produtivo**»." (negrito nosso).

[29] MANUEL PIRES, *op. cit.*, p. 734, resume, e bem, a posição adoptada pela Convenção Modelo da OCDE: "O elemento através do qual a sociedade exerce a sua actividade num país será estabelecimento estável se está integrado na economia deste Estado.".

a teoria da pertença económica (*wirtschaftliche Zugehörigkeit, economic allegeance*) (…) para a qual bastaria, para a existência de um estabelecimento, que as instalações se inserissem na economia de um país, independentemente do seu carácter imediatamente produtivo."[30].

a) Evolução histórica

A primeira versão da Convenção Modelo da OCDE, como já referimos, data de 1963[31], versão esta que, no que ao seu artigo 5.º diz respeito, tendo sido profundamente alterado em 1977, e sujeito a suaves alterações em 1997, escapou incólume à última revisão[32] de 28 de Janeiro de 2003[33].

De 1963 para 1977, várias foram as alterações introduzidas na Convenção Modelo da OCDE. Desde logo, e no que concerne ao n.º 1, enquanto que em 1963 se falava na "instalação fixa na qual a empresa exerça toda ou parte da sua actividade", em 1977, passou a referir-se à "instalação fixa através da qual uma empresa exerça toda ou parte da sua actividade"[34].

---

[30] Alberto Xavier, *Direito Tributário Internacional. Tributação das Operações Internacionais, cit.*, p. 283.

[31] Nesta data o Comité dos Assuntos Fiscais da OCDE apresentou o seu relatório, intitulado "Draft Double Taxation Convention on Income and Capital".

[32] Em 2003, foram alterados os Comentários ao Artigo 5.º, tendo em conta o relatório denominado «Issues Arising Under Article 5 (Permanent Establishment) of the Model Tax Convention», publicado pela OECD, *2002 Reports Related to the OECD Model Tax Convention, cit.*, p. 73 e seguintes, mas, contudo, este relatório não originou qualquer alteração no corpo do artigo 5.º.

[33] Atenda-se às diferentes versões do artigo 5.º, no Anexo.

[34] De: «For the purposes of this Convention, the term "permanent establishment" means a fixed place of business **in** which the business of **the** enterprise is wholly or partly carried on.», (negrito nosso), em 1963, passou-se para «For the purposes of this Convention, the term "permanent establishment" means a fixed place of business **through** which the business of **an** enterprise is wholly or partly carried on.», em 1977 (negrito nosso).

A substituição de preposições[35] assume, quanto a nós, uma grande importância[36], porque entendemos que, com esta alteração, se pretendeu realçar o facto de a actividade da empresa ter que ser exercida através daquela instalação fixa, não sendo suficiente, a partir de 1977, e para que se possa falar em estabelecimento estável, que a actividade da empresa seja "apenas" exercida naquela instalação fixa[37].

Também o n.º 2 foi alterado. Por um lado, no corpo do artigo, suprimiu-se o verbo "deve"[38]. Parece-nos que a lista de exemplos deste n.º 2 saiu, assim, reforçada[39]. Também a alínea *f)* foi sujeita a alterações: enquanto que na versão de 1963 apenas se falava em mina, pedreira e qualquer outro local de extracção de recursos naturais, em 1977, passou a incluir-se também nesta exemplificação o poço de petróleo ou de gás[40]. Ainda a respeito

---

[35] De "in" para "through".

[36] O mesmo já não acontecendo com a substituição do artigo definido "the" pelo artigo indefinido "an", até porque a versão original, agora alterada, foi repristinada em 1997.

[37] Aliás, FRANCISCO ALFREDO GARCÍA PRATS, *El Establecimiento Permanente; Análisis jurídico-tributario internacional de la imposición societaria, cit.*, p. 96, afirma que: "Con la primera redacción quiere destacarse más la función del lugar fijo de negocios en el que se realiza la actividad, mientras que en la nueva redacción, el lugar fijo de negocios pasa a un segundo lugar para acentuar la realización de una actividad empresarial a través del mismo. Es decir, se reconoce la importancia de la instalación en tanto que dirigida a la realización de esa actividad empresarial o a la consecución de los fines empresariales.".

[38] Em 1963, era este o corpo do n.º 2 do artigo 5.º: «The term "permanent establishment" shall include especially:», sendo alterado em 1977 para: «The term "permanent establishment" includes especially:».

[39] O que poderá ter alguma influência na discussão sobre se estaremos perante presunções ilidíveis ou inilídiveis. Mas disso trataremos adiante – veja-se *infra* p. 62 e seguintes.

[40] Era esta a letra da lei em 1963: «a mine, quarry or other place of extraction of natural resources»; em 1977, já se diz: «a mine, **an oil or gas well, a** quarry or any other place of extraction of natural resources» (negrito nosso).

deste n.º 2, a versão de 1963 tinha uma alínea *g)*[41], alínea essa que se autonomizou, dando origem[42] a um novo n.º 3 em 1977[43]. Há aqui também algumas diferenças de redacção a salientar. Em vez de *"assembly project"*, passou a referir-se ao *"installation project"*; enquanto que na redacção da alínea *g)* se exige a existência deste estaleiro por um período superior a doze meses, em 1977 fala-se concretamente na sua duração, duração essa que terá também que ultrapassar doze meses, para que possamos estar na presença de um estabelecimento estável.

Analisando agora o n.º 3[44], o corpo deste preceito também sofreu uma ligeira alteração, começando o referido artigo, em 1977, com a ressalva das disposições anteriores do mesmo preceito[45].

As alíneas *a)* a *d)* mantiveram-se inalteradas, mas o mesmo já não aconteceu com a alínea *e)*. Com efeito, a técnica utilizada

---

[41] Com o seguinte texto: «The term "permanent establishment" shall include especially: (...) a building site or construction or assembly project which exists for more than twelve months.»

[42] Segundo JOAQUÍN DE ARESPACOCHAGA, *Planificación Fiscal Internacional, cit.*, p. 171, esta alteração teve o propósito de "(...) evitar la confusión que se producía al incluir en aquella lista un supuesto que virtualmente nunca constituía un "lugar de negocios", lo que podía llevar a la errónea conclusión de que el resto de los enumerados en la lista no tenían por qué cumplir con los requisitos del párrafo 1 para constituir e.p.". Veja-se também PAULO CALIENDO V. DA SILVEIRA "Do Conceito de Estabelecimentos Permanentes e sua Aplicação no Direito Tributário Internacional", *Direito Tributário Internacional Aplicado, cit.*, p. 550.

[43] Com a seguinte redacção: «A building site or construction or installation project constitutes a permanent establishment only if it lasts more than twelve months.».

[44] Que passou a ser o n.º 4 na versão de 1977, numeração essa que se mantém ainda hoje.

[45] Em 1963 era esta a redacção do n.º 3: «The term "permanent establishment" shall not be deemed to include:». Já em 1977 o, então, n.º 4 dispunha que: «**Notwithstanding the preceding provisions of this Article**, the term "permanent establishment" shall not be deemed to include:» (negrito nosso).

em 1963 é diferente da adoptada em 1977 pois, enquanto que, na primeira versão, se opta por especificar actividades que se consideram ter um carácter preparatório ou auxiliar[46], em 1977, opta-se pela consagração de uma cláusula geral[47], dizendo que não se considera incluída na noção de estabelecimento estável uma instalação fixa mantida unicamente para exercer, para a empresa, qualquer outra actividade de carácter preparatório ou auxiliar.

Em 1977 é também introduzida uma nova alínea, a alínea f)[48], que se refere expressamente à hipótese de uma instalação fixa em que se exerça, de forma combinada, qualquer uma das actividades referidas nas alíneas precedentes. Também neste caso[49], e desde que a actividade de conjunto da instalação fixa resultante dessa mesma combinação tenha ainda um carácter preparatório ou auxiliar, considera-se não existir estabelecimento estável[50].

---

[46] Dizendo que: «The term "permanent establishment" shall not be deemed to include: (...) the maintenance of a fixed place of business solely for the purpose of advertising, for the supply of information, for scientific research or for similar activities which have a preparatory or auxiliary character, for the enterprise.»

[47] Estabelecendo-se agora que: «Notwithstanding the preceding provisions of this Article, the term "permanent establishment" shall not be deemed to include: (...) the maintenance of a fixed place of business solely for the purpose of carrying on, for the enterprise, any other activity of a preparatory or auxiliary character;»

[48] É este o novo preceito aditado em 1977: «Notwithstanding the preceding provisions of this Article, the term "permanent establishment" shall not be deemed to include: (...) the maintenance of a fixed place of business solely for any combination of activities, mentioned in any sub-paragraphs a) to e), provided that the overall activity of the fixed place of business resulting from this combination is of a preparatory or auxiliary character.».

[49] Como veremos mais aprofundadamente na p. 75.

[50] Também JOHN S. PHILLIPS, *Tax Treaties Networks 1988-1989, cit.*, p. 100, se refere a esta alteração, nos seguintes termos: "The 1963 OECD Model was silent on this point, but the 1977 one specifically said that a combination of activities (such as the above) would not create "permanent establishment" where the activities were of an "auxiliary character"."

O n.º 4 do artigo 5.º da versão de 1963[51] foi bastante alterado em 1977. Podemos resumidamente dizer que, a versão de 1963, mais simplista, foi substituída por uma outra, que abrange uma série de casos que não estavam cobertos pela versão original[52]. Nessa medida, passou a considerar-se incluída na noção de estabelecimento estável qualquer actividade que o agente[53] exerça para a empresa.

Por outro lado, enquanto que a versão de 1963 só excluía da noção de estabelecimento estável as actividades que se limitassem à compra de bens e mercadorias para a empresa, em 1977 passa a considerar-se excluída da noção de estabelecimento estável qualquer actividade mencionada no n.º 4[54], as quais, caso fossem exercidas através de uma instalação fixa, não permitiriam considerar esta instalação como um estabelecimento estável, de acordo com as regras do referido preceito.

---

[51] Era esta a versão original: «A person acting in a Contracting State on behalf of an enterprise of the other Contracting State – other than an agent of an independent status to whom paragraph 5 applies – shall be deemed to be a permanent establishment in the first-mentioned State if he has, and habitually exercises in that State, an authority to conclude contracts in the name of the enterprise, unless his activities are limited to the purchase of goods or merchandise for the enterprise.».

[52] Em 1977, passou a ser este o conteúdo do, então, n.º 5: «Notwithstanding the provisions of paragraphs 1 and 2, where a person – other than an agent of an independent status to whom paragraph 6 applies – is acting on behalf of an enterprise and has, and habitually exercises, in a Contracting State an authority to conclude contracts in the name of the enterprise, that enterprise shall be deemed to have a permanent establishment in that State in respect of any activities which that person undertakes for the enterprise, unless the activities of such person are limited to those mentioned in paragraph 4 which, if exercised through a fixed place of business, would not make this fixed place of business a permanent establishment under the provisions of that paragraph.».

[53] Agente Dependente, como veremos quando analisarmos este número do artigo 5.º – *infra* p. 79 e seguintes.

[54] E, nesta medida, podemos dizer que a versão de 1977 consagra uma noção mais restrita de estabelecimento estável.

54 O Estabelecimento Estável nas Convenções Modelo da OCDE e da ONU

Coerentemente, entendeu-se, no artigo 5.º, n.º 5, que o facto de essas actividades serem agora exercidas por um agente dependente e não através uma instalação fixa não deveria, de modo algum, contrariar o disposto no n.º 4, qualificando agora como estabelecimento estável, o que antes se excluiu desta noção. Por último, a versão de 1977 do n.º 5 do artigo 5.º ressalva a aplicação dos n.ºs 1 e 2 do mesmo preceito, aplicação essa que não se encontrava expressamente consagrada na versão de 1963.

As alterações ao n.º 5 da versão de 1963 são, parece-nos, meras alterações ao nível da construção da própria frase, uma vez que esta versão, com as diferentes alusões ao "Estado Contratante" e ao "outro Estado Contratante", acabava por ser algo confusa. A versão de 1977 adquire uma maior clareza, fruto das alterações introduzidas.

Ao invés, a substituição do pronome "where" pela conjunção "provided" é mais significativa porque acentua, de algum modo, a exigência de os agentes independentes[55] terem que actuar no âmbito normal da sua actividade, para que não sejam tributados como estabelecimento estável de uma empresa.

O n.º 6 do artigo 5.º da versão de 1963, não foi alterado nem em 1977[56], nem em 1997, estando em vigor, ainda hoje, a redacção original.

Em 1997 foram poucos os preceitos alterados e de escassa importância as alterações introduzidas.

Nesta data foi alterado o n.º 1 do artigo 5.º, tendo-se repristinado parte da redacção original. Assim, voltou-se novamente a dizer "a empresa" e já não "uma empresa"[57].

---

[55] A que o preceito se refere, como veremos adiante – *infra* p. 79 e seguintes.

[56] Tendo sido apenas renumerado pelo facto de se ter aditado um novo n.º 3.

[57] Enquanto que a versão de 1977 diz: «For the purposes of this Convention, the term "permanent establishment" means a fixed place of business through which the business of **an** enterprise is wholly or partly carried on.» (negrito nosso), a versão de 1997 é ligeiramente diferente: «For the purposes

No n.º 2, a única alteração prende-se com a introdução da conjunção "and", no fim da alínea *e)*. Parece-nos que daí nada de especial releva, o mesmo acontecendo com as outras duas alterações.

Também a alteração introduzida no corpo do n.º 4 é quase insignificante[58], sendo mais notória a supressão do pronome "any" na sua alínea *f)*.

Parece-nos que todas estas alterações de 1997, à excepção da primeira, prendem-se mais com razões meramente linguísticas, do que propriamente com razões de política fiscal.

b) A definição geral

O primeiro número do artigo 5.º [59] oferece-nos uma definição geral do que significará "estabelecimento estável". Na versão em português[60] pode ler-se: «Para efeitos desta Convenção, a expressão "estabelecimento estável" significa uma instalação fixa, através da qual a empresa exerça toda ou parte da sua actividade.».

Desta norma, ressaltam, desde logo, algumas características essenciais[61] que terão sempre que estar presentes para que

---

of this Convention, the term "permanent establishment" means a fixed place of business through which the business of **the** enterprise is wholly or partly carried on.» (negrito nosso).

[58] Em 1977 era este o n.º 4: «Notwithstanding the preceding provisions of this Article, the term "permanent establishment" **shall not be deemed** to include: (…)» (negrito nosso). Com a revisão de 1997 passou a ser esta a letra da lei: «Notwithstanding the preceding provisions of this Article, the term "permanent establishment" **shall be deemed not** to include: (…)» (negrito nosso).

[59] Que se mantém quase inalterável desde as Convenções do México e de Londres, segundo JOHN S. PHILLIPS, *op. cit.*, p. 99.

[60] De acordo com o Anexo.

[61] Características essas que são, de alguma forma, elencadas em OECD, *Commentaries, op. cit.*, artigo 5.º, comentário 2, p. 85.

56   *O Estabelecimento Estável nas Convenções Modelo da OCDE e da ONU*

possamos, com segurança, afirmar a existência de um estabelecimento estável[62]. Nessa medida, é necessária (1) a existência de um local de negócios, ou seja, uma instalação, (2) instalação essa que tem que ser fixa e (3) através da qual a actividade negocial da empresa seja exercida[63].

Começando, efectivamente, pelas **instalações**[64], é de todo irrelevante o facto de serem utilizadas exclusivamente, ou não[65], para o exercício da actividade da empresa[66]. É também indiferente o facto de essas instalações serem propriedade da em-

---

[62] PAULO CALIENDO V. DA SILVEIRA, *op. cit.*, p. 535 e 540, defende que terão de estar preenchidos não apenas três requisitos, como veremos de seguida, mas sim quatro: a existência de uma empresa, que realize negócios, a existência de uma sede fixa, onde a empresa exerça, no todo ou em parte, as suas actividades.

[63] Veja-se também MARIA CELESTE CARDONA, "O Conceito de Estabelecimento Estável – Algumas reflexões em torno deste conceito", *Estudos em Homenagem à Dra. Maria de Lourdes Órfão de Matos Correia e Vale*, cit., p. 259 e seguintes; NGUYEN PHU DUC, *La Fiscalité International des Entreprises*, cit., p. 77; ALBERTO XAVIER, *op. cit.*, p. 283 e ARVID A. SKAAR, *Permanent Establishment – Erosion of a Tax Treaty Principle*, cit., p. 103 e seguintes. PHILIP BAKER, *Double Taxation Conventions and International Tax Law*, cit., p. 141, afirma que "(...) before there can be a permanent establishment there must be an enterprise of a Contracting State and there must be a business."

[64] "Place of business", no original, que abrange quer estabelecimentos, quer a mera existência de maquinaria ou equipamentos – ARVID A. SKAAR, *op. cit.*, p. 103. Nestes casos, há que ter especial atenção ao requisito da fixidez, que terá que ser entendido numa perspectiva temporal e não geográfica, uma vez que "A PE based on the use of substantial machinery and equipment does not required a "fixed" place of business. The use of such equipment within the territory of the treaty is sufficient.", ARVID A. SKAAR, *op. cit.*, p. 125.

[65] Cfr. ARVID A. SKAAR, *op. cit.*, p. 157.

[66] Será mesmo de admitir que a instalação da empresa A se situe em instalações da empresa B – OECD, *Commentaries, op. cit.*, artigo 5.º, comentário 4, p. 86 e MANUEL PIRES, *op. cit.*, p. 744.

presa, serem por esta arrendadas, ou até mesmo ocupadas, de forma ilegal[67].

Importante é que as instalações estejam, efectivamente, ao dispor da empresa[68] (sendo de todo irrelevante saber se essa disposição tem, ou não, por trás de si, um direito que a tutele) e que disponham, como afirma Maria Celeste Cardona "(...) de um mínimo de condições necessárias para o exercício efectivo de certa actividade" [69].

As instalações têm também que ser **fixas**[70], no sentido em que terá que existir uma ligação entre aquelas mesmas instalações e um ponto geográfico específico[71]. Contudo, esta inter-

---

[67] Cfr. OECD, *Commentaries, op. cit.*, artigo 5.º, comentário 4.1, p. 86; MARIA MARGARIDA CORDEIRO MESQUITA, *op. cit.*, p. 103 e MANUEL PIRES, *op. cit.*, p. 744.

[68] Sendo certo que "(...) the mere presence of an enterprise at a particular location does not necessarily mean that that location is at the disposal of that enterprise.", OECD, *Commentaries, op. cit.*, artigo 5.º, comentário 4.2, p. 86. Veja-se também a opinião algo diferente de PAULO CALIENDO V. DA SILVEIRA, *op. cit.*, p. 547.

[69] Cfr. *op. cit.*, p. 261.

[70] ARVID A. SKAAR, *op. cit.*, p. 111 e 112, conjuga, de algum modo o requisito das instalações e o da fixidez falando num "fixed place of business test" que permitirá, segundo este Autor, determinar a presença objectiva de uma empresa num outro país, e que é composto por três testes cumulativos: "The enterprise must (1) have a "place of business", and (2) the right to use the place of business has to be maintained with a certain degree of permanence at a (3) distinct geographical place within the jurisdiction of the treaty.". JOHN HUSTON e LEE WILLIAMS, *Permanent Establishment: A Planning Primer*, cit., p. 13, por sua vez, afirmam que: "Admitting a degree of uncertainty as to place as to time, one may conclude that a permanent establishment is usually a determinable point or area on the face of the planet, occupied longer than temporarily".

[71] Cfr. OECD, *Commentaries, op. cit.*, artigo 5.º, comentário 5, p. 87; MARIA CELESTE CARDONA, *op. cit.*, p. 262; MARIA MARGARIDA CORDEIRO MESQUITA, *op. cit.*, p. 103; PAULO CALIENDO V. DA SILVEIRA, *op. cit.*, p. 541 e seguintes; JOAQUÍN DE ARESPACOCHAGA, *op. cit.*, p. 163 e MANUEL PIRES, *op. cit.*, p. 744, autor este que traduz esta ideia numa fórmula muito simples: "Necessário

pretação conferida pelos Comentários oficiais da OCDE a este elemento, não significa, caso a instalação seja constituída por equipamento, que este tenha que estar fixo num dado ponto geográfico[72]. Aliás tal não acontecerá na maior parte dos casos, como veremos mais detalhadamente a propósito do n.º 3, sendo certo que: "(...) a single place of business will generally be considered to exist where, in light of the nature of the business, a particular location within which the activities are moved may be identified as constituting a coherent whole commercially and geographically with respect to that business."[73].

Por outro lado, este requisito da fixidez pode[74] ser analisado, também, não apenas numa perspectiva geográfica, mas também numa perspectiva temporal. Nessa medida, é necessário que as instalações tenham um certo grau de permanência[75]. Contudo, também podemos estar perante um estabelecimento estável, mesmo que as instalações não existam durante um grande período de tempo – tal acontecerá, por exemplo, quando, de acordo com a natureza da actividade, ela seja exercida sempre por um período de tempo muito curto[76].

é que se revista de carácter fixo, exigindo a fixidez uma certa ligação a um lugar, mas não a ligação material ao solo, devendo traduzir-se por um «vínculo geográfico entre a actividade desenvolvida e o estabelecimento estável»".

[72] Cfr. OECD, *Commentaries, op. cit.*, artigo 5.º, comentário 5, p. 87. O mesmo é também afirmado por Nguyen Phu Duc, *op. cit.*, p. 77 e 78. Aliás, John Huston e Lee Williams, *op. cit.*, p. 13, dizem claramente que a definição geral do n.º 1 nunca exige completa imobilidade, pois poucas são as empresas que ocupam hoje o mesmo espaço que ocupavam há 20 anos atrás.

[73] OECD, *Commentaries, op. cit.*, artigo 5.º, comentário 5.1, p. 87.

[74] E deve.

[75] Cfr. OECD, *Commentaries, op. cit.*, artigo 5.º, comentário 6, p. 88; Maria Margarida Cordeiro Mesquita, *op. cit.*, p. 103; Nguyen Phu Duc, *op. cit.*, p. 78; Manuel Pires, *op. cit.*, p. 745; Paulo Caliendo V. da Silveira, *op. cit.*, p. 544 e seguintes e Joaquín de Arespacochaga, *op. cit.*, p. 163.

[76] "A place of business may, however, constitute a permanent establishment even though it exists, in practice, only for a very short period of time

Como regra geral podemos, todavia, afirmar[77] que, no âmbito de aplicação da Convenção Modelo da OCDE, não se pode dizer que existe um estabelecimento estável caso a actividade da empresa seja exercida, naquelas instalações, por um período inferior a seis meses[78].

Relativamente a este requisito temporal[79] há ainda outros pormenores dignos de interesse[80], mas dos quais trataremos

---

because the nature of the business is such that it will only be carried on for that short period of time.", OECD, *Commentaries, op. cit.*, artigo 5.º, comentário 6, p. 88.

[77] ARVID A. SKAAR, *op. cit.*, p. 226 chega à conclusão que durações longas, como 18 ou 24 meses, preencherão sempre o requisito da permanência; contudo, durações mais curtas não serão suficientes, por si só, para se negar a existência de um estabelecimento estável. Todavia, uma duração inferior a 6 meses nunca será suficiente para que o estabelecimento estável seja considerado permanente (aliás, "permanent establishment" em inglês).

[78] Contudo, os comentários da OECD, *Commentaries, op. cit.*, artigo 5.º, comentário 6, p. 89, chamam-nos a atenção para um aspecto interessante: "One exception has been where the activities were of a recurrent nature; in such cases, each period of time during which the place is used needs to be considered in combination with the number of times during which that place is used (which may extend over a number of years). Another exception has been made where activities constituted a business that was carried on exclusively in that country; in this situation, the business may have short duration because of its nature but since it is wholly carried on in that country, its connection with that country is stronger.". PAULO CALIENDO V. DA SILVEIRA, *op. cit.*, p. 545, por sua vez, defende que "Não existe, contudo, um requerimento de período mínimo a ser realizado.".

[79] ARVID A. SKAAR, *op. cit.*, p. 210 e seguintes discute se será de aplicar, a fim de se aferir da permanência de uma instalação fixa de negócios para que tenhamos realmente um estabelecimento estável, o limiar temporal estabelecido no n.º 3 do artigo 5.º. Chega este Autor à conclusão que "(…) the 12-month time limit only applies to the construction work.", "(…) the basic rule is independent of the "12-month test" for construction PE", "(…) no analogy can be drawn from the specific thresholds for "permanence" in the tax treaties", *op. cit.*, p. 216 e 217.

[80] Tal como a irrelevância das interrupções temporárias e a existência de um estabelecimento estável retroactivamente, caso se tenha previsto apenas

60 *O Estabelecimento Estável nas Convenções Modelo da OCDE e da ONU*

aquando da análise do n.º 3 do artigo 5.º[81], onde é a própria Convenção que consagra uma duração mínima de doze meses de um local ou estaleiro de construção ou de montagem, para que possamos falar em estabelecimento estável, e onde, de um modo mais premente, todas estas questões temporais se colocam.

A última característica elencada neste n.º 1 do artigo 5.º é, como vimos, a necessidade da actividade[82] da empresa ter que ser exercida **através** da instalação[83].

Quanto à actividade propriamente dita, já referimos que não necessita de ter um carácter produtivo[84], mas é necessário que seja exercida "com carácter de regularidade"[85]. O que não poderá contudo, acontecer, para que possamos afirmar a existên-

---

uma duração curta, mas posteriormente as instalações se venham a manter por um longo período de tempo – Cfr. OECD, *Commentaries, op. cit.*, artigo 5.º, comentários 6.1 e 6.3, p. 89; NGUYEN PHU DUC, *op. cit.*, p. 78 e MANUEL PIRES, *op. cit.*, que chama a atenção para o papel importante que assume a "Intenção", p. 745, o mesmo acontecendo com ARVID A. SKAAR, *op. cit.*, p. 217 e 218 que nos fala de duas "regras" importantes: "the look-forward rule", de acordo com a qual, se for claro que o uso daquelas instalações de negócios irá manter-se por um período de tempo considerável, teremos um estabelecimento estável constituído desde o primeiro dia e "the look-back recharacterization rule", de acordo com a qual se uma instalação de negócios tiver, previsivelmente, um período curto de vida, mas posteriormente se venha a manter em funcionamento permanentemente, teremos um estabelecimento estável constituído, retroactivamente, desde o primeiro dia.

[81] E para onde, desde já, se remete.

[82] Como o próprio n.º 1 do artigo 5.º refere, não é necessário que a empresa aí exerça toda a sua actividade; essencial é que, pelo menos, parte da actividade da empresa seja exercida naquela instalação.

[83] Segundo ARVID A. SKAAR, *op. cit.*, p. 103 tal significará normalmente que "(...) persons who, in one way or another are dependent on the enterprise (personnel) conduct the business of the enterprise in the State in which the fixed place is situated.". Este Autor fala no "right to use test" (p. 155 e seguintes) e no "business connection test" (p. 327 e seguintes).

[84] Atenda-se às notas de rodapé números 28 e 29, *supra*.

[85] Cfr. MARIA CELESTE CARDONA, *op. cit.*, p. 263.

cia de um estabelecimento estável, é que essa actividade[86] tenha, simplesmente, uma natureza preparatória ou auxiliar.

Com a actividade está intimamente relacionada a questão da existência de um estabelecimento estável. Desde quando é que podemos afirmar que existe estabelecimento estável? E quando é que este deixa de existir?

Os Comentários[87] da OCDE[88] informam-nos que existirá estabelecimento estável a partir do momento em que a empresa começa a sua actividade[89] através daquelas instalações fixas; nessa medida, não será de levar em conta o período de tempo que a empresa dedica a pôr em funcionamento as suas próprias instalações fixas, a menos que essa mesma actividade seja a mesma a que a empresa acabará por se dedicar[90].

Um estabelecimento estável deixará de existir com a venda das instalações ou, caso esta nunca ocorra, quando a empresa cesse definitivamente a sua actividade[91] através daquelas mesmas instalações[92].

---

[86] A actividade também não precisa de ser permanente, no sentido de não haver interrupções – OECD, *Commentaries, op. cit.*, artigo 5.º, comentário 6.1, p. 89.

[87] E ainda alguns Autores, como NGUYEN PHU DUC, *op. cit.*, p. 78.

[88] "A permanent establishment begins to exist as soon as the enterprise commences to carry on its business through a fixed place of business.", OECD, *Commentaries, op. cit.*, artigo 5.º, comentário 11, p. 91. "Clearly, the PE begins to exist from the moment the enterprise actually uses the place of business.", ARVID A. SKAAR, *op. cit.*, p. 223.

[89] MANUEL PIRES, *op. cit.*, p. 745, distingue ainda entre a data em que se iniciaram os trabalhos para preparar o exercício das actividades, em que já teremos estabelecimento estável, ao contrário do que acontecerá aquando dos meros trabalhos de instalação.

[90] Cfr. OECD, *Commentaries, op. cit.*, artigo 5.º, comentário 11, p. 91.

[91] Cfr. MANUEL PIRES, *op. cit.*, p. 745. ARVID A. SKAAR, *op. cit.*, p. 223, diz-nos, claramente que "(…) the PE ceases to exist when the right of use the place of business for business purposes is terminated. This demonstrates that the place is no longer the enterprise's place of *business*.".

[92] Uma vez mais, os Comentários da OCDE alertam-nos para um aspecto importante: "A temporary interruption of operations, however, cannot

c) O elenco positivo

Já desde a versão de 1963 que a Convenção Modelo opta por incluir no n.º 2 do seu artigo 5.º "uma enumeração exemplificativa de casos «típicos» de estabelecimento estável"[93].

No n.º 2 do referido artigo[94] afirma-se que: «A expressão "estabelecimento estável" compreende, nomeadamente:

a) Um local de direcção;
b) Uma sucursal;
c) Um escritório;
d) Uma fábrica;
e) Uma oficina;
f) Uma mina, um poço de petróleo ou gás, uma pedreira ou qualquer outro local de extracção de recursos naturais.»

É pacificamente aceite que esta lista[95] terá uma natureza meramente exemplificativa[96], e nunca taxativa ou exaus-

---

be regarded as a closure. If the fixed place of business is leased to another enterprise, it will normally only serve the activities of that enterprise instead of the lessor's; in general, the lessor's permanent establishment ceases to exist, except where he continues carrying on a business activity of his own through the fixed place of business.", OECD, *Commentaries, op. cit.*, artigo 5.º, comentário 11, p. 91.

[93] MARIA CELESTE CARDONA, *op. cit.*, p. 260. PAULO CALIENDO V. DA SILVEIRA, *op. cit.*, p. 549 refere que "(…) os casos típicos representam uma amplificação semântica do conceito de EP."

[94] Reproduzido no Anexo.

[95] Parece-nos que não haverá problemas em identificar a maior parte destes locais, pois todos sabemos dizer se estamos ou não na presença de um escritório, de uma oficina ou de uma fábrica, … Dúvidas poderão, contudo, existir quanto à identificação de uma sucursal ("branch" no original) e quanto à sua possível confusão com as sociedades subsidiárias a que o n.º 7 se refere e que, por si só, ao contrário das sucursais, não constituem estabelecimentos estáveis. A este respeito veja-se ALBERTO XAVIER, *op. cit.*, p. 276 quando afirma que "As sucursais, agências ou delegações (branch, Niederlassung, succursale)

Carla Palmeira 63

tiva[97], uma vez que, como muitas vezes ouvimos dizer, "a realidade é mais rica em exemplos do que a própria ficção"[98].

Mais discutível é o facto de saber se, nesta lista, se elencam estabelecimentos estáveis "de per si"[99] ou se, ao contrário, os requisitos do n.º 1 terão, ainda assim, que estar preenchidos, para

---

de sociedades estrangeiras, bem como as sucursais, agências ou delegações de sociedades portuguesas no estrangeiro não têm, no plano do Direito Privado, personalidade jurídica distinta daquela de que são mero prolongamento, ao contrário do que sucede com as filiais, sociedades afiliadas ou subsidiárias (subsidiary company, Tochtergesellschaft, filiale).", citando em seguida o seguinte trecho de YVON LOUSSOUARN e J. B. BREDIN, *Droit du Commerce International*, Paris 1969, 330-333: "Le droit commercial interne oppose, de façon très nette, les notions de succursale et de filiale. La première n'est qu'un établissement secondaire, qui peut être dote d'une certaine autonomie de fait, mais n'est pas juridiquement indépendant de l'établissement principal, et surtout ne possède pas la personnalité morale. Ainsi créé, la succursale d'une société étrangère n'est pas soumise à un régime différent de celui de la société dont elle est émanation.". Veremos esta questão mais detalhadamente quando analisarmos o n.º 7 do artigo 5.º. Ainda quanto à noção de sucursal, veja-se ALEX EASSON, *Taxation of Foreign Direct Investment – An Introduction*, cit., p. 47, afirmando que "(…) a branch is not a separate person. It is an integral part of the operations of the enterprise as a whole. Having no separate personality (…)".

[96] Como também afirmam MARIA CELESTE CARDONA, *op. cit.*, p. 261; OECD, *Commentaries, op. cit.*, artigo 5.º, comentário 12, p. 91; ALBERTO XAVIER, *op. cit.*, p. 284; ARVID A. SKAAR, *op. cit.*, p. 114; JOAQUÍN DE ARESPACOCHAGA, *op. cit.*, p. 168 e PHILIP BAKER, *op. cit.*, p. 143.

[97] Como, aliás, se depreende do advérbio "especially".

[98] Veja-se ARVID A. SKAAR, *op. cit.*, p. 118 e seguintes, em que o Autor analisa uma série de realidades, com vista a determinar se estaremos, ou não, perante "places of business".

[99] MANUEL PIRES, *op. cit.*, p. 746, parece, de algum modo, inclinar-se para esta orientação, afirmando que "os casos incluídos na enumeração exemplificativa serão considerados estabelecimentos estáveis *iuris et iure* (…)" não sendo admissível a prova que não constituem instalações fixas de negócios, "(…) porquanto não só a disposição estabelece «são considerados» como não admite explícita ou implicitamente prova em contrário".

64   *O Estabelecimento Estável nas Convenções Modelo da OCDE e da ONU*

que possamos estar perante verdadeiros estabelecimentos estáveis. Nguyen Phu Duc, por exemplo, afirma que os locais indicados não constituem um estabelecimento estável a não ser que correspondam às condições estipuladas no n.º 1 do artigo 5.º[100], sendo esta também a orientação de Alberto Xavier[101].

Tendo em conta precisamente a existência de dúvidas, e pretendendo clarificar esta questão, a própria OCDE afirmou, nos seus Comentários, que este preceito terá que ser lido e interpretado à luz da definição geral do n.º 1[102]. Nessa medida, diz-se claramente que: "As these examples are to be seen against the background definition given in paragraph 1, it is assumed that the Contracting States interpret the terms listed (…) in such a way that such places of business constitute permanent establishment only if they meet the requirements of paragraph 1."[103].

Uma outra questão que também se tem levantado é saber se os exemplos do n.º 2, e depois de se ter averiguado que, positivamente, preenchem os requisitos elencados no n.º 1 do artigo 5.º,

---

[100] Veja-se *op. cit.*, p. 85.

[101] Veja-se *op. cit.*, p. 284, o mesmo acontecendo com FRANCISCO ALFREDO GARCÍA PRATS, *op. cit.*, p. 99 e seguintes: "(...) en realidad el apartado 5.2 del MC contiene una presunción *iuris tantum* de establecimiento permanente, a favor de aquellas situaciones que coincidan o pudieran asimilarse a alguno de los supuestos recogidos específicamente por el CDI, contra la cual cabe prueba en contrario", p. 101.

[102] O mesmo é também afirmado por MARIA CELESTE CARDONA, *op. cit.*, p. 260, onde se pode ler que "(…) esta lista deve ser interpretada em termos de subordinação à regra geral definidora do conceito e constante no n.º 1 do artigo 5.º (...)" e por ARVID A. SKAAR, *op. cit.*, p. 113: "In spite of its own wording, the "positive list" consists mainly of places of business or, one might say, *prima facie*, PE. For example, an "office", a "mine" or a "factory" are not PE, but "places of business". In addition, other requirements have to be met, in particular that the taxpayer has to have the right of use to the place of business, and the performance of a business activity through it. When a place of business is found, a PE does not exist until the other conditions of the basic rule are met.". Não podemos deixar de concordar.

[103] OECD, *Commentaries, op. cit.*, artigo 5.º, comentário 12, p. 91.

"(…) beneficiam de uma presunção de iure, por razões de segurança jurídica, não admitindo em consequência qualquer prova em contrário, no sentido da existência de um estabelecimento estável"[104], ou se, estaremos meras presunções "iuris tantum", admitindo, ainda agora, prova em contrário. Parece-nos que, neste ponto, e tendo a certeza que estamos perante um local de direcção, uma sucursal, um escritório, uma fábrica, uma oficina, uma mina, um poço de petróleo ou gás, uma pedreira ou qualquer outro local de extracção de recursos naturais, e tendo chegado à conclusão que estamos perante verdadeiras instalações fixas de negócios, através das quais a empresa exerce toda ou parte da sua actividade, teremos necessariamente que concluir que estamos perante um estabelecimento estável, não se admitindo prova em contrário[105].

d) Os estaleiros de construção ou de montagem

O n.º 3 do artigo 5.º[106] refere-se expressamente aos locais ou estaleiros de construção[107], de instalação[108] ou de mon-

---

[104] Como afirma MARIA CELESTE CARDONA, *op. cit.*, p. 260, que continua: "Diremos assim que, um local de direcção, um escritório, uma oficina, uma mina, um estaleiro de construção ou de montagem (caso tenha a duração estipulada) constituem **sempre** um estabelecimento estável, desde que tais elementos sejam subsumíveis e preencham os requisitos da definição geral, não sendo admissível prova em contrário." (negrito nosso).

[105] Note-se que nem sequer conseguimos hipoteticamente, imaginar, um caso em que estando perante um dos locais elencados no n.º 2, que também preenchesse as características do n.º 1, este não fosse um estabelecimento estável... Isto, claro, com a ressalva da aplicação dos restantes números do artigo 5.º e, nomeadamente, do número 4.

[106] Integralmente reproduzido no Anexo.

[107] Na nossa exposição, e por razões de clareza, tenderemos a referir apenas o estaleiro de construção. Contudo, as considerações tecidas serão igualmente aplicáveis aos projectos de instalação ou de montagem.

[108] Incluindo instalação de maquinaria, segundo PHILIP BAKER, *op. cit.*, p. 143.

tagem[109]. Este preceito contém um requisito[110] de duração mínima[111]: para que um estaleiro de construção ou de montagem constitua um estabelecimento estável terá que durar pelo menos, doze meses[112]. Segundo Francisco Alfredo García Prats, esta será uma verdadeira "(...) *conditio sine qua non* o elemento imprescindible para la formación del establecimiento permanente. Una obra de construcción, instalación o montaje sólo constituirá establecimiento permanente si su duración excede de

---

[109] NGUYEN PHU DUC, *op. cit.*, p. 108 começa por ressalvar que, como o objectivo de um estaleiro de construção ou de montagem é a realização completa de uma obra, não se trata de uma instalação com carácter preparatório ou auxiliar, das quais trataremos no ponto seguinte. Este Autor deixa bem claro que: «(…) pour être un établissement stable, il doit avoir une certaine durée et, comme pour les usines et ateliers, une certaine fixité.». ARVID A. SKAAR, *op. cit.*, p. 344 também chama a atenção para a natureza temporária de qualquer estaleiro de construção.

[110] De acordo com ARVID A. SKAAR, *op. cit.*, p. 381, este é um requisito que já tem a sua origem na Convenção Modelo do México, de 1943.

[111] Contudo, e como refere MARIA MARGARIDA CORDEIRO MESQUITA, *op. cit.*, p. 104, citando ARVID A. SKAAR, *op. cit.*, p. 344 "O prazo fixado neste parágrafo não deve influenciar a interpretação do requisito da duração da actividade do parágrafo 1 nem no sentido de o alargar nem no sentido de o encurtar.". Este último Autor esclarece ainda esta questão, afirmando que: "A duration of twelve months is sufficient for PE, even if the "permanence test" of the basic rule would have required more.".

[112] Nos Comentários da OECD, *Commentaries, op. cit.*, artigo 5.º, comentário 16, p. 92, este requisito tem direito a uma explicação profunda, afirmando-se que caso esta condição não se encontre preenchida, um local ou estaleiro de construção ou de montagem não constitui "de per si" um estabelecimento estável, mesmo que exista, dentro deste uma instalação, como um escritório ou uma oficina, no sentido do n.º 2, associados à actividade de construção. Quando, contudo, este escritório ou oficina sejam usados para vários projectos de construção e as actividades aí desenvolvidas vão para além das mencionadas no n.º 4, será considerado como estabelecimento estável, se as condições do artigo se encontrarem preenchidas e ainda que nenhum dos projectos envolvendo um estaleiro de construção ou de montagem dure mais de doze meses (tradução livre do referido comentário).

doce meses, sin que ello suponga que éste es su único elemento necesario."[113].

Os Comentários[114] falam mesmo num "twelve month test" que deverá ser aplicado a cada local ou estaleiro de construção, de instalação ou de montagem, individualmente considerado[115]. Nessa medida, e a fim de se determinar a duração de um estaleiro, não deve ser levado em conta o tempo despendido pelo construtor noutros estaleiros, totalmente independentes daquele que se analisa[116].

Este requisito pode constituir um precioso meio de evasão fiscal, através da divisão de um projecto unitário em diversos sub-projectos, cada um destes atribuído a uma empresa diferente que, contudo, pertença ao mesmo grupo, evitando-se, deste modo, a tributação no país da instalação, pois uma vez que nenhum destes projectos terá a duração de doze meses, não se estará perante um estabelecimento estável[117].

Precisamente, por causa deste expediente é que os Comentários estabelecem que: "A building site should be regarded as a single unit, even if it is based on several contracts, provided that it forms a coherent whole commercially and geographically."[118].

---

[113] *Op. cit.*, p. 99.

[114] Cfr. OECD, *Commentaries, op. cit.*, artigo 5.º, comentário 18, p. 93 e ainda diversos Autores, como NGUYEN PHU DUC, *op. cit.*, p. 78.

[115] Veja-se NGUYEN PHU DUC, *op. cit.*, p. 110: «Au cas où une entreprise a plusieurs chantiers, le critère des 12 mois s'applique à chaque chantier.» ; JOHN HUSTON e LEE WILLIAMS, *op. cit.*, p. 62; PAULO CALIENDO V. DA SILVEIRA, *op. cit.*, p. 552; JOAQUÍN DE ARESPACOCHAGA, *op. cit.*, p. 172. ARVID A. SKAAR, *op. cit.*, p. 345 ensina que será perfeitamente possível que um construtor trabalhe num determinado país, durante vários anos, sem nunca fazer nascer um estabelecimento estável, se os seus projectos não tiverem qualquer ligação entre si, sendo a sua duração individual inferior a doze meses.

[116] Veja-se OECD, *Commentaries, op. cit.*, artigo 5.º, comentário 18, p. 93.

[117] Os Comentários reconhecem esta situação, falando mesmo em abusos – OECD, *Commentaries, op. cit.*, artigo 5.º, comentário 18, p. 93.

[118] OECD, *Commentaries, op. cit.*, artigo 5.º, comentário 18, p. 93. Mas "(...) no account should be taken of the time previously spent by the contractor

68 O Estabelecimento Estável nas Convenções Modelo da OCDE e da ONU

A expressão "local ou estaleiro de construção, de instalação ou de montagem" abrange não apenas a construção[119] ou renovação[120] de edifícios, de estradas, pontes ou canais, mas também a colocação de condutas tubulares e as actividades de escavação e dragagem[121].

Quanto ao momento a partir do qual se considera que um local ou estaleiro de construção, de instalação ou de montagem

---

concerned on other sites or projects which are **totally** unconnected with it.", (negrito nosso). Para se determinar quando é que estaremos perante o mesmo projecto de construção ou projectos de construção diferentes, veja-se os critérios enunciados por ARVID A. SKAAR, *op. cit.*, p. 354 a 378. Os Comentários também nos fornecem uma preciosa ajuda afirmando que: "A building site should be regarded as a single unit, even if it is based on several contracts, provided that it forms a coherent whole commercially and geographically.", OECD, *Commentaries, op. cit.*, artigo 5.º, comentário 18, p. 93. Este "coherent whole commercially and geographically" será a verdadeira pedra de toque de toda esta questão. Veja-se também JOHN HUSTON e LEE WILLIAMS, *op. cit.*, p. 62; PAULO CALIENDO V. DA SILVEIRA, *op. cit.*, p. 552 e JOAQUÍN DE ARESPACOCHAGA, *op. cit.*, p. 172.

[119] JOAQUÍN DE ARESPACOCHAGA, *op. cit.*, p. 171 afirma que também se deve incluir aqui as obras de demolição e de desmontagem, sempre que estas estejam directamente relacionadas com uma posterior obra de construção.

[120] Que, como os próprios Comentários esclarecem, implica mais que a mera manutenção ou redecoração, OECD, *Commentaries, op. cit.*, artigo 5.º, comentário 17, p. 92.

[121] OECD, *Commentaries, op. cit.*, artigo 5.º, comentário 17, p. 92; MARIA MARGARIDA CORDEIRO MESQUITA, *op. cit.*, p. 104; ARVID A. SKAAR, *op. cit.*, p. 343; PAULO CALIENDO V. DA SILVEIRA, *op. cit.*, p. 551; JOAQUÍN DE ARESPACOCHAGA, *op. cit.*, p. 171 e NGUYEN PHU DUC, *op. cit.*, p. 78 e 109. Este Autor inclui também nesta expressão os trabalhos de organização e supervisão da construção, caso estas actividades sejam exercidas igualmente pela empresa de construção. Contudo, caso estes trabalhos de organização e supervisão sejam exercidos por uma outra empresa, dispondo esta de um escritório para esse efeito, este não constituirá um estabelecimento estável, uma vez que terá somente um carácter auxiliar – para mais desenvolvimentos veja-se o ponto seguinte. No mesmo sentido JOAQUÍN DE ARESPACOCHAGA, *op. cit.*, p. 171.

existe[122], é ponto assente que se deve atender não apenas ao momento em que o construtor começa a sua actividade[123], sendo também de levar em conta o período de tempo que o construtor dedica a trabalhos preparatórios, já no Estado do local de realização da obra[124].

Um estaleiro deixa de existir quando o trabalho esteja terminado ou permanente abandonado[125]. Contudo, e dado que o

---

[122] Momento este que é extremamente importante que se determine, uma vez que é a partir daí que começa a correr o prazo de 12 meses. JOAQUÍN DE ARESPACOCHAGA, *op. cit.*, p. 172, diz-nos que caso o estaleiro tenha uma duração superior a doze meses, também aqui se deverá entender que existe estabelecimento estável, retroactivamente, desde o momento do início da actividade.

[123] Como vimos que era a regra geral da determinação do momento a partir do qual existe um estabelecimento estável – veja-se *supra*, p. 61 e seguintes.

[124] Cfr. OECD, *Commentaries, op. cit.*, artigo 5.º, comentário 19, p. 93; JOHN HUSTON e LEE WILLIAMS, *op. cit.*, p. 61 (que afirmam, pertinentemente, que "preparatory work sheds its usual guise as exempt activity and marks the beginning of the time period.") e NGUYEN PHU DUC, *op. cit.*, p. 78 e 110. Assim, e segundo este Autor, teremos um estaleiro (e consequentemente, podemos ter um estabelecimento estável se a duração deste estaleiro exceder os doze meses) a partir do momento em que se instala, no país onde a construção deva ser edificada, um gabinete de estudos para a organização do estaleiro. ARVID A. SKAAR, *op. cit.*, p. 384, comungando também desta orientação, fornece-nos um critério interessante: "A practical starting point for the time limit is the day when the first employee of the contractor arrives at the building site. If earlier, the day for the first delivery of equipment or building materials will trigger the start of the time limit.". Veja-se também PAULO CALIENDO V. DA SILVEIRA, *op. cit.*, p. 553.

[125] Veja-se OECD, *Commentaries, op. cit.*, artigo 5.º, comentário 19, p. 93; NGUYEN PHU DUC, *op. cit.*, p. 110; PAULO CALIENDO V. DA SILVEIRA, *op. cit.*, p. 553; JOHN HUSTON e LEE WILLIAMS, *op. cit.*, p. 64 e ARVID A. SKAAR, *op. cit.*, p. 38 que, na esteira do referido na nota anterior, afirma que: "The building site has ceased to exist when the contractor's last employee has permanently left the site, or, if later, when the remaining materials and equipment are removed.". JOAQUÍN DE ARESPACOCHAGA, *op. cit.*, p. 172 diz-nos que "Para determinar el momento de finalización de las obras se debe seguir el criterio de computar todos aquellos trabajos que técnicamente sean necesarios para la entrega de la misma en condiciones adecuadas para su utilización.".

70   *O Estabelecimento Estável nas Convenções Modelo da OCDE e da ONU*

abandono terá que ser permanente, não estamos perante uma situação de abandono se estivermos perante meras interrupções sazonais. Estas[126] entram no cálculo da duração do estaleiro[127].

No caso de estarmos perante uma subempreitada[128], o tempo gasto por cada um dos subempreiteiros, naquela obra, deve ser considerado como tempo gasto pelo próprio empreiteiro, na realização daquela construção[129]. No entanto, caso algum dos subempreiteiros dedique mais de doze meses a um mesmo projecto, dever-se-á considerar que tal originará um estabelecimento estável, propriedade desse subempreiteiro[130].

---

[126] Devidas ao mau tempo, ou ainda decorrentes de outros motivos, como dificuldades de mão-de-obra, ou falta de materiais ..., e isto desde que essas interrupções sejam meramente temporárias. Veja-se NGUYEN PHU DUC, *op. cit.*, p. 78 e 110; ARVID A. SKAAR, *op. cit.*, p. 386 e seguintes; JOHN HUSTON e LEE WILLIAMS, *op. cit.*, p. 64; PAULO CALIENDO V. DA SILVEIRA, *op. cit.*, p. 553 e JOAQUÍN DE ARESPACOCHAGA, *op. cit.*, p. 172. Contudo, JOAQUÍN DE ARESPACOCHAGA entende que "(…) se deben excluir de aquel cómputo todas aquellas interrupciones debidas a causas de fuerza mayor que, el empresario en ningún caso podría haber previsto". Com o devido respeito, não podemos concordar com este entendimento uma vez que tal dará origem, muito facilmente, a abusos.

[127] OECD, *Commentaries, op. cit.*, artigo 5.º, comentário 19, p. 93. Os Comentários fornecem-nos um exemplo prático: se um construtor começa a trabalhar numa estrada a 01 de Maio, interrompe o seu trabalho a 01 de Novembro, devido às más condições meteorológicas, mas retoma-o a 01 de Fevereiro, do ano seguinte, terminando a construção da estrada a 01 de Junho, o seu estaleiro de construção deve ser encarado como um estabelecimento estável, porque decorreram treze meses, entre a data em que ele começou o seu trabalho (01 de Maio) e a data em que o terminou (01 de Junho do ano seguinte).

[128] Ou seja, quando o construtor subcontrata com outros empreiteiros a realização de partes de uma obra que ele próprio deveria realizar.

[129] Cfr. NGUYEN PHU DUC, *op. cit.*, p. 78 e 110; PAULO CALIENDO V. DA SILVEIRA, *op. cit.*, p. 553 e ARVID A. SKAAR, *op. cit.*, p. 347: "A general contractor who subcontracts parts of the work to other enterprises will be assigned the working time of the subcontractors.".

[130] Cfr. OECD, *Commentaries, op. cit.*, artigo 5.º, comentário 19, p. 93; PAULO CALIENDO V. DA SILVEIRA, *op. cit.*, p. 554 e NGUYEN PHU DUC, *op. cit.*, p. 110.

Tendo em conta a natureza destas actividades, de construção, de instalação ou de montagem, pode acontecer que o estaleiro tenha que ser continuamente deslocado, à medida que as obras vão avançando. Contudo, o facto de, nomeadamente, as ferramentas, o equipamento e mesmo os empregados não permanecerem doze meses num mesmo sítio, não tem qualquer influência no requisito dos doze meses[131]. O que interessa é que haja um mesmo projecto ou obra, que se situe numa dada área[132], por um período superior a doze meses[133].

e) A lista negativa[134] – actividades de natureza preparatória ou auxiliar[135]

O n.º 4 do artigo 5.º elenca algumas excepções à regra geral do n.º 1. Como ensina Nguyen Phu Duc[136], apesar de a Conven-

---

[131] Veja-se Arvid A. Skaar, *op. cit.*, p. 345 e Nguyen Phu Duc, *op. cit.*, p. 78 e 110, que manda atender à unidade económica do projecto. Nessa medida, as deslocações contínuas não serão relevantes nem para efeitos de determinação da duração do estaleiro e nem sequer para a apreciação do elemento "fixo" do estaleiro como estabelecimento estável.

[132] Arvid A. Skaar, *op. cit.*, p. 376 distingue claramente, uma certa área de um certo local, afirmando que: "(…) the projects must be located at a certain area within the jurisdiction of the treaty, but not necessarily at the same place."

[133] Cfr. OECD, *Commentaries, op. cit.*, artigo 5.º, comentário 20, p. 94.

[134] Alberto Xavier, *op. cit.*, p. 284 e 285, fala em "excepções ao conceito geral de estabelecimento estável" (…) que "(…) se baseiam na teoria da realização que assim atenua a pureza da doutrina da pertença económica, que está na base do conceito geral de estabelecimento estável.". Arvid A. Skaar, *op. cit.*, p. 279, por sua vez, afirma que "Some activities, although undoubtedly parts of a business activity, are considered insignificant in this perspective, and are specifically exempted under the modern tax treaties (the "negative list")".

[135] Arvid A. Skaar, *op. cit.*, p. 280 e 281 afirma que a maior parte das actividades excluídas da tributação, através deste preceito, terá natureza auxiliar, pois, normalmente, as actividades preparatórias visam apenas "preparar o terreno" para uma actividade principal, considerando-se que existe estabelecimento estável, como já tivemos ocasião de frisar, desde o primeiro dia.

[136] Cfr. *op. cit.*, p. 78.

ção Modelo da OCDE não ter retido o carácter produtivo como elemento indispensável ao estabelecimento estável[137], exclui desta noção, neste preceito, as instalações consideradas, não como improdutivas[138], de carácter preparatório ou auxiliar[139].

Assim, as instalações fixas ou depósitos de mercadorias enumerados nas alíneas *a)* a *e)*[140] do n.º 4 do artigo 5.º, não

---

[137] Como já constatamos e como defende FRANCISCO ALFREDO GARCÍA PRATS, *op. cit.*, p. 160: "(…) la productividad tampoco es un elemento o condición negativa, porque su ausencia no impide la existencia de un establecimiento permanente.". A este propósito veja-se a referida obra, p. 158 e seguintes.

[138] MARIA MARGARIDA CORDEIRO MESQUITA, *op. cit.*, p. 105 e ALBERTO XAVIER, *op. cit.*, p. 285, referem que a estas actividades não lhes é directamente imputável a realização de lucros ou de outros rendimentos. ARVID A. SKAAR, *op. cit.*, p. 279 justifica esta exclusão pela dificuldade relacionada com a atribuição de lucros a estas actividades. Na nossa opinião, a questão deverá ser analisada pelo prisma do objecto estatutário da empresa, uma vez que, como os próprios Comentários afirmam "It is recognized that such a place of business may well contribute to the productivity of the enterprise, but the services it performs are so remote from the actual realization of profits that it is difficult to allocate any profit to the fixed place of business in question.", Cfr. OECD, *Commentaries, op. cit.*, artigo 5.º, comentário 23, p. 95. ARVID A. SKAAR, *op. cit.*, p. 282 também o conclui. JOAQUÍN DE ARESPACOCHAGA, *op. cit.*, p. 176 e 177, por sua vez afirma que: "Las razones para su exclusión tienen su origen tanto en argumentos económicos: son instalaciones que si bien contribuyen a la productividad general de la empresa, no se consideran susceptibles de producir un beneficio autónomo en relación con el global de la misma, como también en argumentos de tipo práctico, como consecuencia de la dificultad de determinar la participación en los beneficios que se pueden considerar atribuibles a estas actividades preparatorias y auxiliares. Junto a estas razones la experiencia ha aconsejado también adoptar este criterio con el fin de favorecer el tráfico comercial internacional".

[139] Veja-se NGUYEN PHU DUC, *op. cit.*, p. 103 e seguintes.

[140] Uma vez que a alínea f) se refere à hipótese de, numa instalação fixa, ser exercida uma combinação das actividades das restantes alíneas, caso este em que podemos também continuar a não estar perante um estabelecimento estável, como veremos adiante – veja-se *infra*, p. 75.

constituem nunca estabelecimentos estáveis[141]. De acordo com os Comentários da OCDE[142], o que se pretende com este n.º 4 é evitar que uma empresa de um Estado seja tributada num outro Estado, se aí apenas exercer actividades de natureza puramente preparatória ou auxiliar[143]. Aliás, será esta natureza preparatória ou auxiliar de outra actividade principal[144], o traço comum de todas estas actividades, bastando a constatação do carácter preparatório **ou** auxiliar, para que a instalação não seja considerada um estabelecimento estável[145].

Ao passo que nas alíneas *a)* a *d)* temos uma enumeração[146], meramente exemplificativa[147], de algumas actividades que, ainda que exercidas através de uma instalação fixa, não constituem um estabelecimento estável[148], na alínea *e)* encontramos a consagra-

---

[141] Cfr. OECD, *Commentaries, op. cit.*, artigo 5.º, comentários 21 e 22, p. 94 e MARIA CELESTE CARDONA, *op. cit.*, p. 263. FRANCISCO ALFREDO GARCÍA PRATS, *op. cit.*, p. 165, por sua vez defende que: "(...) la lista exclusoria contiene una serie de supuestos en los que se presume *iuris tantum* la no existencia de establecimiento permanente, con la condición de que la actividad realizada sea auxiliar o preparatoria respecto de la actividad realizada por la empresa.".

[142] Que citam alguns exemplos do que se deverá entender por instalações de carácter preparatório ou auxiliar – veja-se OECD, *Commentaries, op. cit.*, artigo 5.º, comentário 24, p. 95.

[143] Cfr. OECD, *Commentaries, op. cit.*, artigo 5.º, comentário 21, p. 94.

[144] Cfr. JOAQUÍN DE ARESPACOCHAGA, *op. cit.*, p. 176.

[145] Cfr. NGUYEN PHU DUC, *op. cit.*, p. 103.

[146] MARIA CELESTE CARDONA, *op. cit.*, p. 260 defende que estaremos perante presunções "(...) de jure, por razões de *segurança jurídica*, não admitindo em consequência qualquer prova em contrário", tal como já tinha defendido a propósito das presunções do n.º 2. Esta é também a opinião de MANUEL PIRES, *op. cit.*, p. 746.

[147] Cfr. ARVID A. SKAAR, *op. cit.*, p. 279; PAULO CALIENDO V. DA SILVEIRA, *op. cit.*, p. 558 e JOAQUÍN DE ARESPACOCHAGA, *op. cit.*, p. 176.

[148] Cfr. OECD, *Commentaries, op. cit.*, artigo 5.º, comentários 21 e 22, p. 94; ARVID A. SKAAR, *op. cit.*, p. 279 e JOAQUÍN DE ARESPACOCHAGA, *op. cit.*, p. 176.

74 *O Estabelecimento Estável nas Convenções Modelo da OCDE e da ONU*

ção de uma verdadeira cláusula geral[149], uma vez que se estabelece que: «Não obstante as disposições anteriores deste artigo, a expressão "estabelecimento estável" não compreende: (...) uma instalação fixa mantida unicamente para exercer, para a empresa, **qualquer outra** actividade de carácter preparatório ou auxiliar.» (negrito nosso). Tal como nos é dito nos Comentários[150], "The wording of this subparagraph makes it unnecessary to produce an exhaustive list of exceptions.".

A realçar é também o facto de se exigir que a actividade de natureza preparatória ou auxiliar, exercida naquelas instalações se destine exclusivamente à empresa[151]; caso a actividade seja exercida não só em benefício da empresa, mas também em benefício de terceiros, estaremos perante um estabelecimento estável, uma vez que nesse caso, a alínea *e)* já não será de aplicar[152].

Por outro lado, é também ponto assente que este n.º 4[153] deverá ser lido à luz do n.º 1[154], consistindo num precioso ins-

---

[149] Ou "(...) a general restriction of the scope of the definition contained in paragraph 1", de acordo com OECD, *Commentaries, op. cit.*, artigo 5.º, comentário 21, p. 94 e JOHN HUSTON e LEE WILLIAMS, *op. cit.*, p. 150.

[150] Cfr. OECD, *Commentaries, op. cit.*, artigo 5.º, comentário 23, p. 94.

[151] Cfr. OECD, *Commentaries, op. cit.*, artigo 5.º, comentário 26, p. 96; NGUYEN PHU DUC, *op. cit.*, p. 79, 80 e 104; MANUEL PIRES, *op. cit.*, p. 746; JOHN HUSTON e LEE WILLIAMS, *op. cit.*, p. 158 e JOAQUÍN DE ARESPACOCHAGA, *op. cit.*, p. 177 e 178.

[152] O mesmo nos é dito pelos Comentários: "A permanent establishment, however, exists if the fixed place of business exercising any of the functions listed in paragraph 4 were to exercise them not only on behalf of the enterprise to which it belongs but also on behalf of other enterprise. If, for instance, an advertising agency maintained by an enterprise were also to engage in advertising for other enterprises, it would be regarded as a permanent establishment of the enterprise by which it is maintained.", OECD, *Commentaries, op. cit.*, artigo 5.º, comentário 28, p. 97.

[153] Tal como os números 2 e 3.

[154] Sendo também aplicado aos n.ºs 5 e 6, como veremos de seguida. Veja-se JOHN HUSTON e LEE WILLIAMS, *op. cit.*, p. 150.

trumento de interpretação e concretização daquele mesmo preceito. Assim, na análise da existência (ou não) de uma estabelecimento estável real[155], devemos começar por aferir se estamos perante uma instalação fixa através da qual a empresa exerça toda ou parte da sua actividade[156], e, nomeadamente se se trata de um dos locais elencados no n.º 2, sendo certo que, caso estejamos a analisar um estaleiro de construção ou de montagem, o requisito dos doze meses de duração terá sempre que se verificar[157].

Contudo, aqui chegados, não podemos, sem mais, afirmar a existência de um estabelecimento estável, uma vez que é perfeitamente possível que estejamos perante uma instalação fixa perante a qual a empresa exerça a sua actividade, e nomeadamente, tratar-se de um dos casos do n.º 2[158] e, ainda assim, não estarmos perante um estabelecimento estável. Tal sucederá se, através dessas instalações, a empresa exercer apenas uma actividade de carácter preparatório ou auxiliar – n.º 4 do artigo 5.º[159].

Analisando agora a alínea *f)*, do seu próprio texto se depreende que uma instalação fixa mantida unicamente[160] para o

---

[155] Uma vez que dos estabelecimentos estáveis ditos "pessoais" (segundo a expressão de ALBERTO XAVIER, *op. cit.*, p. 286), tratam os números 5 e 6 deste mesmo preceito.

[156] De acordo com o n.º 1 do artigo 5.º.

[157] De acordo com o n.º 3 do artigo 5.º.

[158] Ou ainda do n.º 3, como acima vimos.

[159] Como se afirma nos Comentários "Furthermore, this subparagraph provides a generalised exception to the general definition in paragraph 1 and, when read with that paragraph, provides a more selective test, by which to determine what constitutes a permanent establishment. To a considerable degree it limits that definition and excludes from its rather wide scope a number of forms of business organizations which, although they are carried on through a fixed place of business, should not be treated as permanent establishments.", OECD, *Commentaries, op. cit.*, artigo 5.º, comentário 23, p. 94 e 95.

[160] E realçamos unicamente, pois caso as instalações fixas sejam utilizadas quer para actividades de natureza preparatória ou auxiliar, quer para

exercício de uma actividade que não seja mais do que a mera combinação das actividades referidas nas alíneas precedentes, desde que a actividade do conjunto resultante dessa combinação, seja de carácter preparatório ou auxiliar[161], não será considerada como um estabelecimento estável, para efeitos de tributação[162]. Contudo, "(...) se o conjunto das actividades mencionadas nas diversas alíneas do parágrafo 4.º do artigo 5.º constituírem de per si a actividade a que a empresa estrangeira se dedica, em termos estatutários, dela obtendo os correspondentes lucros, podemos conceber este caso como o de um estabelecimento estável, uma vez que preencha os restantes requisitos positivos do conceito."[163].

A fim de evitar, na medida do possível, a evasão fiscal, os Comentários da OCDE expressamente afirmam que "Sub-

---

outras actividades, de natureza diferente, esta instalação será considerada como sendo um estabelecimento estável – veja-se OECD, *Commentaries, op. cit.*, artigo 5.º, comentário 30, p. 97; NGUYEN PHU DUC, *op. cit.*, p. 104 e ARVID A. SKAAR, *op. cit.*, p. 280 e 295, que manda atender ao "commercial significance to the enterprise". Contudo, este Autor fala-nos em "strong excepted activity", referindo-se à compra de mercadorias e em "weak excepted activities" – todas as outras actividades referidas neste n.º 4 do artigo 5.º – para concluir que "(...) any of the activities in the "negative list", except purchasing of goods, will be a PE activity if they serve a core business activity performed through the same place of business.", *op. cit.*, p. 293.

[161] JOAQUÍN DE ARESPACOCHAGA, *op. cit.*, p. 178, afirma que "En la práctica, el carácter auxiliar se conserva cuando, como consecuencia del ejercicio de estas actividades combinadas, sólo se desarrolle de una forma parcial e incompleta el objeto global de la empresa. Por el contrario, si dichas operaciones combinadas permitieran desarrollar una actividad independiente de la propia de la empresa, y siempre que resultase económicamente viable, podría considerarse la existencia de un e.p.".

[162] Cfr. OECD, *Commentaries, op. cit.*, artigo 5.º, comentário 27, p. 96; NGUYEN PHU DUC, *op. cit.*, p. 104; MARIA CELESTE CARDONA, *op. cit.*, p. 265; JOHN HUSTON e LEE WILLIAMS, *op. cit.*, p. 159 e JOAQUÍN DE ARESPACOCHAGA, *op. cit.*, p. 178.

[163] MARIA CELESTE CARDONA, *op. cit.*, p. 265.

paragraph f) is of no importance in a case where an enterprise maintains several fixed place of business within the meaning of sub-paragraphs a) to e) provided that they are separated from each other locally and organizationally, as in such a case each place of business has to be viewed separately and in isolation for deciding whether a permanent establishment exists. (...) An enterprise cannot fragment a cohesive operating business into several small operations in order to argue that each is merely engaged in a preparatory or auxiliary activity."[164].

Na medida em que é extremamente difícil qualificar uma actividade como preparatória ou auxiliar, a OCDE aponta-nos um caminho: há que ver se a actividade daquela instalação fixa que se analisa constitui, ou não, uma parte essencial[165] e significativa[166] da actividade da empresa[167] como um todo[168]. Assim,

---

[164] OECD, *Commentaries, op. cit.*, artigo 5.º, comentário 27.1, p. 97.

[165] Nessa medida, e como a função de direcção de uma empresa constitui uma parte essencial das operações da empresa, a instalação através da qual ela é levado a cabo, constituirá um estabelecimento estável - Cfr. OECD, *Commentaries, op. cit.*, artigo 5.º, comentário 24, p. 95.

[166] ARVID A. SKAAR, *op. cit.*, p. 284 afirma que o adjectivo "essencial" se refere à natureza da actividade, ao passo que com o adjectivo "significativa" se pretende aludir à sua relativa importância. Assim, "A PE may be constituted irrespectively of the nature of the activity, if it is *quantitatively* important for the company, in terms of deliveries, number of employees, value of stock of goods, etc., compared to the total activity of the enterprise", ARVID A. SKAAR, *op. cit.*, p. 290.

[167] ARVID A. SKAAR, *op. cit.*, p. 299 a 306, conjugando o n.º 1 com o n.º 4, ambos do artigo 5.º, elenca algumas categorias de actividades principais, levando a cabo o mesmo exercício, nas p. 307 a 325, para identificar actividades auxiliares. O mesmo fazem JOHN HUSTON e LEE WILLIAMS, *op. cit.*, p. 150 e seguintes, a respeito das actividades ditas auxiliares.

[168] Cfr. OECD, *Commentaries, op. cit.*, artigo 5.º, comentário 24, p. 95; JOAQUÍN DE ARESPACOCHAGA, *op. cit.*, p. 176 e 178 e NGUYEN PHU DUC, *op. cit.*, p. 79. Aliás, este Autor (p. 103) chama a atenção para a principal diferença entre a Convenção Modelo do México e a Convenção Modelo da OCDE: enquanto que aquela fundava a noção de estabelecimento estável no carácter

facilmente se conclui que, caso a actividade da instalação seja semelhante à da empresa, não poderá ser considerada uma actividade preparatória ou auxiliar, havendo lugar a tributação, nos termos do artigo 7.º[169].

Maria Celeste Cardona manda atender à "natureza estatutária das actividades prosseguidas pela empresa"[170]; afirma ainda esta Autora que "(...) é através da análise da relação existente entre a actividade económica da empresa, consagrada no seu objecto social, e, as outras actividades também por elas desenvolvidas, que deverá ser aferido o carácter auxiliar ou preparatório destas últimas."[171].

Poder-se-á ainda perguntar se incumbe à Administração Fiscal do Estado da instalação provar a natureza essencial da actividade levada a cabo através daquela instalação, ou, ao invés, ao contribuinte a prova da natureza meramente preparatória ou auxiliar. Manuel Pires[172] levanta esta mesma questão, defendendo que competirá ao contribuinte a prova do carácter meramente preparatório ou auxiliar[173].

---

produtivo da instalação, esta baseia-se no critério da "parte essencial e significativa" das actividades da instalação, no conjunto das actividades da empresa. Conclui ainda que o critério da produtividade pode permitir a tributação extensiva do país onde a instalação se situa visto que cada elemento de uma empresa contribui para a produtividade do conjunto.

[169] Cfr. OECD, *Commentaries, op. cit.*, artigo 5.º, comentário 24, p. 95; MARIA CELESTE CARDONA, *op. cit.*, p. 264 e 265; ARVID A. SKAAR, *op. cit.*, p. 287; JOHN HUSTON e LEE WILLIAMS, *op. cit.*, p. 157 e JOAQUÍN DE ARESPACOCHAGA, *op. cit.*, p. 176.

[170] Veja-se *op. cit.*, p. 264.

[171] MARIA CELESTE CARDONA, *op. cit.*, p. 264.

[172] E também JOHN HUSTON e LEE WILLIAMS, *op. cit.*, p. 156, que nos fornece a mesma resposta.

[173] Cfr. *op. cit.*, p. 746.

f) A cláusula de agência

Neste capítulo adoptaremos uma metodologia diferente da até aqui utilizada: ao invés de analisarmos isoladamente o n.º 5 e posteriormente o n.º 6, como temos feito, examinaremos simultaneamente ambas as disposições, em virtude de o primeiro destes preceitos condicionar, expressamente, a sua aplicação à não aplicação do segundo[174]: «Notwithstanding the provisions of paragraph 1 and 2, where a person – **other than an agent of an independent status to whom paragraph 6 applies** (…)»[175].

Ambas as normas referem-se a agentes[176]; mas, ao passo que o n.º 5 trata dos agentes dependentes, o número seguinte ocupa-se dos agentes independentes[177].

Uma vez que é essencial que a empresa exerça a sua actividade através de um agente dependente para que possamos afirmar que essa empresa possui um estabelecimento estável num outro estado[178], analisaremos ambos os preceitos conjunta-

---

[174] Aliás, ARTHUR PLEIJSIER, *The Agency Permanent Establishment*, cit., p. 163 defende que: "If there is an agent, before analysing if this agent meets the paragraph 5 conditions, one should first analyse if the agent is an independent agent according to paragraph 6. If this is the case, there is no need to analyse paragraph 5, because the agent does not constitute an Agency PE on the basis of paragraph 6. On the other hand, if the agent does not meet the conditions of paragraph 6, because perhaps he is an independent agent who does not act in the ordinary course of his business, paragraph 5 should than determine if that agent constitutes an Agency PE.".

[175] Cfr. n.º 5 do artigo 5.º (negrito nosso).

[176] O que exclui a pessoa que trabalha para a sua própria empresa, cfr., ARTHUR PLEIJSIER, *op. cit.,* p. 164

[177] Sendo que, como afirma JOAQUÍN DE ARESPACOCHAGA, *op. cit.*, p. 184: "(...) este agente independiente constituye por sí mismo una empresa distinta de la no residente a la que representa, y, por tanto, no puede constituir e.p. de esta última.".

[178] ALBERTO XAVIER, *op. cit.*, p. 285, justifica, deste modo, a consagração deste preceito: "As empresas internacionais exercem frequentemente a sua actividade no estrangeiro através de representantes. Não admira, pois,

80   *O Estabelecimento Estável nas Convenções Modelo da OCDE e da ONU*

mente, afim de melhor determinar as características que ditarão a aplicação do n.º 5 ou do n.º 6 do artigo 5.º[179].

Como sempre, centraremos a nossa análise nos Comentários à Convenção Modelo da OCDE. Estes[180], começam por afirmar que se considera que uma empresa tem um estabelecimento estável noutro Estado, se existe uma pessoa que actue por conta dessa empresa e tenha e habitualmente exerça num Estado Contratante poderes para concluir contratos em nome daquela, e isto ainda que essa empresa não possua, no Estado em questão, um local fixo de negócios, no sentido dos n.ºs 1 e 2 do artigo 5.º[181]. A aplicação alternativa[182] deste preceito, face aos primeiros dois

---

que se tenha procurado conferir a estas pessoas a qualidade de estabelecimentos estáveis para fundar a tributação de rendimentos através delas produzidos num dado território.".

[179] E consequentemente, a constatação da existência, ou não, respectivamente, de um estabelecimento estável.

[180] Veja-se OECD, *Commentaries, op. cit.*, artigo 5.º, comentário 31, p. 98.

[181] Veja-se também MARIA MARGARIDA CORDEIRO MESQUITA, *op. cit.*, p. 105. MANUEL PIRES, *op. cit.*, p. 747, defende mesmo que "Aqui o elemento fundamental é o humano, não existindo necessidade de instalação fixa, ao contrário de nos casos anteriormente indicados.". JOHN HUSTON e Lee Williams, *op. cit.*, p. 81 dizem claramente que: "(...) the dependent agent is an alternative permanent establishment which does not require a fixed place of business, either of the foreign principal or of the agent. Indeed, if there is a fixed place of business of the foreign principal, it is irrelevant whether the persons using it are dependent or independent or have the requisite contractual authority. A permanent establishment already exists to which all of their activities will be attributed.". Veja-se também JOAQUÍN DE ARESPACOCHAGA, *op. cit.*, p. 182. ARVID A. SKAAR, *op. cit.*, p. 464, diz mesmo que: "(...) not only objects (...) but also individuals and corporations may serve as a "place of business" for somebody else" falando, a este propósito, em "PE fiction". Mais à frente, ainda: "The agency clause is without significance in all cases where the enterprise has at its disposal a physically located place of business.", op. cit, p. 468.

[182] NGUYEN PHU DUC, *op. cit.*, p. 113, fala a este propósito de "critère de rechange", ou critério de reserva (tradução livre). Assim, se pudermos

números[183] do mesmo artigo é ainda realçada, pelos Comentários, da seguinte forma: "(…) paragraph 5 simply provides an **alternative test** of whether an enterprise has a permanent establishment in a State. If it can be shown that the enterprise has a permanent establishment within the meaning of paragraphs 1 and 2 (subject to the provisions of paragraph 4), **it is not necessary** to show that the person in charge is one who would fall under paragraph 5."[184].

Para terminar estas breves exposições introdutórias, restanos ainda chamar a atenção para o facto de se considerar hoje[185] que existe um estabelecimento estável, relativamente a qualquer

---

determinar a existência de um estabelecimento estável, por recurso aos dois primeiros números do artigo 5.º, não será necessário verificar se a empresa possui, nesse Estado Contratante, um agente dependente; por outro lado, se pudermos afirmar a existência de um estabelecimento estável, por recurso ao n.º 5 do artigo 5.º não será necessário recorrermos ao disposto nos n.ᵒˢ 1 e 2, do mesmo preceito. NGUYEN PHU DUC faz a este propósito ainda um outro apontamento importante: segundo este autor, os fundamentos teóricos destes dois critérios de determinação da existência de um estabelecimento estável não são os mesmos, pois ao passo que nos n.ᵒˢ 1 e 2 temos um combinação da territorialidade e da dependência económica, o fundamento do critério do n.º 5 será a dependência económica pura, uma vez que pode existir estabelecimento estável sem que haja uma instalação material no país. Para mais desenvolvimentos veja-se *op. cit.*, p. 114 e seguintes.

[183] ARTHUR PLEIJSIER, *op. cit.*, p. 161 e 162, é da opinião que o preceito deveria igualmente ressalvar a aplicação do n.º 3 "(…) because if, for example, a construction PE is present according to the conditions of para. 3, again, application of para. 5 would not be called for.", e ainda: "Before considering an Agency PE, two questions should be answered negatively, namely (1) does the foreign enterprise has a fixed place of business in the other state?, and (2) does the foreign enterprise has a building site or construction or installation project with a duration of more than twelve months?". Estamos plenamente de acordo com este Autor.

[184] OECD, *Commentaries, op. cit.*, artigo 5.º, comentário 35, p. 99 (negrito nosso).

[185] Diferentemente do que sucedia na versão original de 1963 – veja-se *supra*, p. 53.

actividade que o agente dependente exerça para a empresa[186]. Isto, obviamente, com **excepção das actividades indicadas no n.º 4**, o que, como já salientamos aquando da análise da evolução histórica desta disposição[187], fará todo o sentido. Na realidade, uma vez que se considera que estas actividades, quando exercidas através de uma instalação fixa de negócios não dão lugar à criação de um estabelecimento estável, tal entendimento terá que ser igualmente aplicado quando, apesar de não existir uma instalação fixa, essas mesmas actividades são exercidas por uma pessoa[188]. E quando um agente leve a cabo actividades cobertas pelo n.º 4 e outras que se encaixam no n.º 5? Uma vez que o n.º 5 apenas exclui do seu âmbito de aplicação «activities (…) **limited** to those mentioned in paragraph 4», parece-nos[189] que não se aplicará aquela excepção e que se deverá considerar que existe um estabelecimento estável, sendo ambas as actividades incluídas nos lucros do estabelecimento estável[190].

Os Comentários da OCDE avançam como uma espécie de definição negativa de agente dependente[191], por contraponto à noção de agente independente.

---

[186] Isto mesmo é afirmado pelos Comentários: "Where the requirements set out in paragraph 5 are met, a permanent establishment exists **to the extent that person acts for the latter**, i.e. not only to the extent that such a person exercises the authority to conclude contracts in the name of the enterprise." (negrito nosso), OECD, *Commentaries, op. cit.*, artigo 5.º, comentário 34, p. 99.

[187] Veja-se *supra*, p. 53.

[188] MARIA MARGARIDA CORDEIRO MESQUITA, *op. cit.*, p. 106; JOHN HUSTON e LEE WILLIAMS, *op. cit.*, p. 80; ARVID A. SKAAR, *op. cit.*, p. 468 e ARTHUR PLEIJSIER, *op. cit.*, p. 173 também o afirmam.

[189] Na esteira do que entende ARTHUR PLEIJSIER, *op. cit.*, p. 175.

[190] Cfr. ARTHUR PLEIJSIER, *op. cit.*, p. 164.

[191] "Persons whose activities may create a permanent establishment for the enterprise are so-called dependent agents i.e. persons, whether or not employees of the enterprise, **who are not independent agent falling under paragraph 6.**" (negrito nosso), OECD, *Commentaries, op. cit.*, artigo 5.º, comentário 32, p. 98.

Previamente à questão da (in)dependência, parece-nos de todo o interesse dedicar algumas linhas à problemática da **agência**[192]. A "pele" de agente[193] pode ser vestida quer por uma pessoa singular, quer por uma pessoa colectiva[194]. Aliás, é este o motivo pelo qual a Convenção Modelo da OCDE utiliza a expressão "pessoa[195]", no seu sentido jurídico, e não, como numa primeira leitura se poderá pensar, no sentido de pessoa física[196]. Por outro lado não é necessário que estas pessoas residam no Estado onde agem por conta da empresa, e também não necessitam de aí possuir qualquer instalação de negócios[197].

Para que se possa considerar que há estabelecimento estável, é necessário, segundo Nguyen Phu Duc[198], que as actividades de uma empresa estrangeira sejam exercidas por (1) um representante dependente da empresa, (2) que detenha os poderes necessários para agir em nome da empresa e por conta da empresa, (3) tendo necessariamente essa representação que ter um certo grau de permanência, (4) e a actividade levada a cabo não deverá ter um carácter auxiliar ou preparatório[199].

---

[192] Como ensina ARVID A. SKAAR, *op. cit.*, p. 481, o agente não tem que ser sempre o mesmo. O importante é que a empresa estrangeira mantenha uma representação no outro Estado Contratante.

[193] Considerando-se como agente "(…) a person who acts on behalf of somebody else.", "(…) a person who performs legal acts on behalf of other person.", ARVID A. SKAAR, *op. cit.*, p. 463.

[194] Quanto a estas, interessa ainda atender ao disposto no n.º 7 do artigo 5.º, que adiante analisaremos – *infra* p. 92 e seguintes.

[195] "Person", no original.

[196] Veja-se também ARVID A. SKAAR, *op. cit.*, p. 482 e 483; PAULO CALIENDO V. DA SILVEIRA, *op. cit.*, p. 555 e ARTHUR PLEIJSIER, *op. cit.*, p. 163.

[197] Cfr. OECD, *Commentaries, op. cit.*, artigo 5.º, comentário 32, p. 98; JOHN HUSTON e LEE WILLIAMS, *op. cit.*, p. 81 e 82 e ARTHUR PLEIJSIER, *op. cit.*, p. 166. Para mais desenvolvimentos, atenda-se ao estudo de ARVID A. SKAAR, *op. cit.*, p. 484 e seguintes.

[198] Cfr. *op. cit.*, p. 114 e seguintes.

[199] JOAQUÍN DE ARESPACOCHAGA, *op. cit.*, p. 181 apresenta uma série de requisitos que muito se aproximam destes, assim como também o faz PAULO CALIENDO V. DA SILVEIRA, *op. cit.*, p. 554 e seguintes.

84 *O Estabelecimento Estável nas Convenções Modelo da OCDE e da ONU*

Por o considerarmos um excelente método para abordar a figura do agente dependente, iremos utilizá-lo[200] como método de trabalho, ainda que não pela ordem indicada[201].

Para que possamos estar perante um estabelecimento estável pessoal[202] é necessário que «(...) uma pessoa (...) actue por conta de uma empresa e tenha e habitualmente exerça num Estado Contratante poderes para concluir contratos em nome da empresa (...)»[203]. Neste curto trecho legal, encontramos dois dos requisitos indicados por aquele Autor.

É, assim, característica essencial de um agente dependente, para efeitos de constituição de um estabelecimento estável, possuir **poderes necessários para concluir contratos, em nome**[204] **da empresa**[205].

---

[200] Com a ressalva de, em virtude de já nos termos referido ao facto da actividade exercida não poder ter um mero carácter preparatório ou auxiliar, remetermos para o acima tratado, na página imediatamente anterior a esta.

[201] Por motivos meramente sistemáticos, começaremos por analisar os pontos 2 e 3 e só posteriormente avançaremos para o ponto 1, uma vez que, neste, teremos que fazer algumas considerações a propósito do agente independente e das suas características, lançando mão do n.º 6 deste mesmo preceito.

[202] Segundo a expressão de ALBERTO XAVIER, *op. cit.*, p. 286 e PAULO CALIENDO V. DA SILVEIRA, *op. cit.*, p. 535 e 554.

[203] Preceito integral disponível, para consulta, no Anexo.

[204] ARTHUR PLEIJSIER, *op. cit.*, p. 182, afirma que não é necessário que o agente figure nos contratos, em nome da empresa. Para mais desenvolvimentos sobre esta matéria, veja-se p. 181 e seguintes.

[205] A este propósito, refere NGUYEN PHU DUC, *op. cit.*, p. 115, que "Sans les pouvoirs nécessaires pour conclure les contrats au nom de l'entreprise, l'agent ne saurait constituer un établissement stable. Il serait un employé détaché temporairement à l'étranger, par exemple pour recevoir des commandes qui doivent être acceptées par l'entreprise. Il n'engagerait ni lui-même ni l'entreprise qui se réserve le droit d'accepter ou non la commande.". Veja-se também JOHN HUSTON e LEE WILLIAMS, *op. cit.*, p. 84.

Os Autores[206] costumam, a este propósito, realçar alguns aspectos importantes: por um lado, não é necessário que o agente tenha plenos poderes para concluir qualquer negócio, bastando que os contratos a concluir estejam relacionados com operações que constituam a actividade própria da empresa[207]; por outro lado, os contratos terão que ser concluídos[208] com terceiros, sendo irrelevantes, para este efeito, os contratos directamente relacionados com operações internas da empresa, como o recrutamento de pessoal, por exemplo. Maria Margarida Cordeiro Mesquita[209] esclarece, ainda, um outro ponto: "(…) torna-se necessário que o agente conclua os contratos. Se se limitar a atrair clientes e a negociar e os contratos estiverem sujeitos a aprovação efectiva pela empresa residente no outro Estado contratante, não é possível defender-se a existência de estabelecimento estável."[210].

É ainda necessário, para além do facto do agente deter os poderes necessários para concluir contratos em nome da empresa[211],

---

[206] E, nomeadamente, NGUYEN PHU DUC, *op. cit.*, p. 115 e 116; PAULO CALIENDO V. DA SILVEIRA, *op. cit.*, p. 555 e JOHN HUSTON e LEE WILLIAMS, *op. cit.*, p. 84 e seguintes.

[207] Nos Comentários o mesmo é dito: "The authority to conclude contracts most cover contracts relating to operations which constitute the business proper of the enterprise.", OECD, *Commentaries, op. cit.*, artigo 5.º, comentário 33, p. 98. Veja-se também ARVID A. SKAAR, *op. cit.*, p. 524.

[208] Veja-se ARTHUR PLEIJSIER, *op. cit.*, p. 178, no que se refere à conclusão dos contratos.

[209] *Op. cit.*, p. 105 e 106, citando ARVID A. SKAAR, *op. cit.*, p. 491.

[210] *Op. cit.*, p. 105 e 106.

[211] Os Comentários esclarecem o que se entenderá pela expressão «em nome da empresa», da seguinte forma: "(…) the phrase "authority to conclude contracts in the name of the enterprise" does not confine the application of the paragraph to an agent who enters into contracts literally in the name of the enterprise; the paragraph applies equally to an agent who concludes contracts which are binding on the enterprise even if those contracts are not actually in the name of the enterprise.". E ainda, mais adiante: "A person who is authorized to negotiate all elements and details of

86 *O Estabelecimento Estável nas Convenções Modelo da OCDE e da ONU*

que os exerça **habitualmente** no outro Estado Contratante, de acordo com a letra da própria lei[212]. Os Comentários[213] utilizam o advérbio "repetidamente".

Com efeito, não bastará a prática de meros actos isolados, para que possamos afirmar a existência de um estabelecimento estável. Como acima referimos, é essencial, segundo Nguyen Phu Duc[214], que a representação tenha um certo grau de permanência, o que deverá ser sempre apreciado casuisticamente, tendo em conta a natureza da actividade exercida[215].

Todos os aspectos que até agora vimos, prendem-se, única e exclusivamente, com parte da problemática da interpretação do n.º 5 do artigo 5.º da Convenção Modelo da OCDE. Contudo, para que possamos identificar um agente como dependente, aplicando este preceito, é ainda necessário analisar o conceito de **dependência**[216]. E é a este propósito que nos vamos socorrer do n.º 6.

---

a contract in a way binding on the enterprise can be said to exercise this authority "in that State", even if the contract is signed by another person in the State in which the enterprise is situated.", OECD, *Commentaries, op. cit.*, artigo 5.º, comentários 32.1 e 33, p. 98 e 99, respectivamente. Quanto à problemática do local de assinatura do contrato e para mais desenvolvimentos, veja-se ARVID A. SKAAR, *op. cit.*, p. 489 e seguintes.

[212] Diversos Autores chamam também a atenção para este requisito: MARIA MARGARIDA CORDEIRO MESQUITA, *op. cit.*, p. 105; JOHN HUSTON e LEE WILLIAMS, *op. cit.*, p. 90 e 127; ARVID A. SKAAR, *op. cit.*, p. 466 e 525 e seguintes e PAULO CALIENDO V. DA SILVEIRA, *op. cit.*, p. 556. ARTHUR PLEIJSIER, *op. cit.*, p. 184 e 185 estabelece, a este propósito, um paralelo com o requisito temporal do n.º 3.

[213] Cfr. OECD, *Commentaries, op. cit.*, artigo 5.º, comentário 32, p. 98.

[214] Veja-se *op. cit.*, p. 117.

[215] De acordo com os Comentários: "The extent and frequency of activity necessary to conclude that the agent is "habitually exercising" contracting authority will depend on the nature of the contracts and the business of the principal. It is not possible to lay down a precise frequency test.", OECD, *Commentaries, op. cit.*, artigo 5.º, comentário 33.1, p. 99. O mesmo é também defendido por JOHN HUSTON e LEE WILLIAMS, *op. cit.*, p. 90.

[216] "Since both dependent and independent agents can have authority to bind a foreign principal, the crucial distinction between the two lies in an

Não obstante uma empresa exercer a sua actividade num Estado Contratante, através de um agente, é possível, ainda assim, considerar-se que uma empresa não tem aí um estabelecimento estável, desde que possamos identificar essa pessoa como um agente independente[217], que, quando representa a empresa, actua no âmbito normal da sua actividade. Nessa medida, o reverso da medalha é também perfeitamente possível, ou seja, que um agente independente constitua um estabelecimento estável. E isto desde que actue fora do quadro normal das suas actividades, uma vez que os dois requisitos apontados são cumulativos.

Começando pelo primeiro destes requisitos, os diferentes Autores[218] que se debruçam sobre esta problemática costumam analisar a dependência numa dupla vertente: jurídica e económica.

Do ponto de vista jurídico[219], um dos indícios para se afirmar a independência será o facto de o agente ser remunerado

---

area other than that of authority.", JOHN HUSTON e LEE WILLIAMS, *op. cit.*, p. 128. JOAQUÍN DE ARESPACOCHAGA, *op. cit.*, p. 181 afirma que "(...) en el agente dependiente deben concurrir dos circunstancias: *a)* que siga las instrucciones marcadas por la empresa en el ámbito de la actividad que desarrolla, y *b)* que tenga además una vinculación personal con la misma, aunque no necesariamente ha de ser empleado en nómina de aquélla.".

[217] MARIA CELESTE CARDONA, *op. cit.*, p. 262 e 263 chama a atenção para um aspecto interessante. Diz esta autora que "(…) pode suceder que esta actividade, exercida por intermédio de um comissário geral, de um corrector de um agente independente, o seja através de uma instalação fixa de negócios. Todavia, nestas condições, a referida instalação não pode ser concebida como estabelecimento estável da empresa, uma vez que se trata de uma empresa «residente», que, mediante contrato, que pode ser de mandato ou de comissão, presta determinados serviços a uma empresa estrangeira.".

[218] MARIA CELESTE CARDONA, *op. cit.*, p. 262; ALBERTO XAVIER, *op. cit.*, p. 286; JOHN HUSTON e LEE WILLIAMS, *op. cit.*, p. 83 e 129 e seguintes; JOAQUÍN DE ARESPACOCHAGA, *op. cit.*, p. 185 e ARVID A. SKAAR, *op. cit.*, p. 503 e seguintes.

[219] Veja-se ALBERTO XAVIER, *op. cit.*, p. 286; ARVID A. SKAAR, *op. cit.*, p. 504 e seguintes e ARTHUR PLEIJSIER, *op. cit.*, p. 189 e seguintes.

mediante uma comissão, tendo em conta os resultados que obtém para a empresa; ao invés, se o agente receber um salário, mais ou menos fixo, tenderemos a afirmar que se trata de um agente dependente[220]. Ainda neste campo, enquanto que o agente independente negoceia em seu próprio nome, ainda que por conta da empresa[221], responsabilizando-se a si mesmo, o agente dependente negoceia, dentro dos poderes que lhe são conferidos[222], em nome da empresa, vinculando-a directamente, como empregado da mesma[223].

Do ponto de vista económico[224], há também claras diferenças a apontar: ao passo que o agente independente suporta, ele mesmo, os gastos em que incorre, ao representar a empresa, os gastos do agente dependente são suportados pela empresa, da qual ele é funcionário[225]. Nessa medida, enquanto que o agente independente suporta, ele mesmo, o chamado "risco empresarial", este já será suportado pela empresa, quando esta opta por ser representada através de um agente dependente[226].

Maria Celeste Cardona[227] chama ainda a atenção para uma outra perspectiva através da qual a (in)dependência pode ser analisada: a perspectiva funcional[228]. Assim, no plano dos factos,

---

[220] Cfr. NGUYEN PHU DUC, *op. cit.*, p. 114.

[221] ALBERTO XAVIER fala a este propósito num mandato sem representação – *op. cit.*, p. 286.

[222] Dos quais já tratamos. Veja-se *supra* p. 84 e seguintes.

[223] Cfr. NGUYEN PHU DUC, *op. cit.*, p. 114.

[224] Veja-se o que ensinam ALBERTO XAVIER, *op. cit.*, p. 286, ARVID A. SKAAR, *op. cit.*, p. 512 e seguintes e ARTHUR PLEIJSIER, *op. cit.*, p. 190 e seguintes.

[225] Cfr. NGUYEN PHU DUC, *op. cit.*, p. 114.

[226] Cfr. OECD, *Commentaries, op. cit.*, artigo 5.º, comentário 38, p. 100; PAULO CALIENDO V. DA SILVEIRA, *op. cit.*, p. 555 e seguintes e ARVID A. SKAAR, *op. cit.*, p. 513.

[227] Ver *op. cit.*, p. 262.

[228] NGUYEN PHU DUC, por sua vez, também reconhece a pertinência desta análise afirmando que "(…) cette dépendance doit se matérialiser sur le plan des faits", *op. cit.*, p. 114.

podemos concluir que estaremos perante um agente dependente se a sua actividade está sujeita a um apertado controlo[229] e a instruções minuciosas[230], levadas a cabo pela empresa[231]. Ao invés, "An independent agent will typically be responsible to his principle for the results of his work but not subject to significant control with respect to the manner in which that work is carried out. He will not be subject to detailed instructions from the principal as to the conduct of the work. The fact that the principal is relying on the special skill and knowledge of the agent is an indication of independence."[232].

No plano dos factos, é também importante atender ao número de empresas representadas pelo agente: se o agente representar diversas empresas, podemos ser levados a concluir que estamos perante um agente independente, uma vez que, à partida, não dependerá economicamente de nenhuma[233]; por outro lado, se o agente representar apenas uma empresa, tal poderá[234]

---

[229] Cfr. ARVID A. SKAAR, *op. cit.*, p. 512.

[230] A este propósito, os Comentários chamam ainda a atenção para um aspecto importante: "It may be a feature of the operation of an agreement that an agent will provide substantial information to a principal in connection with the business conducted under the agreement. This is not in itself a sufficient criterion for determination that the agent is dependent unless the information is provided in the course of seeking approval from the principal for the manner in which the business is to be conducted.", OECD, *Commentaries, op. cit.*, artigo 5.º, comentário 38.5, p. 100.

[231] Cfr. OECD, *Commentaries, op. cit.*, artigo 5.º, comentário 38, p. 100; veja-se também ARVID A. SKAAR, *op. cit.*, p. 508 e seguintes.

[232] OECD, *Commentaries, op. cit.*, artigo 5.º, comentário 38.3, p. 100.

[233] Veja-se ARTHUR PLEIJSIER, *op. cit.*, p. 191.

[234] E salientamos "poderá"; JOHN HUSTON e LEE WILLIAMS, *op. cit.*, p. 135 alertam precisamente que "An agent who ends up with one principal client by chance and not by choice should thus not be excluded from independent-agent status provided that the agent holds himself out generally to the public, incurs entrepreneurial risk, and is not subject to the dictates of a foreign principal as to the means by which a particular result is accomplished, even if the result itself is subject to the client's instructions and control.".

90 *O Estabelecimento Estável nas Convenções Modelo da OCDE e da ONU*

ser um indício de que estaremos perante um agente dependente[235].

Como é óbvio, até agora apenas referimos alguns indícios que poderão, de algum modo, auxiliar-nos, na difícil tarefa de descortinar a (in)dependência de um agente. Todavia, e como nenhum destes elementos é determinante, apenas casuisticamente se poderá afirmar, com segurança, a existência de um agente dependente, ou de um agente independente, e respectivamente, a aplicação do n.º 5, ou do n.º 6 do artigo 5.º.

No que concerne ao **quadro normal das suas actividades**[236], já vimos que para que se considere que uma empresa não tem um estabelecimento estável num outro Estado Contratante é necessário que a empresa exerça "(…) a sua actividade nesse Estado por intermédio de um corrector, de um comissário-geral ou de qualquer outro agente independente, desde que essas pessoas actuem no âmbito normal da sua actividade. [237]"[238].

---

[235] Os Comentários ensinam isso mesmo: "Independent status is less likely if the activities of the agent are performed wholly or almost wholly on behalf of only one enterprise over the lifetimes of the business or a long period of time.", OECD, *Commentaries, op. cit.*, artigo 5.º, comentário 38.6, p. 101.

[236] Num sentido figurado, Arvid A. Skaar, fala a este propósito de "Dependência imaginada", ou "Deemed dependency", no original, *op. cit.*, p. 515 e seguintes. ARTHUR PLEIJSIER, *op. cit.*, p. 191 e seguintes, defende que: "(…) the activities of an independent agent must be compared to activities regularly performed by fellow agents active in the same type of business.". O agente deve prosseguir os seus próprios negócios, em vez de prosseguir apenas os negócios da empresa.

[237] Veja-se Artigo 5.º, n.º 6 da Convenção Modelo da OCDE.

[238] Segundo NGUYEN PHU DUC, *op. cit.*, p. 121, esta condição encontra-se prevista para assegurar que o agente independente, tenha actuado de modo verdadeiramente independente. ARTHUR PLEIJSIER, *op. cit.*, p. 192 diz-nos que: "If an agent claims to be a general commission agent, he must act accordingly. If he, in fact, acts within the scope of Art. 5, para. 5 OECD Model, his status should not prevent him from the Agency PE status.".

Nesta medida, entender-se-á que o agente actua fora do âmbito normal da sua actividade[239] quando, em vez de levar a cabo as operações de negócios que o caracterizam[240], desenvolve actividades que, economicamente, podemos identificar como próprias da empresa[241]. Neste caso[242], não obstante a empresa actuar por intermédio de um agente independente, considerar--se-á que essa empresa tem um estabelecimento estável naquele Estado Contratante[243].

---

[239] JOHN HUSTON e LEE WILLIAMS, *op. cit.*, p. 137 defendem que "(...) what is relevant is whether, in representing the foreign principal, the agent is exercising the degree and nature of authority (1) it usually exercises in representing such principals in the ordinary course of his business and (2) whether such activity is customary in the trade for that type of broker or agent.". Veja-se também ARVID A. SKAAR, *op. cit.*, p. 515 e seguintes e PAULO CALIENDO V. DA SILVEIRA, *op. cit.*, p. 559.

[240] E a este propósito, nada mais se poderá adiantar, uma vez que, por exemplo, os dois tipos de agentes independentes indicados no próprio preceito (corrector e comissário-geral), têm funções completamente diferentes... NGUYEN PHU DUC, *op. cit.*, p. 119 e seguintes, debruça-se sobre as diferentes categorias de agentes independentes, assim como também o fazem JOHN HUSTON e LEE WILLIAMS, *op. cit.*, p. 145 e 146, ARVID A. SKAAR, *op. cit.*, p. 505 e seguintes e ARTHUR PLEIJSIER, *op. cit.*, p. 16 e seguintes e 186 e seguintes. Para lá se remete.

[241] Cfr. OECD, *Commentaries, op. cit.*, artigo 5.º, comentário 38.7, p. 101. Veja-se também o exemplo aí indicado, que nos parece bastante elucidativo; ALBERTO XAVIER, *op. cit.*, p. 287 e JOAQUÍN DE ARESPACOCHAGA, *op. cit.*, p. 185 e 186.

[242] E com a excepção de estas actividades se inserirem nas indicadas no n.º 4.

[243] ARVID A. SKAAR, resume, nestes termos, toda esta questão: "First, the agent will be considered as acting outside the course of his ordinary business, thus constituting an agency PE, if he performs an activity different from the activity he normally performs himself. Second, an activity which is similar or usual for the industry to which he belongs, according to custom and legislation, does not constitute an agency PE. And third, with recourse to the general "dependence test", no agency PE is constituted if the agent's activity is unusual for the industry and performed in an independent manner.", *op. cit.*, p. 521 e 522.

92   *O Estabelecimento Estável nas Convenções Modelo da OCDE e da ONU*

Resumindo, a categoria de estabelecimento estável liga-se à empresa para quem o agente trabalha se estivermos, primeiro que tudo, perante (1) um agente "dependente" (jurídica ou economicamente) ou (2) "independente", mas não que não actue "no âmbito normal da sua actividade". Se o agente "cair" numa destas categorias, considerar-se-á que a empresa tem um estabelecimento estável, desde que o agente "tenha e habitualmente exerça num Estado Contratante poderes para concluir contratos em nome da empresa", de acordo com a Convenção Modelo da OCDE. Se o agente é independente (jurídica e economicamente) e actua no âmbito normal das suas actividades, ele não constituirá um estabelecimento estável, ainda que possua poderes contratuais para vincular a empresa estrangeira para quem trabalha.[244].

g) As empresas subsidiárias[245]

Dispõe o n.º 7 do artigo 5.º que: «O facto de uma sociedade residente de um Estado Contratante controlar ou ser controlada por uma sociedade residente do outro Estado Contratante ou que exerce a sua actividade nesse outro Estado (quer seja através de um estabelecimento estável, quer de outro modo) não é, por si, bastante para fazer de qualquer dessas sociedades estabelecimento estável da outra».

Em primeiro lugar, é importante começarmos por definir o que é uma "subsidiária", nomeadamente, por contraponto à sucursal. A este propósito, tendo presente algo que já referimos a propósito da figura da sucursal[246], vejamos os traços distintivos da subsidiária.

---

[244] JOHN HUSTON e LEE WILLIAMS, *op. cit.*, p. 131 (tradução livre).

[245] Também apelidadas de filiais, segundo ALBERTO XAVIER, *op. cit.*, p. 276.

[246] Ver *supra*, nota 95. A propósito da distinção subsidiária/sucursal e da opção por uma ou por outra, ensina-nos ALEX EASSON, *Taxation of Foreign Direct Investment – An Introduction, op. cit.*, p. 95 que: "At first sight one

Ponto assente é que a empresa subsidiária, que será residente num Estado Contratante diferente do da sociedade mãe, constitui uma entidade jurídica[247] e fiscal[248] completamente autónoma da sua sociedade mãe[249].

Uma vez que, na maior parte dos casos, o capital de uma subsidiária pertence ao estabelecimento principal, aquela está sob o controle deste último. Por este facto, poderíamos ser levados a pensar que a sociedade subsidiária constitui um estabelecimento estável da sociedade mãe.

Não obstante isso poder acontecer, e acontecerá sempre que os requisitos do n.º 5 se encontrem preenchidos[250], não é necessário que assim seja[251]: "It is generally accepted that the

---

might suppose that the (resident company) subsidiary would face a potentially heavier tax liability than the (non-resident company) branch, since the former is taxable on its world income, the latter only on income derived from a source within the host country. (…) The end result may well be that the branch is more heavily taxed in the host country than would be a corresponding subsidiary.".

[247] "Independent legal entity", afirma-se em OECD, *Commentaries, op. cit.*, artigo 5.º, comentário 41, p. 102. O mesmo é também defendido, ainda que com outras expressões, por NGUYEN PHU DUC, *op. cit.*, p. 92 e 93; ALBERTO XAVIER, *op. cit.*, p. 287; ARVID A. SKAAR, *op. cit.*, p. 539; JOHN HUSTON e LEE WILLIAMS, *op. cit.*, p. 131 e 142; PAULO CALIENDO V. DA SILVEIRA, *op. cit.*, p. 561 e JOAQUÍN DE ARESPACOCHAGA, *op. cit.*, p. 188.

[248] Cfr. NGUYEN PHU DUC, *op. cit.*, p. 92.

[249] DANIEL SANDLER afirma isso mesmo: "Article 5(7) sets out one of the fundamental principles of the OECD Model: in a cross-border environment, a parent corporation and its wholly owned subsidiary constitute separate legal and taxable entities notwithstanding that one may manage the business of the other.", *Tax Treaties and Controlled Foreign Company Legislation – pushing the boundaries, cit.*, p. 96. Veja-se também OECD, *Model Tax Convention …, op. cit.*, p. 102.

[250] Pois se uma empresa pode constituir-se estabelecimento estável de outra, sendo ambas totalmente independentes, o mesmo terá que ser válido quando estamos a analisar empresas com alguma ligação entre si.

[251] Tal é também realçado por diversos Autores: MARIA MARGARIDA CORDEIRO MESQUITA, *op. cit.*, p. 106; ALBERTO XAVIER, *op. cit.*, p. 287; ARVID A. SKAAR,

existence of a subsidiary company does not, of itself, constitute that subsidiary company a permanent establishment of its parent company."[252].

Assim, sempre que a subsidiária não possa ser considerada um agente independente[253], ou actue fora do âmbito normal da sua actividade, e tenha, e habitualmente exerça, poderes para concluir contratos em nome da empresa mãe, estaremos perante um estabelecimento estável[254] da sociedade mãe[255].[256]

---

op. cit., p. 553; JOHN HUSTON e LEE WILLIAMS, *op. cit.*, p. 142 e JOAQUÍN DE ARESPACOCHAGA, *op. cit.*, p. 187.

[252] OECD, *Commentaries, op. cit.*, artigo 5.º, comentário 40, p. 102, que continua: "This follows from the principle that, for the purpose of taxation, such a subsidiary company constitutes an independent legal entity. Even the fact that the trade or business carried on by the subsidiary company is managed by the parent company does not constitute the subsidiary a permanent establishment of the parent company.".

[253] Nas duas vertentes que acima referimos. ARVID A. SKAAR, *op. cit.*, p. 543 afirma que: "Although the statement in the commentaries seems to create a presumption that the subsidiary is independent, until the opposite is proved, the underlying significance of the commentaries is that they establish the principle that the same rules apply to subsidiaries as to other "persons". The evidence necessary to prove that a subsidiary is "dependent" will therefore be the same as for other agents.".

[254] MARIA MARGARIDA CORDEIRO MESQUITA, *op. cit.*, p. 106 afirma que "Tal sucederá se as suas instalações forem utilizadas pela outra empresa para o exercício da sua actividade ou se ela celebrar contratos em nome da empresa-mãe. Igualmente, a empresa-mãe que actue em nome da subsidiária ou vir utilizadas, da mesma forma, as suas instalações, será um seu estabelecimento estável.".

[255] OECD, *Commentaries, op. cit.*, artigo 5.º, comentário 41, p. 101; ALBERTO XAVIER, *op. cit.*, p. 287; MANUEL PIRES, *op. cit.*, p. 747 e 748; JOHN HUSTON e LEE WILLIAMS, *op. cit.*, p. 144; JOAQUÍN DE ARESPACOCHAGA, *op. cit.*, p. 188. Nestes casos, a sociedade mãe é tributada no Estado Contratante da residência da subsidiária, somente pelos benefícios provenientes desta actividade, permanecendo a subsidiária tributável separadamente por todos os benefícios que realize de um modo independente - NGUYEN PHU DUC, *op. cit.*, p. 93 e ALBERTO XAVIER, *op. cit.*, p. 288.

Note-se ainda que "The same rules should apply to activities which one subsidiary carries on for any other subsidiary of the same company."[257].

---

[256] ARVID A. SKAAR, *op. cit.*, p. 553 e seguintes, vai ainda mais longe ao afirmar que, teremos um estabelecimento estável "(...) if the business of the parent is managed *de facto* by the other company (...) when the conditions for identification of construction work are met (...) And clearly, an agency PE will be the result if one of the companies concludes contracts on behalf of the other." e, na p. seguinte: "(...) *de lege lata* a subsidiary PE is only created when the parent company itself would have met the conditions for PE if the transactions had not been performed through a subsidiary.".

[257] OECD, *Commentaries, op. cit.*, artigo 5.°, comentário 42, p. 102.

III
O ESTABELECIMENTO ESTÁVEL
NA CONVENÇÃO MODELO DA ONU

Depois de termos analisado[258] a Convenção Modelo da OCDE passamos agora a analisar a "United Nations Model Double Taxation Convention between Developed and Developing Countries"[259] que, tal como o nome indica, serve de Modelo[260] a muitas Convenções de Dupla Tributação celebradas entre Países Desenvolvidos e Países em Vias de Desenvolvimento, mas não esgota aí o seu âmbito de aplicação.

Esta Convenção, inspirada na Convenção Modelo da OCDE[261], data de 1980[262], tendo sido precedida por um "Manual

---

[258] Tanto quanto um trabalho desta natureza o permite...

[259] Doravante Convenção Modelo da ONU.

[260] Realça-se esta sua função: "Like all model conventions, the United Nations Model Convention is not enforceable. Its provisions are not binding and furthermore should not be construed as formal recommendations of the United Nations. The United Nations Model Convention is intended primarily to point the way towards feasible approaches to the resolution of the issues involved that both potential contracting parties are likely to find acceptable.", UNITED NATIONS, *United Nations Model Double Taxation Convention between Developed and Developing Countries*, *cit.*, p. xx e xxi. Veja-se também *supra*, p. 47, nota de rodapé n.º 24.

[261] Veja-se UNITED NATIONS, *op. cit.*, p. x e xxi; MARIA CELESTE CARDONA, "O Conceito de Estabelecimento Estável – Algumas reflexões em torno deste conceito", *Estudos em Homenagem à Dra. Maria de Lourdes Órfão de Matos Correia e Vale*, *cit.*, p. 257; MANUEL PIRES, *Da Dupla Tributação*

98   *O Estabelecimento Estável nas Convenções Modelo da OCDE e da ONU*

for the Negotiation of Bilateral Tax Treaties between Developed and Developing Countries"[263].

Tal como todas as Convenções Modelo, visa evitar a dupla tributação internacional[264], pretendendo igualmente "(...) to facilitate the negotiation of tax treaties by eliminating the need for elaborate analysis and protracted discussion of every issue *ab origine* in the case of each treaty."[265].

a) Evolução histórica

Começaremos por comparar a sua versão original com a versão fruto da revisão de 1999, sendo que vários números do artigo 5.º ainda mantêm a sua redacção originária[266] como acontece com os n.ºs 1, 2, 5, 6 e 8[267].

Em contrapartida o n.º 3 foi sujeito a suaves alterações, tendo-se substituído "where" por "if", em ambas as alíneas. Parece-nos que, nessa medida, o carácter condicional é mais

---

Jurídica Internacional sobre o Rendimento, cit., p. 750; Nguyen Phu Duc, *La Fiscalité International des Entreprises, op. cit.,* p. 336 e seguintes e Francisco Alfredo García Prats, *El Establecimiento Permanente; Análisis jurídico-tributario internacional de la imposición societaria, cit.,* p. 56.

[262] Cfr. United Nations, *op. cit.,* p. x.

[263] Veja-se United Nations, *op. cit.,* p. xi.

[264] Veja-se United Nations, *op. cit.,* p. vi.

[265] United Nations, *op. cit.,* p. xxi.

[266] Tal acontece, certamente, uma vez que, como já referimos, a Convenção Modelo das Nações Unidas "aproveitou" muito do articulado da Convenção Modelo da OCDE (que data de 1963 e que em 1980 já tinha sido objecto de alterações) e aprendeu muito com os seus Comentários. Interessante é verificar-se que no que ao n.º 1 concerne, foi feita a opção correcta porque, apesar de a disposição em vigor em 1980, da Convenção Modelo da OCDE, não ser já o preceito original, a Convenção Modelo da ONU optou por este, sendo que o tempo acabou por o consagrar como o mais indicado – foi repristinado mais tarde, recorde-se – *supra,* p. 54.

[267] Preceitos que podem ser consultados no Anexo.

patente na versão de 1999. Na alínea *a)* de 1980 exige-se que o estaleiro de construção "continue for a period of more than six months"; em 1999, opta-se pela seguinte formulação: "last more than six months". Uma vez mais, parece-nos que a versão hoje em vigor é mais feliz, por melhor transmitir a ideia de duração, inerente a este preceito.

No que ao n.º 4 concerne, o preceito hoje em vigor coincide com a redacção original; apenas foi aditada a alínea *f)*[268], o que permitiu certamente dissipar muitas dúvidas que até então se colocavam[269].

A disposição mais alterada em 1999, foi o n.º 7. Em 1999 foi aditada, na segunda parte deste preceito, a seguinte oração: «(…) and conditions are made or imposed between that enterprise and the agent in their commercial and financial relations which differ from those which would have been made between independent enterprises (…)». Ora, o que se poderá pensar desta alteração? Uma vez que a referida oração começa pela conjunção "and", somos levados a pensar que ambas as condições consagradas nesta segunda parte do n.º 7, são de verificação cumulativa. Ou seja, para podermos defender a aplicação do n.º 6 a um agente dito independente, não basta que este dedique a sua actividade totalmente ou quase totalmente a uma empresa; é também necessário que, pela empresa e pelo seu agente, nas suas relações comerciais e financeiras, sejam adoptadas[270] condições que difiram das normalmente adoptadas por empresas independentes.

---

[268] Que corresponde, na íntegra, à alínea f) do n.º 4 do artigo 5.º da Convenção Modelo da OCDE.

[269] Veja-se, por exemplo, ARVID A.SKAAR, *Permanent Establishment – Erosion of a Tax Treaty Principle, cit.*, p. 297 e seguintes; JOHN HUSTON e LEE WILLIAMS, *Permanent Establishment: A Planning Primer, cit.*, p. 159 e seguintes e JOAQUÍN DE ARESPACOCHAGA, *Planificación Fiscal Internacional, cit.*, p. 176.

[270] Ou impostas…

100 O Estabelecimento Estável nas Convenções Modelo da OCDE e da ONU

Parece-nos correcta a consagração desta condição adicional porque, como defendem muitos Autores, o simples facto de um agente independente se dedicar[271] exclusivamente a uma empresa, não nega, por si só, o seu carácter independente. É óbvio que será um indício[272] deste facto, mas, por si só, não deverá ser suficiente.

Apesar desta alteração ir no sentido contrário ao do princípio matriz desta Convenção[273], parece-nos ser compreensível a razão da sua introdução.

b) Análise da Convenção

Tendo por base, apenas, a versão hoje em vigor, passamos a analisar a Convenção Modelo da ONU, realçando apenas os pontos em que se afasta da Convenção Modelo da OCDE[274], uma vez que quanto aos preceitos iguais, remetemos para o acima dito. Tendo esta última servido de inspiração à primeira, o facto é que foram introduzidas "(...) modificações tendentes a ampliar o direito dos Estados em desenvolvimento de impor tributos."[275]. Nessa medida, chegou a ser defendido pelos peritos dos Estados em desenvolvimento que a Convenção Modelo da ONU deveria consagrar, em exclusivo, a tributação pelo Estado

---

[271] Muitas vezes devido a circunstâncias casuais e imprevisíveis, que nada têm que ver com a sua própria vontade...

[272] Já referimos o mesmo a propósito da Convenção Modelo da OCDE. Veja-se *supra* p. 89.

[273] Ou seja, adoptar um conceito de estabelecimento estável o mais amplo possível, afim de responder às necessidades de tributação dos países em vias de desenvolvimento.

[274] A este propósito veja-se a comparação levada a cabo por PAULO CALIENDO V. DA SILVEIRA, "Do Conceito de Estabelecimentos Permanentes e sua Aplicação no Direito Tributário Internacional", *Direito Tributário Internacional Aplicado, cit.*, p. 538, para onde remetemos.

[275] ANTÓNIO DE MOURA BORGES, *Convenções sobre Dupla Tributação Internacional, cit.*, p. 115.

da fonte[276]. Tal orientação não vingou e a Convenção Modelo da ONU seguiu, no que toca ao conceito de estabelecimento estável[277], os ensinamentos da Convenção Modelo da OCDE, apenas com algumas alterações e aditamentos, no sentido da ampliação do conceito[278].

Como a própria ONU reconhece "The United Nations Model Convention represents a compromise between the source principle and the residence principle[279], although it gives more weight to the source principle than does the OECD Model Convention."[280].

---

[276] Veja-se ANTÓNIO DE MOURA BORGES, *op. cit.*, p. 115. Quanto a este assunto, esclarece ainda este Autor, citando FRANCISCO NEVES DORNELLES que "(...) o instituto do «estabelecimento permanente», embora seja geralmente apontado como uma expressão do princípio da fonte, está, na verdade, muito mais vinculado ao princípio do domicílio do que a qualquer outro. Com efeito, o instituto em exame constitui uma versão, aplicável às empresas, da regra da residência permanente, que é um dos indicadores do princípio do domicílio no tocante às pessoas físicas.".

[277] Aliás, segundo ANTÓNIO DE MOURA BORGES, *op. cit.*, p. 56, "O instituto do estabelecimento permanente (...) passou a ser fortemente criticado pelos Estados em desenvolvimento. Com efeito interessa a estes Estados um conceito muito amplo de estabelecimento permanente ou, de preferência, a sua não utilização.". O mesmo é também afirmado por FRANCISCO ALFREDO GARCÍA PRATS, *op. cit.*, p. 56.

[278] MANUEL PIRES, *op. cit.*, p. 750; FRANCISCO ALFREDO GARCÍA PRATS, *op. cit.*, p. 56. ALEX EASSON, *Taxation of Foreign Direct Investment – An Introduction*, cit., p. 44, nota de rodapé n.º 52, diz expressamente que: "The definition in the UN Model is rather broader in scope, thus increasing the jurisdiction of the host country.". NGUYEN PHU DUC, *op. cit.*, p. 336 também afirma que: «On est donc arrivé, dans le modèle de l'ONU, à une solution intermédiaire qui consiste à maintenir la notion générale de l'établissement stable mais en l'élargissant au profit du pays de la source.».

[279] Relativamente ao que se deve entender-se por princípio da tributação pelo Estado da Fonte ou pelo Estado da Residência, veja-se o que ensina ANTÓNIO DE MOURA BORGES, *op. cit.*, p. 56 e 57.

[280] UNITED NATIONS, *op. cit.*, p. xiii e xiv. O mesmo é também afirmado por NGUYEN PHU DUC, *op. cit.*, p. 336.

102   *O Estabelecimento Estável nas Convenções Modelo da OCDE e da ONU*

Quer a definição geral (n.º 1), quer o chamado elenco positivo (n.º 2), consagrados na Convenção Modelo da ONU, são literalmente iguais aos respectivos preceitos da Convenção Modelo da OCDE, assim como o n.º 8 do artigo 5.º da Convenção Modelo da ONU que corresponde, na íntegra, ao n.º 7 do artigo 5.º da Convenção Modelo da OCDE.

Em todos os restantes números deste artigo, há algumas diferenças dignas de relevo.

As diferenças entre as duas Convenções Modelo são visíveis, desde logo, no n.º 3 do artigo 5.º[281]. Com efeito, no que a esta disposição concerne, vários são os pontos em que o texto da ONU se afasta do estipulado pela OCDE[282]. Para começar, a alínea *a)* do n.º 3 do artigo 5.º da Convenção Modelo da ONU fala em "**assembly project**", não havendo qualquer referência a esta expressão no actual[283] articulado da OCDE[284]. Mas, como afirma Arvid A. Skaar, "An assembly project will in all practical cases be considered a construction or installation project, and is therefore also covered by the OECD model."[285].

O que não encontra qualquer consagração na Convenção Modelo da OCDE como podendo originar um estabelecimento estável, são as **actividades de fiscalização**, diferentemente do que sucede na Convenção Modelo da ONU[286], em que se dispõe

---

[281] Atenda-se à referida formulação legal, no Anexo.

[282] São os próprios Comentários da ONU que afirmam que: "This paragraph covers a broader range of activities than Article 5, paragraph 3, of the OECD Model Convention", United Nations, *op. cit.*, artigo 5.º, comentário 7, p. 75.

[283] Na versão original falava-se em "assembly project", no n.º 2, alínea g), mas com a introdução de um novo n.º 3, em 1977, esta referência desapareceu – veja-se *supra* p. 51.

[284] Cfr. United Nations, *op. cit.*, artigo 5.º, comentário 7, p. 75 e John Huston e Lee Williams, *op. cit.*, p. 56.

[285] *Op. cit.*, p. 353.

[286] A este propósito veja-se Maria Celeste Cardona, *op. cit.*, p. 258; Manuel Pires, *op. cit.*, p. 750; Maria de Lourdes Correia e Vale, e M. H. de Freitas Pereira, "IRC – Tributação de entidades não residentes por lucros

expressamente que: «The term "permanent establishment" likewise encompasses: a) a building site, a construction assembly or installation project or *supervisory activities in connection therewith* (...)»[287].

Contudo, o principal aspecto em que a Convenção Modelo da ONU se afasta da sua congénere OCDE é na definição do requisito temporal: ao passo que a OCDE exige que a duração de um estaleiro de construção[288] exceda doze meses, para que possamos afirmar a existência de um estabelecimento estável, a Convenção Modelo da ONU reduz[289] este prazo para **seis meses**[290], podendo ainda esta duração ser reduzida, para não menos do que três meses, em negociações bilaterais[291].

Tal como acontece nos restantes pontos em que as duas Convenção divergem, o que se pretende também aqui é "(...) privilegiar os interesses dos países em vias de desenvolvimento nas suas relações com os países industrializados."[292].

---

derivados de obras de construção e montagem no território português. Conceito de Estabelecimento Estável", *Ciência e Técnica Fiscal,* n.º 364, *cit.*, p. 444, nota de rodapé n.º 2; ARVID A.SKAAR, *op. cit.*, p. 382 e JOHN HUSTON e LEE WILLIAMS, *op. cit.*, p. 57.

[287] Parte da alínea a) do n.º 3 do artigo 5.º (itálico nosso).

[288] Referir-nos-emos apenas a este, por uma questão de simplicidade, mas todas as considerações agora tecidas serão igualmente aplicáveis aos projectos de instalação ou de montagem, e ainda, na Convenção Modelo da ONU, às actividades de fiscalização.

[289] Alguns países em desenvolvimento pretendiam mesmo eliminar o requisito temporal – veja-se UNITED NATIONS, *op. cit.*, artigo 5.º, comentário 10, p. 76 e NGUYEN PHU DUC, *op. cit.*, p. 336.

[290] Cfr. UNITED NATIONS, *op. cit.*, artigo 5.º, comentário 7 p. 75; MARIA CELESTE CARDONA, *op. cit.*, p. 258; MANUEL PIRES, *op. cit.*, p. 750; MARIA DE LOURDES CORREIA E VALE, e M. H. DE FREITAS PEREIRA, *op. cit.*, p. 444; ALEX EASSON, *op. cit.*, p. 44, nota de rodapé n.º 53; MICHAEL LANG, and others, *Multilateral Tax Treaties; New developments in international tax law, cit.*, p. 59; NGUYEN PHU DUC, *op. cit.*, p. 336; ARVID A.SKAAR, *op. cit.*, p. 382 e seguintes e FRANCISCO ALFREDO GARCÍA PRATS, *op. cit.*, p. 57.

[291] Cfr. UNITED NATIONS, *op. cit.*, artigo 5.º, comentário 7, p. 75.

[292] MARIA CELESTE CARDONA, *op. cit.*, p. 257.

104 *O Estabelecimento Estável nas Convenções Modelo da OCDE e da ONU*

Alguns países em desenvolvimento defenderem ainda a ampliação deste preceito, de modo considerar que existe estabelecimento estável: "where such project or activity, being incidental to the sale of machinery or equipment, continues for a period not exceeding six months and the charges payable for the project or activities exceed 10 per cent of the sale price of the machinery or equipment."[293]. Contudo, tal entendimento acabou por não ser consagrado, pois argumentou-se que a maquinaria podia ser instalada por uma empresa diferente da que tinha levado a cabo o trabalho de construção[294].

Mas as inovações da Convenção Modelo da ONU, no que ao n.º 3 se refere, não ficam por aqui. É que este preceito é composto por duas alíneas e, até agora, falamos apenas da alínea *a)*; a alínea *b)*, por sua vez, é totalmente inovadora[295]:

«3. The term "permanent establishment" also encompasses:
(...)
b) The furnishing of services, including consultancy services, by an enterprise through employees or other personnel engaged by the enterprise for such purpose, but only if activities of that nature continue (for the same or a connected project) within a Contracting State for a period or periods aggregating more than six months within any twelve-month period.» [296].

Assim, o **fornecimento de serviços** poderá também dar origem a um estabelecimento estável, desde que se verifiquem

---

[293] Veja-se UNITED NATIONS, *op. cit.*, artigo 5.º, comentário 8, p. 75 e 76; NGUYEN PHU DUC, *op. cit.*, p. 336 e ARVID A.SKAAR, *op. cit.*, p. 382.

[294] Cfr. UNITED NATIONS, *op. cit.*, artigo 5.º, comentário 8, p. 76.

[295] Os próprios Comentários afirmam que: "Article 5, paragraph 3, subparagraph (*b*), deals with the furnishing of services, including consultancy services, which are not covered specifically in the OECD Model Convention in connection with the concept of permanent establishment.", UNITED NATIONS, *op. cit.*, artigo 5.º, comentário 9, p. 76.

[296] Versão em Inglês disponível para consulta no Anexo.

os requisitos indicados neste preceito[297]. Esta disposição é, assim, justificada, pelos Comentários: "It is believed that management and consultancy services should be covered because the provision of such services in developing countries by corporations of industrialized countries often involves very large sums of money."[298].

Relativamente ao n.º 4, a Convenção Modelo da ONU, com o mesmo intuito acima referido, opta por apagar da lista negativa da Convenção Modelo, a palavra "entrega"[299].

Os Comentários explicam o porquê desta opção: "The word "delivery" is deleted because the presence of a stock of goods for prompt delivery facilitates sales of the product and thereby the earning of profit in the host country by the enterprise having the facility. A continuous connection and hence the existence of such a supply of goods should be a permanent establishment, (...)"[300].

Nesta medida, a existência de instalações e depósitos mantidos e/ou usados para efeitos de **entrega** de mercadorias poderá levar à constituição de um estabelecimento estável[301].

E dizemos "poderá" porque os Estados Contratantes não conseguem alcançar o consenso nesta matéria[302]: enquanto que uns defendem que tal constituirá um estabelecimento estável, outros, ao invés, discordam, afirmando que ainda que assim se

---

[297] Cfr. UNITED NATIONS, *op. cit.*, artigo 5.º, comentário 12, p. 78 e 79; MARIA CELESTE CARDONA, *op. cit.*, p. 258; MANUEL PIRES, *op. cit.*, p. 750 e NGUYEN PHU DUC, *op. cit.*, p. 337.

[298] UNITED NATIONS, *op. cit.*, artigo 5.º, comentário 9, p. 76.

[299] Veja-se UNITED NATIONS, *op. cit.*, artigo 5.º, comentários 16 e 18, p. 80 e 81.

[300] UNITED NATIONS, *op. cit.*, artigo 5.º, comentário 17, p. 80.

[301] Veja-se MARIA CELESTE CARDONA, *op. cit.*, p. 258; MANUEL PIRES, *op. cit.*, p. 751; NGUYEN PHU DUC, *op. cit.*, p. 337; ARVID A.SKAAR, *op. cit.*, p. 320 e 321 e JOHN HUSTON e LEE WILLIAMS, *op. cit.*, p. 149.

[302] ARVID A.SKAAR, *op. cit.*, p. 322 também reafirma isto mesmo.

106 *O Estabelecimento Estável nas Convenções Modelo da OCDE e da ONU*

entendesse, seria muito difícil tributar estas instalações ou depósitos utilizados ou mantidos unicamente para efeitos de entrega de mercadorias, uma vez que a entrega, por si só, produzirá pouco rendimento tributável. Por isso "(...) the Contracting States may consider both these divergent points of view while entering into bilateral tax treaties."[303].

Analisando agora o n.º 5, que trata dos agentes dependentes, podemos afirmar que a alínea *a)* deste preceito foi, claramente, inspirada na Convenção Modelo da OCDE. Contudo, a Organização das Nações Unidas foi mais longe[304], considerando, na alínea *b)*[305], que existirá estabelecimento estável se o agente, apesar de não possuir autoridade para celebrar contratos em nome da empresa[306], mantém no outro Estado um **depósito de bens ou mercadorias**[307], através do qual, regularmente, **entrega**[308] esses bens ou mercadorias, por conta da empresa[309].

---

[303] UNITED NATIONS, *op. cit.*, artigo 5.º, comentário 18, p. 81.

[304] "Naturally, the UN model treaty also includes an agency clause. However, the provisions of the OECD and UN model conventions are not identical. The UN model allows PE taxation to a larger extent than the OECD model convention does.", ARVID A.SKAAR, *op. cit.*, p. 464.

[305] Alínea esta integralmente reproduzida no Anexo.

[306] Porque caso possuísse esta autoridade, bastaria a aplicação da alínea a) do n.º 5 do artigo 5.º, da Convenção Modelo da ONU, para estarmos perante um estabelecimento estável.

[307] "Normally, the agent needs at his disposal fixed facilities such as a storehouse or an open storage area in order to maintain a stock of goods. **However, this is not required** (...). An agent who keeps merchandise for delivery is sufficient, but the mere use of local distributors is not sufficient for PE (...)", (negrito nosso) ARVID A.SKAAR, *op. cit.*, p. 530.

[308] Veja-se MANUEL PIRES, *op. cit.*, p. 751; NGUYEN PHU DUC, *op. cit.*, p. 337; JOHN HUSTON e LEE WILLIAMS, *op. cit.*, p. 78; ARTHUR PLEIJSIER, *The Agency Permanent Establishment, cit.*, p. 156 e 157 e ARVID A.SKAAR, *op. cit.*, p. 486, 529 e 530. Este último Autor esclarece que: "It proceeds from the UN model treaty that a warehouse from which deliveries are mad will constitute an agency PE regardless of the scope of the agent's authorization. This provision, however, requires than **an agent is present in the other country**. Thus,

Uma vez que não se inclui a actividade de entrega no n.º 4, ou seja, uma vez que se considera que a actividade de entrega pode não ter uma natureza meramente auxiliar, este preceito justificar-se-á inteiramente, até por razões de lógica e coerência do próprio ordenamento jurídico.

Contudo, esclarecem os Comentários que: "The Group of Experts understood that the subparagraph 5(*b*) was to be interpreted such that if all the sales-related activities take place outside the host State and only delivery, by an agent, takes place there, such a situation would not lead to a permanent establishment. However, if sales-related activities (e.g., advertising or promotion) are also conducted in that State on behalf of the resident (whether or not by the enterprise itself or by its dependent agents) and have contributed to the sale of such goods or merchandise, a permanent establishment may exist."[310]. Uma vez mais se reconhece aqui a importância dos Comentários para esclarecer situações que, na prática, poderiam suscitar dúvidas.

O preceito do n.º 6 do artigo 5.º da Convenção Modelo da ONU é totalmente inovador, uma vez que não encontramos, no artigo 5.º da Convenção Modelo da OCDE, qualquer referência à **actividade seguradora**[311].

Considera-se, neste âmbito, que uma empresa seguradora (com excepção da actividade resseguradora) possui um estabe-

---

mail-order activities do not qualify as an agency PE, unless combined with an (unauthorized) agent with a stock of goods for deliveries." (negrito nosso), *op. cit.*, p. 486.

[309] "With the addition of subparagraph 5(*b*), this paragraph departs substantially from and is considerably broader in scope than Article 5, paragraph 5, of the OECD Model Convention, which the Group considered to be too narrow in scope because it restricted the type of agent who would be deemed to create a permanent establishment of a non-resident enterprise, exposing it to taxation in the source country.", UNITED NATIONS, *op. cit.*, artigo 5.º, comentário 24, p. 88.

[310] UNITED NATIONS, *op. cit.*, artigo 5.º, comentário 25, p. 88.

[311] Cfr. UNITED NATIONS, *op. cit.*, artigo 5.º, comentário 26, p. 88.

108   O Estabelecimento Estável nas Convenções Modelo da OCDE e da ONU

lecimento estável noutro Estado Contratante, se aí recebe prémios ou segura riscos aí localizados[312], através de uma pessoa que não seja um agente independente[313].

Esta disposição foi inserida no artigo 5.º porque os peritos que elaboraram a Convenção Modelo da ONU entendiam que o artigo 5.º da OCDE era inadequado e insuficiente para fazer face a certos aspectos específicos da actividade seguradora[314].

John Huston e Lee Williams chamam a atenção para um aspecto extremamente importante: "(...) any (...) activities conducted by independent insurance agents or adjusters should not create a permanent establishment even under the United Nations provision if done in the ordinary course of such agent's business. It is only the collection of premiums or insurance of risk by employees and dependent agents which can result in permanent establishment status under the United Nations version regardless of contractual authority."[315].

---

[312] Veja-se ARVID A.SKAAR, *op. cit.*, p. 485, 486 e 529, que realça o facto de o agente ter que estar presente no Estado onde os riscos se situam: "The company does not have an agency PE if it insures risks, or collects premiums, without having a dependent agent present in the country.", *op. cit.*, p. 486; JOHN HUSTON e LEE WILLIAMS, *op. cit.*, p. 78 e 122 e seguintes; ARTHUR PLEIJSIER, *op. cit.*, p. 157; MARIA CELESTE CARDONA, *op. cit.*, p. 258 e MANUEL PIRES, *op. cit.*, p. 751.

[313] Quanto a estes, entendeu-se nada estipular expressamente, dando margem de negociação aos Estados aquando das suas negociações bilaterais, cfr., UNITED NATIONS, *op. cit.*, artigo 5.º, comentário 27, p. 89.

[314] Veja-se UNITED NATIONS, *op. cit.*, artigo 5.º, comentário 26, p. 88 e 89: "Members from developing countries pointed out that if an insurance agent was independent, the profits would not be taxable in accordance with the provisions suggested in article 5, paragraph 7, of the United Nations Model Convention (...); and if the agent was dependent, no tax could be imposed because insurance agents normally had no authority to conclude contracts as would be required under the provisions suggested in subparagraph 5(*a*).".

[315] Op. cit., p. 122 e 123.

Para terminar, resta-nos analisar o n.º 7 da Convenção Modelo da ONU que se distingue, em alguns aspectos, do n.º 6 da Convenção Modelo da OCDE.

A primeira frase do n.º 7 do artigo 5.º da Convenção Modelo da ONU reproduz, quase literalmente[316], o preceito correspondente da Convenção Modelo da OCDE[317].

O mesmo já não acontece com a segunda parte do preceito, que passamos a transcrever: "However, when the activities of such an agent are devoted wholly or almost wholly on behalf of that enterprise, and conditions are made or imposed between that enterprise and the agent in their commercial and financial relations which differ from those which would have been made between independent enterprises, he will not be considered an agent of an independent status within the meaning of this paragraph."[318].

De acordo com esta estipulação, é possível que, caso o agente, dito independente, dedique exclusivamente ou quase exclusivamente a sua actividade a uma só empresa, perca a sua "independência"[319], desde que, entre estes dois sujeitos, nas suas relações comerciais e financeiras, sejam adoptadas ou impostas condições que difiram das normalmente adoptadas entre empresas independentes.

Ora, apesar de não expressamente consagrado no seu texto legal, também no âmbito da Convenção Modelo da OCDE[320], se

---

[316] E dizemos "quase literalmente" porque são perceptíveis algumas, meras, diferenças de redacção.

[317] Cfr. UNITED NATIONS, *op. cit.*, artigo 5.º, comentário 28, p. 90.

[318] Uma vez mais, remete-se aqui para o Anexo.

[319] MARIA CELESTE CARDONA, *op. cit.*, p. 258; NGUYEN PHU DUC, *op. cit.*, p. 337; ARVID A.SKAAR, *op. cit.*, p. 521, 513, 531 e 567; JOHN HUSTON e LEE WILLIAMS, *op. cit.*, p. 78 e 135; JOAQUÍN DE ARESPACOCHAGA, *op. cit.*, p. 185; ARTHUR PLEIJSIER, *op. cit.*, p. 157 e 158 e MANUEL PIRES, *op. cit.*, p. 751, que afirma que: "(...) quando o agente exerce exclusivamente ou quase exclusivamente a sua actividade por conta de uma empresa, não é considerado agente independente.".

[320] Cfr. *supra* p. 89.

entende ser de atender ao número de clientes representados por um agente, para efeitos de análise do seu estatuto (in)dependente[321].

Tal como então referimos, entendemos que o número de clientes aos quais o agente se dedica, apesar de determinante para esta análise, não poderá ser encarado como um critério exclusivo, não podendo sem mais entender-se que, uma vez esta condição preenchida se "transfira" o agente para a categoria de agente dependente.

Como o próprio texto do n.º 7 do artigo 5.º da Convenção Modelo da ONU veio consagrar[322], "(...) to determine the status of an agent as not being of "an independent status", it would be necessary to take into account the entirety of the commercial and financial relations between the enterprise and the agent which will show that they differ from those expected between independent enterprises at arm's length. Hence, as worded, the mere fact that the number of enterprises for which an agent acted as an agent of an independent status fell to one will not change his status from being an agent of independent status to that of a dependent status."[323].

---

[321] "Dependency may also be indicated by the number of clients that the agent has. An agent who has devoted all or almost all his time to one client is likely to be a dependent agent. This is expressly stated in the UN mode treaty, **but must also be the rule under the OECD-based treaties**.", ARVID A.SKAAR, *op. cit.*, p. 567 (negrito nosso).

[322] Desde 1999. Veja-se, para mais pormenores, UNITED NATIONS, *op. cit.*, artigo 5.º, comentários 29 e 30, p. 90.

[323] UNITED NATIONS, *op. cit.*, artigo 5.º, comentário 31, p. 91 e 92.

IV
CONSIDERAÇÕES FINAIS

Aqui chegados cabe-nos fazer algumas reflexões finais sobre o que até agora escrevemos, a respeito da análise do conceito de estabelecimento estável nas Convenções Modelo da OCDE e da ONU.

E uma primeira palavra é a propósito da União Europeia (UE). Apesar de não termos abordado a problemática do estabelecimento estável na perspectiva comunitária[324], não podemos deixar de expressar aqui o nosso desalento a tal respeito. Dado o actual estado de integração política e económica, parece-nos criticável o facto de não existir, ainda, uma Convenção Modelo da UE, aplicável aos seus 25 Estados-Membros. É que já em 2003, Casalta Nabais afirmava que "(...) as Convenções celebradas com países membros da União Europeia tendem a perder bastante da sua importância, à medida que o direito comunitário fiscal avança e a luta contra a dupla tributação passa a constituir uma tarefa comunitária a solucionar, portanto, através de instrumentos de harmonização fiscal supranacional"[325]. Ora, em 2005 esta via encontra-se longe de ser trilhada.

Apesar da UE reconhecer que: "Os acordos bilaterais entre Estados já não são suficientes para garantir a coerência dos sis-

---

[324] Deliberadamente, aliás, tendo chamado a atenção para isto mesmo na Introdução. Veja-se *supra*, p. 40 e 41.

[325] Veja-se *Direito Fiscal, cit.*, p. 191.

112 O Estabelecimento Estável nas Convenções Modelo da OCDE e da ONU

temas fiscais entre si. Apenas uma abordagem coordenada a nível comunitário, e prosseguida a nível internacional, pode ter alguma eficácia."[326], não se avançou, ainda, para a elaboração de uma Convenção Modelo sobre Dupla Tributação, ou, pelo menos, para a adopção, por parte da UE, da Convenção Modelo da OCDE ou da ONU, por exemplo. Parece-nos que tal é cada vez mais essencial, principalmente tendo em conta que, hoje, já 25 países fazem parte da União Europeia, e impõe-se harmonizar os seus sistemas fiscais[327].

Mas, voltando ao âmbito da OCDE e da ONU, é unanimemente reconhecida a importância do conceito de estabelecimento estável. Nas palavras de Alberto Xavier[328] "O conceito de estabelecimento estável é um dos conceitos fulcrais, em torno do qual se articula todo o Direito Fiscal Internacional, revestindo neste domínio alcance comparável com o conceito de domicílio no Direito Internacional Privado.".

Consequentemente, é unanimemente reconhecida a importância das Convenções Modelo, quer da ONU, quer da OCDE. Imagine-se o que seria, em cada negociação bilateral, começar sempre do zero.

É igualmente reconhecida a importância dos Comentários. É que, quando no âmbito da negociação bilateral, dois Estados celebram uma Convenção para evitar a Dupla Tributação, e se regem por uma das Convenções Modelo, presume-se que também pretendem "submeter-se" aos Comentários, ou seja, preten-

---

[326] COMISSÃO EUROPEIA, *A Política Fiscal na União Europeia, cit.*, p. 34.

[327] O que se afigura tarefa complicada pois já em 2000, com uma Europa a 15, afirmava-se que: "Os progressos na harmonização e na coordenação da fiscalidade comunitária têm sido bastante lentos devido à complexidade da matéria, bem como ao facto de os artigos do Tratado CE que se lhes aplicam exigirem uma aprovação por unanimidade.", COMISSÃO EUROPEIA, *op. cit.*, p. 6. Imagine-se hoje, com uma UE a 25...

[328] Veja-se *Direito Tributário Internacional, Tributação das Operações Internacionais, cit.*, p. 260.

dem que as disposições por si adoptadas sejam interpretadas no mesmo sentido em que o são pelos Comentários oficiais.

Saber se dois Estados, ao celebrarem uma Convenção, têm em vista a Convenção Modelo da OCDE ou a Convenção Modelo da ONU, dependerá da análise casuística das disposições adoptadas. Não podemos, sem mais, afirmar que todas as Convenções celebradas entre Países Desenvolvidos e Países em Desenvolvimento se orientam pela Convenção Modelo da ONU. À partida, assim sucederá, uma vez que esta Convenção, como vimos[329], "(…) configura um conjunto de soluções que parecem ser mais apropriados às exigências específicas e próprias dos países menos desenvolvidos."[330]. Mas como todas as regras gerais, também esta terá excepções.

Cada um dos números do artigo 5.º, seja da Convenção Modelo da OCDE, seja da Convenção Modelo da ONU, poderia ser objecto de um trabalho autónomo, porque a respeito de qualquer um deles, colocam-se inúmeras questões práticas a que não logramos responder. Mas só depois de possuirmos uma visão completa, do conjunto do preceito, é que nos apercebemos do quanto ficou por dizer.

A nossa principal preocupação foi, a respeito de cada matéria, remeter para o que outros já estudaram, seguramente com maior profundidade, abrangência e sapiência. Aliás, era este o principal objectivo do trabalho: investigar o que já foi estudado por outros e, de alguma maneira, compilar as diversas soluções, para construirmos as bases que, futuramente, nos permitam avançar para um patamar mais avançado: o da opinião.

---

[329] Veja-se *supra*, p. 100 e seguintes.

[330] MARIA CELESTE CARDONA, "O Conceito de Estabelecimento Estável – Algumas reflexões em torno deste conceito", *Estudos em Homenagem à Dra. Maria de Lourdes Órfão de Matos Correia e Vale, cit.*, p. 258.

ANEXO

Convenção Modelo OCDE (1963)

Artigo 5.º
Permanent Establishment

1. For the purposes of this Convention, the term "permanent establishment" means a fixed place of business in which the business of the enterprise is wholly or partly carried on.

2. The term "permanent establishment" shall include especially:

a) a place of management;
b) a branch;
c) an office;
d) a factory;
e) a workshop;
f) a mine, quarry or other place of extraction of natural resources;
g) a building site or construction or assembly project which exists for more than twelve months.

3. The term "permanent establishment" shall not be deemed to include:

a) the use of facilities solely for the purpose of storage, display or delivery of goods or merchandise belonging to the enterprise;
b) the maintenance of a stock of goods or merchandise belonging to the enterprise solely for the purpose of storage, display or delivery;
c) the maintenance of a stock of goods or merchandise belonging to the enterprise solely for the purpose of processing by another enterprise;

116   *O Estabelecimento Estável nas Convenções Modelo da OCDE e da ONU*

d) the maintenance of a fixed place of business solely for the purpose of purchasing goods or merchandise or for collecting information, for the enterprise;

e) the maintenance of a fixed place of business solely for the purpose of advertising, for the supply of information, for scientific research or for similar activities which have a preparatory or auxiliary character, for the enterprise.

4. A person acting in a Contracting State on behalf of an enterprise of the other Contracting State – other than an agent of an independent status to whom paragraph 5 applies – shall be deemed to be a permanent establishment in the first-mentioned State if he has, and habitually exercises in that State, an authority to conclude contracts in the name of the enterprise, unless his activities are limited to the purchase of goods or merchandise for the enterprise.

5. An enterprise of a Contracting State shall not be deemed to have a permanent establishment in the other Contracting State merely because it carries on business in that other State through a broker, general commission agent or any other agent of an independent status, where such persons are acting in the ordinary course of their business.

6. The fact that a company which is a resident of a Contracting State controls or is controlled by a company which is a resident of the other Contracting State, or which carries on business in that other State (whether through a permanent establishment or otherwise), shall not of itself constitute either company a permanent establishment of the other.

Convenção Modelo OCDE (1977)

Artigo 5.º
Permanent Establishment

1. For the purposes of this Convention, the term "permanent establishment" means a fixed place of business through which the business of an enterprise is wholly or partly carried on.

2. The term "permanent establishment" includes especially:

a) a place of management;

b) a branch;

c) an office;

d) a factory;

e) a workshop;

f) a mine, an oil or gas well, a quarry or any other place of extraction of natural resources;

3. A building site or construction or installation project constitutes a permanent establishment only if it lasts more than twelve months.

4. Notwithstanding the preceding provisions of this Article, the term "permanent establishment" shall not be deemed to include:

a) the use of facilities solely for the purpose of storage, display or delivery of goods or merchandise belonging to the enterprise;

b) the maintenance of a stock of goods or merchandise belonging to the enterprise solely for the purpose of storage, display or delivery;

c) the maintenance of a stock of goods or merchandise belonging to the enterprise solely for the purpose of processing by another enterprise;

d) the maintenance of a fixed place of business solely for the purpose of purchasing goods or merchandise or for collecting information, for the enterprise;

e) the maintenance of a fixed place of business solely for the purpose of carrying on, for the enterprise, any other activity of a preparatory or auxiliary character;

f) the maintenance of a fixed place of business solely for any combination of activities, mentioned in any sub-paragraphs a) to e), provided that the overall activity of the fixed place of business resulting from this combination is of a preparatory or auxiliary character.

5. Notwithstanding the provisions of paragraphs 1 and 2, where a person – other than an agent of an independent status to whom paragraph 6 applies – is acting on behalf of an enterprise and has, and habitually exercises, in a Contracting State an authority to conclude contracts in the name of the enterprise, that enterprise shall be deemed to have a permanent establishment in that State in respect of any activities which that person undertakes for the enterprise, unless the activities of such person are limited to those mentioned in paragraph 4 which, if exercised through a fixed place of business, would not make this fixed place of business a permanent establishment under the provisions of that paragraph.

6. An enterprise shall not be deemed to have a permanent establishment in a Contracting State merely because it carries on business in that State through a broker, general commission agent or any other agent of an independent status, provided that such persons are acting in the ordinary course of their business.

7. The fact that a company which is a resident of a Contracting State controls or is controlled by a company which is a resident of the other Contracting State, or which carries on business in that other State (whether through a permanent establishment or otherwise), shall not of itself constitute either company a permanent establishment of the other.

Convenção Modelo OCDE (1997)

Artigo 5.º
Permanent Establishment

1. For the purposes of this Convention, the term "permanent establishment" means a fixed place of business through which the business of the enterprise is wholly or partly carried on.

2. The term "permanent establishment" includes especially:

a) a place of management;

b) a branch;

c) an office;

d) a factory;

e) a workshop; and

f) a mine, an oil or gas well, a quarry or any other place of extraction of natural resources.

3. A building site or construction or installation project constitutes a permanent establishment only if it lasts more than twelve months.

4. Notwithstanding the preceding provisions of this Article, the term "permanent establishment" shall be deemed not to include:

- *a)* the use of facilities solely for the purpose of storage, display or delivery of goods or merchandise belonging to the enterprise;
- *b)* the maintenance of a stock of goods or merchandise belonging to the enterprise solely for the purpose of storage, display or delivery;
- *c)* the maintenance of a stock of goods or merchandise belonging to the enterprise solely for the purpose of processing by another enterprise;
- *d)* the maintenance of a fixed place of business solely for the purpose of purchasing goods or merchandise or for collecting information, for the enterprise;
- *e)* the maintenance of a fixed place of business solely for the purpose of carrying on, for the enterprise, any other activity of a preparatory or auxiliary character;
- *f)* the maintenance of a fixed place of business solely for any combination of activities mentioned in sub-paragraphs a) to e), provided that the overall activity of the fixed place of business resulting from this combination is of a preparatory or auxiliary character.

5. Notwithstanding the provisions of paragraph 1 and 2, where a person – other than an agent of an independent status to whom paragraph 6 applies – is acting on behalf of an enterprise and has, and habitually exercises, in a Contracting State, an authority to conclude contracts in the name of the enterprise, that enterprise shall be deemed to have a permanent establishment in that State in respect of any activities which that person undertakes for the enterprise, unless the activities of such person are limited to those mentioned in paragraph 4 which, if exercised through a fixed place of business, would not make this fixed place of business a permanent establishment under the provisions of that paragraph.

120　*O Estabelecimento Estável nas Convenções Modelo da OCDE e da ONU*

6. An enterprise shall not be deemed to have a permanent establishment in a Contracting State merely because it carries on business in that State through a broker, general commission agent or any other agent of an independent status, provided that such persons are acting in the ordinary course of their business.

7. The fact that a company which is a resident of a Contracting State controls or is controlled by a company which is a resident of the other Contracting State, or which carries on business in that other State (whether through a permanent establishment or otherwise), shall not of itself constitute either company a permanent establishment of the other.

Convenção Modelo OCDE (2003)[331]

Artigo 5.º
Estabelecimento Estável

1. Para efeitos desta Convenção, a expressão "estabelecimento estável" significa uma instalação fixa, através da qual a empresa exerça toda ou parte da sua actividade.

2. A expressão "estabelecimento estável" compreende, nomeadamente:

a) Um local de direcção;
b) Uma sucursal;
c) Um escritório;
d) Uma fábrica;
e) Uma oficina;
f) Uma mina, um poço de petróleo ou gás, uma pedreira ou qualquer outro local de extracção de recursos naturais.

3. Um local ou um estaleiro de construção ou de montagem só constitui um estabelecimento estável se a sua duração exceder doze meses.

---

[331] Actualmente em vigor.

4. Não obstante as disposições anteriores deste artigo, a expressão "estabelecimento estável" não compreende:

a) As instalações utilizadas unicamente para armazenar, expor ou entregar mercadorias pertencentes à empresa;

b) Um depósito de mercadorias pertencentes à empresa mantido unicamente para as armazenar, expor ou entregar;

c) Um depósito de mercadorias pertencentes à empresa mantido unicamente para serem transformadas por outra empresa;

d) Uma instalação fixa mantida unicamente para comprar mercadorias ou reunir informações para a empresa;

e) Uma instalação fixa mantida unicamente para exercer, para a empresa, qualquer outra actividade de carácter preparatório ou auxiliar;

f) Uma instalação fixa mantida unicamente para o exercício de qualquer combinação das actividades referidas nas alíneas a) a e), desde que a actividade de conjunto da instalação fixa resultante desta combinação seja de carácter preparatório ou auxiliar.

5. Não obstante o disposto nos n.ºs 1 e 2, quando uma pessoa – que não seja um agente independente, a que é aplicável o n.º 6 – actue por conta de uma empresa e tenha e habitualmente exerça num Estado Contratante poderes para concluir contratos em nome da empresa, será considerado que esta empresa tem um estabelecimento estável nesse Estado relativamente a qualquer actividade que essa pessoa exerça para a empresa, a não ser que as actividades de tal pessoa se limitem às indicadas no n.º 4, as quais, se fossem exercidas através de uma instalação fixa, não permitiriam considerar esta instalação fixa como um estabelecimento estável, de acordo com as disposições desse número.

6. Não se considera que uma empresa tem um estabelecimento estável num Estado Contratante pelo simples facto de exercer a sua actividade nesse Estado por intermédio de um corrector, de um comissário-geral ou de qualquer outro agente independente, desde que essas pessoas actuem no âmbito normal da sua actividade.

7. O facto de uma sociedade residente de um Estado Contratante controlar ou ser controlada por uma sociedade residente do outro

Estado Contratante ou que exerce a sua actividade nesse outro Estado (quer seja através de um estabelecimento estável, quer de outro modo) não é, por si, bastante para fazer de qualquer dessas sociedades estabelecimento estável da outra.

Convenção Modelo ONU (1980)

Artigo 5.º
Permanent Establishment

1. For the purposes of this Convention, the term "permanent establishment" means a fixed place of business through which the business of the enterprise is wholly or partly carried on.

2. The term "permanent establishment" includes especially:

a) A place of management;
b) A branch;
c) An office;
d) A factory;
e) A workshop;
f) A mine, an oil or gas well, a quarry or any other place of extraction of natural resources.

3. The term "permanent establishment" likewise encompasses:

a) A building site, a construction, assembly or installation project or supervisory activities in connection therewith, but only where such site, project or activities continue for a period of more than six months;
b) The furnishing of services, including consultancy services, by an enterprise through employees or other personnel engaged by the enterprise for such purpose, but only where activities of that nature continue (for the same or a connected project) within the country for a period or periods aggregating more than six months within any 12-months period.

4. Notwithstanding the preceding provisions of this Article, the term "permanent establishment" shall be deemed not to include:

a) The use of facilities solely for the purpose of storage or display of goods or merchandise belonging to the enterprise;

b) The maintenance of a stock of goods or merchandise belonging to the enterprise solely for the purpose of storage or display;

c) The maintenance of a stock of goods or merchandise belonging to the enterprise solely for the purpose of processing by another enterprise;

d) The maintenance of a fixed place of business solely for the purpose of purchasing goods or merchandise or for collecting information, for the enterprise;

e) The maintenance of a fixed place of business solely for the purpose of carrying on, for the enterprise, any other activity of a preparatory or auxiliary character;

5. Notwithstanding the provisions of paragraph 1 and 2, where a person – other than an agent of an independent status to whom paragraph 7 applies – is acting in a Contracting State on behalf of an enterprise of the other Contracting State, that enterprise shall be deemed to have a permanent establishment in the first-mentioned Contracting State in respect of any activities which that person undertakes for the enterprise, if such a person:

a) Has and habitually exercises in that State an authority to conclude contracts in the name of the enterprise, unless the activities of such person are limited to those mentioned in paragraph 4 which, if exercised through a fixed place of business would not make this fixed place of business a permanent establishment under the provisions of that paragraph; or

b) Has no such authority, but habitually maintains in the first-mentioned State a stock of goods or merchandise from which he regularly delivers goods or merchandise on behalf of the enterprise.

6. Notwithstanding the preceding provisions of this article, an insurance enterprise of a Contracting State shall, except in regard to re-insurance, be deemed to have a permanent establishment in the other Contracting State if it collects premiums in the territory of that other State or insures risks situated therein through a person other than an agent of an independent status to whom paragraphs 7 applies.

7. An enterprise of a Contracting State shall not be deemed to have a permanent establishment in the other Contracting State merely because it carries on business in that other State through a broker, general commission agent, or any other agent of an independent status, provided that such persons are acting in the ordinary course of their business. However, when the activities of such an agent are devoted wholly or almost wholly on behalf of that enterprise, he will not be considered an agent of an independent status within the meaning of this paragraph.

8. The fact that a company which is a resident of a Contracting State controls or is controlled by a company which is a resident of the other Contracting State, or which carries on business in that other State (whether through a permanent establishment or otherwise), shall not of itself constitute either company a permanent establishment of the other.

Convenção Modelo ONU (1999)[332]

Artigo 5.º
Permanent Establishment

1. For the purposes of this Convention, the term "permanent establishment" means a fixed place of business through which the business of the enterprise is wholly or partly carried on.

2. The term "permanent establishment" includes especially:

a) A place of management;
b) A branch;
c) An office;
d) A factory;
e) A workshop;
f) A mine, an oil or gas well, a quarry or any other place of extraction of natural resources.

---

[332] Actualmente em vigor.

3. The term "permanent establishment" also encompasses:

a) A building site, a construction, assembly or installation project or supervisory activities in connection therewith, but only if such site, project or activities last more than six months;

b) The furnishing of services, including consultancy services, by an enterprise through employees or other personnel engaged by the enterprise for such purpose, but only if activities of that nature continue (for the same or a connected project) within a Contracting State for a period or periods aggregating more than six months within any 12-months period.

4. Notwithstanding the preceding provisions of this Article, the term "permanent establishment" shall be deemed not to include:

a) The use of facilities solely for the purpose of storage or display of goods or merchandise belonging to the enterprise;

b) The maintenance of a stock of goods or merchandise belonging to the enterprise solely for the purpose of storage or display;

c) The maintenance of a stock of goods or merchandise belonging to the enterprise solely for the purpose of processing by another enterprise;

d) The maintenance of a fixed place of business solely for the purpose of purchasing goods or merchandise or for collecting information, for the enterprise;

e) The maintenance of a fixed place of business solely for the purpose of carrying on, for the enterprise, any other activity of a preparatory or auxiliary character;

f) The maintenance of a fixed place of business solely for any combination of activities mentioned in subparagraphs a) to e), provided that the overall activity of the fixed place of business resulting from this combination is of a preparatory or auxiliary character.

5. Notwithstanding the provisions of paragraph 1 and 2, where a person – other than an agent of an independent status to whom paragraph 7 applies – is acting in a Contracting State on behalf of an enterprise of the other Contracting State, that enterprise shall be deemed to have a permanent establishment in the first-mentioned

Contracting State in respect of any activities which that person undertakes for the enterprise, if such a person:

a) Has and habitually exercises in that State an authority to conclude contracts in the name of the enterprise, unless the activities of such person are limited to those mentioned in paragraph 4 which, if exercised through a fixed place of business would not make this fixed place of business a permanent establishment under the provisions of that paragraph; or

b) Has no such authority, but habitually maintains in the first-mentioned State a stock of goods or merchandise from which he regularly delivers goods or merchandise on behalf of the enterprise.

6. Notwithstanding the preceding provisions of this article, an insurance enterprise of a Contracting State shall, except in regard to re-insurance, be deemed to have a permanent establishment in the other Contracting State if it collects premiums in the territory of that other State or insures risks situated therein through a person other than an agent of an independent status to whom paragraphs 7 applies.

7. An enterprise of a Contracting State shall not be deemed to have a permanent establishment in the other Contracting State merely because it carries on business in that other State through a broker, general commission agent, or any other agent of an independent status, provided that such persons are acting in the ordinary course of their business. However, when the activities of such an agent are devoted wholly or almost wholly on behalf of that enterprise, and conditions are made or imposed between that enterprise and the agent in their commercial and financial relations which differ from those which would have been made between independent enterprises, he will not be considered an agent of an independent status within the meaning of this paragraph.

8. The fact that a company which is a resident of a Contracting State controls or is controlled by a company which is a resident of the other Contracting State, or which carries on business in that other State (whether through a permanent establishment or otherwise), shall not of itself constitute either company a permanent establishment of the other.

Bibliografia

— Amador, Olívio Mota e Silveiro, Fernando Xarepe, *A Reforma Fiscal da Transição para o Século XXI*, AAFDL, 1998.
— Arespacochaga, Joaquín de, *Planificación Fiscal Internacional*, Marcial Pons, 1998.
— Baker, Philip, *Double Taxation Conventions and International Tax Law*, Sweet & Maxwell, 1994.
— Borges, António de Moura, *Convenções sobre Dupla Tributação Internacional*, UFPI, 1992.
— Casalta Nabais, José, *Direito Fiscal*, 12.ª Edição, Almedina, Coimbra, 2003.
— Cardona, Maria Celeste, "O Conceito de Estabelecimento Estável – Algumas reflexões em torno deste conceito", *in Estudos em Homenagem à Dra. Maria de Lourdes Órfão de Matos Correia e Vale*, Centro de Estudos Fiscais, 1995.
— Comissão Europeia, *A Política Fiscal na União Europeia*, Série: A Europa em Movimento, Serviço das Publicações Oficiais das Comunidades Europeias, 2000.
— Costa, Belmiro Moita da, *O Imposto sobre o Rendimento das Pessoas Colectivas*, Centro de Estudos e Formação Autárquica, 1997.
— Easson, Alex, *Taxation of Foreign Direct Investment – An Introduction*, Kluwer Law International, 1999.
— Ferreira, Rogério Manuel Fernandes, "Permanent Establishments of Banks, Insurance Companies and other Financial Institutions", *Cahièrs de Droit Fiscal Internacional, LXXXIa*, 1996.
— Friedman, Thomas L., *Compreender a Globalização O Lexus e a Oliveira*, Quetzal Editores, 2000.
— Huston, John e Williams, Lee, *Permanent Establishment: A Planning Primer*, Kluwer Law and Taxation Publishers, 1993.
— Jacobs, Otto H. e Spengel, Christoph, "The Financing and Taxation of Corporations – A Comparing Analysis for the EC – Member Countries Germany, France and Great Britain", *Intertax*, n.º 1, 1993.
— Kraft, Gerhard, "Recent Developments in Case Law on Permanent Establishment Taxation", *European Taxation*, Volume 33, N.º 10, October 1993.
— Lang, Michael and others, *Multilateral Tax Treaties; New developments in international tax law*, Kluwer Law International, 1998.
— Lapatza, Jose Juan Ferreiro, *Curso de Derecho Tributario*, Marcial Pons, 1995.

— Lausterer, Martin, "Taxation of Permanent Establishments: issues and perspectives from the European Court of Justice", *Rivista di Diritto Tributario Internazionale, n.º 3*, DeAgostini Professionale, 2002.

— Leite de Campos, Diogo e Leite de Campos, Mónica Horta Neves, *Direito Tributário*, Almedina, 2000.

— Lòpez, Josè Manuel Tejerizo, "Tax Regime for Non-residents with Permanent Establishments in Spain and the Convention, between Spain and Italy, on Double Taxation", *Rivista di Diritto Tributario Internazionale, n.º 1*, DeAgostini Professionale, 2002.

— Loureiro, Carlos, "Impacte dos Acordos de Dupla Tributação nas Estratégias Financeiras dos Não Residentes", *Fisco*, n.º 20/21, Ano 2, Maio/Junho 1990.

— Mesquita, Maria Margarida Cordeiro, "As Convenções sobre Dupla Tributação", *in Ciência e Técnica Fiscal*, n.º 179, 1998 .

— Ministério das Finanças, *Estruturar o Sistema Fiscal do Portugal Desenvolvido*, Textos fundamentais da reforma fiscal para o século XXI, Almedina, 1998.

— Mota Campos, João de, *Manual de Direito Comunitário*, Fundação Calouste Gulbenkian, 2000.

— Neves, António Beja, "O Conceito de Estabelecimento Estável", *Fisco*, n.º 29, Ano 3, Março 1991.

— OECD, *Commentaries, Model Tax Convention on Income and on Capital, Condensed Version, 28 January 2003*, OECD, 2003.

— OECD, *Issues in International Taxation — 2002 Reports Related to the OECD Model Tax Convention; No. 8*, OECD, 2003.

— Palma, Clotilde Celorico, "Código de Conduta Comunitário da Fiscalidade das Empresas", *Fisco*, n.º 86/87, Ano X, Nov/Dez 1999.

— Passos, Adelaide, "ADT Portugal – EUA: A Tributação das Sociedades", *in Fisco n.º 76/77*, Ano VIII, Março/Abril 1996.

— Patinha Antão, Mário, "Harmonização da Fiscalidade das Empresas na União Europeia – Algumas Notas de Racionalidade Económica", *Fisco*, n.º 93/94, Ano XII, Janeiro 2001.

— Pereira, Paula Rosado, *A Tributação das Sociedades na União Europeia; Entraves fiscais ao Mercado Interno e estratégias de actuação comunitária*, Almedina, 2004.

— Phillips, John S., *Tax Treaties Networks 1988 – 1989*, Worldwide Information Inc.

— Phu Duc, Nguyen, *La Fiscalité International des Entreprises, Masson, 1985*.

— Pinheiro, Gabriela, *A Fiscalidade Directa na União Europeia*, Universidade Católica Portuguesa, 1998.

— PIRES, Manuel, *Da Dupla Tributação Jurídica Internacional sobre o Rendimento*, CEF, 1984.
— PITTA E CUNHA, Paulo de, "Sobre a Noção de Estabelecimento Estável", *A Fiscalidade dos Anos 90 (Estudos e Pareceres)*, Almedina, 1996.
— PLEIJSIER, Arthur, *The Agency Permanent Establishment*, Universitaire Pers Maastricht, 2000.
— PRATS, Francisco Alfredo García, *El Establecimiento Permanente; Análisis jurídico-tributario internacional de la imposición societaria*, Editorial Tecnos, 1996.
— RIAHI – BELKAOUI, Ahmud, *Significant Current Issues in International Taxation*, Quorum Books, 1998.
— ROBERTS, Sidney I., "The Agency Element of Permanent Establishment: The OECD Commentaries from the Civil Law View", *Intertax*, n.ᵒˢ 9 e 10, 1993.
— SACCHETO, Claudio, "The EC Court of Justice and Formal and Substantial Criteria in the Taxation of Non-residents of Member States: A New Theorem by Fermat?", *Rivista di Diritto Tributario Internazionale*, n.º 1, DeAgostini Professionale, 1999.
— SALDANHA SANCHES, J. L., "Política Tributária e Investimento Estrangeiro: Alguns Aspectos da Tributação de Não-residentes", *Fisco*, n.º 30, Ano 3, Abril 1991.
— SANDLER, Daniel, *Tax Treaties and Controlled Foreign Company Legislation – pushing the boundaries*, Kluwer Law International, 1998.
— SHALLAV, Sarig, "The Revised Permanent Establishment Rules", *Intertax*, Volume 31, N.º 4, April 2003.
— SILVA, A. de Melo e, "O Conceito de Estabelecimento Estável", *Ciência e Técnica Fiscal*, n.º 107, Novembro 1967.
— SILVEIRA, Paulo Caliendo V. da, "Do Conceito de Estabelecimentos Permanentes e sua Aplicação no Direito Tributário Internacional", *Direito Tributário Internacional Aplicado*, coordenador Heleno Taveira Tôrres, Quartier Latin.
— SKAAR, Arvid A., *Permanent Establishment – Erosion of a Tax Treaty Principle*, Series on International Taxation, 13, Kluwer Law and Taxation Publishers, 1991.
— THÖMMES, Otmar e KIBLBÖCK, Ingrid, "The Tax Treatment of Non-residents Taxpayers in the Light of the Most Recent Decision of the European Court of Justice", *EC Tax Review*, n.º 3, 1993.
— UNITED NATIONS, *United Nations Model Double Taxation Convention between Developed and Developing Countries*, UN, s/d.

— Vale, Maria de Lourdes Correia e, e Pereira, M. H. de Freitas, "IRC – Tributação de entidades não residentes por lucros derivados de obras de construção e montagem no território português. Conceito de Estabelecimento Estável", *Ciência e Técnica Fiscal,* n.º 364, Outubro – Dezembro 1991.

— Vale, Maria de Lourdes Correia, "A Tributação das Empresas com Estabelecimentos Estáveis no Estrangeiro", *Ciência e Técnica Fiscal,* n.º 179 — *180,* Novembro – Dezembro 1973.

— Van Raad, Kees, *Model Income Tax Treaties; A comparative presentation of the texts of the Model Conventions on income and capital of the OECD (1963 and 1977), the United Nations (1980), and the United States (1981),* Kluwer Law and Taxation Publishers, 1990.

— Van Waardenburg, D. A., "Permanent Establishment", *European Taxation,* Volume 33, N.º 3, March 1993.

— Vogel, Klaus, *Double Taxation Conventions; A commentary to the OECD-. UN-, and US— Model Conventions, for the avoidance of double taxation of income and capital,* Kluwer Law and Taxation Publishers, 1994.

— Wattel, Peter J., "Corporate Tax Jurisdiction in the EU with respect to Branches and Subsidiaries; Dislocation Distinguished from Discrimination and Disparity; a Plea for Territoriality", *EC Tax Review,* Volume 12, Issue 4, 2003.

— Williams, David W., Mores, Geoffrey K., Salter, David, *Principles of Tax Law,* Sweet & Maxwell, 1996.

— Xavier, Alberto, *Direito Tributário Internacional. Tributação das Operações Internacionais,* Almedina, 1997.

— Xavier, Alberto, "Introdução ao Direito Tributário Internacional", *BMJ,* n.º 320, Novembro, 1982.

— Xavier, Alberto Pinheiro, "Relatório da Comissão de Reforma da Fiscalidade Internacional Portuguesa", *Ciência e Técnica Fiscal,* n.º 395, Julho/Set 1999 .

A LICENÇA POR MATERNIDADE E A SUSPENSÃO DO CONTRATO DE TRABALHO

LUÍSA ANDIAS GONÇALVES

I
INTRODUÇÃO

A maternidade e a paternidade são eventos que se repercutem no quotidiano laboral, facto que necessita de ser protegido e que, desde há alguns anos, constitui uma preocupação da comunidade nacional e internacional.

Sendo o trabalho uma faceta importantíssima, para não dizer essencial, da vida da maioria das pessoas – tanto pela realização pessoal que dele pode resultar, como pela dependência económica que normalmente a ele está associada –, é necessário proteger os trabalhadores contra as repercussões "negativas" que a maternidade e a paternidade são susceptíveis de gerar na relação laboral.

Para além de ser objecto de vários instrumentos internacionais[1], esta matéria assume, entre nós, dignidade constitucional. A Constituição da República Portuguesa (doravante C.R.P.) reconhece a maternidade e a paternidade como valores sociais eminentes, e declara que "os pais e as mães têm direito à pro-

---

[1] Veja-se, nomeadamente, o artigo 10.º do Pacto Internacional sobre Direitos Económicos, Sociais e Culturais, os artigos 8.º e 27.º da Carta Social Europeia (revista), a Convenção n.º 103 (alterada pela Convenção n.º 183) e as Recomendações n.ºs 95 e 191 da Organização Internacional do Trabalho (doravante O.I.T.), as Directivas n.º 92/85/CEE, do Conselho, de 19/10, 96//34/CE, do Conselho, de 03/06, e 76/207/CEE, do Conselho, de 09/02 (alterada pela Directiva 2002/73/CEE, do PE e do Conselho, de 23/09).

134 A Licença por Maternidade e a Suspensão do Contrato de Trabalho

tecção da sociedade e do Estado na realização da sua insubstituível acção em relação aos filhos, nomeadamente quanto à sua educação, com garantia de realização profissional e de participação na vida cívica do país"[2].

Mas o texto constitucional vai ainda mais longe, na medida em que afirma que "as mulheres têm direito a especial protecção durante a gravidez e após o parto" e que as mulheres trabalhadoras têm, ainda, "direito a dispensa do trabalho por período adequado, sem perda da retribuição ou de quaisquer regalias". Atribui, depois, à lei, a função de regular "a atribuição às mães e aos pais de direitos de dispensa de trabalho por período adequado, de acordo com os interesses da criança e as necessidades do agregado familiar".

Actualmente, esta matéria é regulada pelo Código do Trabalho (aprovado pela Lei n.º 99/2003, de 27 de Agosto, doravante designado por C.T.) e pelo diploma que o veio regulamentar (Lei n.º 35/2004, de 29 de Julho, doravante designado por R.C.T.).

No âmbito deste regime estão previstas várias formas de protecção da maternidade e da paternidade – direito a licenças, dispensas e faltas, regimes de trabalho especiais, fixação de determinadas actividades condicionadas ou proibidas às trabalhadoras grávidas, puérperas ou lactantes e o direito a uma especial protecção destas trabalhadoras no trabalho e despedimento.

O exercício de alguns desses direitos (em especial a licença por maternidade) provoca a suspensão do contrato de trabalho, sendo este o fenómeno específico que se pretende analisar com o presente estudo. Pretendemos, pois, estudar as situações suspensivas do contrato de trabalho geradas pelo exercício do direito à licença por maternidade, bem como analisar os seus efeitos sobre o contrato de trabalho.

---

[2] Artigo 68.º da C.R.P.

II
A SUSPENSÃO DO CONTRATO DE TRABALHO

1. A suspensão como efeito jurídico – regime civilista

Os contratos ou negócios jurídicos bilaterais são integrados por duas ou mais declarações de vontade, de conteúdo oposto, mas convergente, que se encontram para a produção de um resultado jurídico unitário. Sendo o contrato unilateral, gera obrigações apenas para uma das partes; tratando-se de contrato bilateral ou sinalagmático, gera obrigações para ambas as partes, obrigações essas ligadas entre si por um nexo de causalidade ou correspectividade.

Pode suceder, porém, que uma das partes não cumpra a obrigação por si assumida, o que nos coloca perante uma situação de não cumprimento. Como refere ANTUNES VARELA, "o não cumprimento é (...) *a situação objectiva de não realização da prestação debitória* e de insatisfação do interesse do credor, independentemente da causa de onde a falta procede"[3].

---

[3] Cfr. VARELA, João de Matos Antunes, *Das Obrigações em geral*, II, 7.ª edição, revista e actualizada, Almedina, Coimbra, 1999, p. 60. Segundo outro autor, "verifica-se o *não cumprimento, incumprimento* ou *inadimplemento* de uma obrigação sempre que a respectiva prestação debitória deixa de ser efectuada nos termos adequados" – Cfr. COSTA, Mário Júlio de Almeida, *Noções Fundamentais de Direito Civil,* 4.ª edição, Revista e Actualizada, Almedina, 2001, p. 293.

136 A Licença por Maternidade e a Suspensão do Contrato de Trabalho

No que toca a modalidades de não cumprimento, são dois os critérios que permitem estabelecer distinções – o da *causa* e o do *efeito*.

Quanto à *causa*, o não cumprimento pode classificar-se como *imputável* ou *não imputável* ao devedor; quanto ao *efeito*, pode tratar-se de *falta de cumprimento (definitivo)*, *mora* ou *cumprimento defeituoso*[4].

O artigo 798.º do Código Civil (doravante designado por C.C.) consagra, como regra geral, que o devedor que falte culposamente ao cumprimento da obrigação se torna responsável pelo prejuízo que cause ao credor, incumbindo ao devedor provar que a falta de cumprimento ou o cumprimento defeituoso não procede de culpa sua (n.º 1 do artigo 799.º C.C.), culpa esta apreciável nos termos aplicáveis à responsabilidade civil (n.º 2 do mesmo artigo).

Quanto à impossibilidade culposa, em concreto, o 801.º do C.C. prevê que, caso a prestação se torne impossível por causa imputável ao devedor, é este responsável como se faltasse culposamente ao cumprimento da obrigação (n.º 1), e que, se a obrigação se inserir num contrato bilateral, pode o credor resolver o contrato (n.º 2)[5].

---

[4] No primeiro caso, a prestação, não tendo sido efectuada, não será, já, realizável, fruto da sua impossibilidade material ou da perda de interesse do credor; no segundo caso há um mero atraso ou retardamento no cumprimento da prestação que, apesar de não ter sido executada tempestivamente é, ainda, realizável; no terceiro caso, apesar de a prestação ter sido tempestivamente cumprida, a mesma enferma de vícios, defeitos ou irregularidades. Para mais desenvolvimentos, cfr. VARELA, João de Matos Antunes, *Das...*, p. 62 e ss e COSTA, Mário Júlio de Almeida, *Noções...*, p. 293 e ss.

[5] Nas palavras de ALMEIDA COSTA, "a norma referida prevê directamente o caso da prestação impossibilitada com culpa da parte a ela adstrita. Todavia, a mesmo doutrina aplica-se, por interpretação extensiva ou analogia, à situação diversa do incumprimento culposo da prestação possível". – in COSTA, Mário Júlio de Almeida, *Noções...*, p. 301.

Especificamente sobre a mora, o n.º 1 do artigo 804.º do C.C. determina que a mesma constitui o devedor na obrigação de reparar os danos causados ao credor. Acresce que, caso o credor, em consequência da mora, perca o interesse que tinha na prestação, ou caso esta não seja realizada dentro do prazo razoavelmente fixado pelo credor, ocorre a conversão da mora em não cumprimento definitivo da prestação (n.º 1 do artigo 808.º do C.C.).

Bastante diferentes são as consequências no caso de não cumprimento não imputável ao devedor[6].

Neste âmbito, em caso de impossibilidade objectiva, dá-se a extinção da obrigação (n.º 1 do artigo 790.º do C.C.). Tratando-se de impossibilidade subjectiva, a solução é a mesma, nos casos em que o devedor não se puder fazer substituir por terceiro no cumprimento da obrigação (artigo 791.º do C.C.). Sendo a impossibilidade meramente temporária, o devedor não responde pela mora no cumprimento (n.º 1 do artigo 792.º do C.C.), sendo que a impossibilidade só se considera temporária enquanto, atenta a finalidade da obrigação, se mantiver o interesse do credor (n.º 2 do mesmo artigo).

Desta forma, nos casos em que há uma impossibilidade temporária de cumprimento da obrigação, e o não cumprimento não é imputável ao devedor, este não responde pela mora no incumprimento, ficando o contrato *latente* ou *em fase de letargia*[7], a aguardar a cessação do impedimento, desde que se man-

---

[6] O não cumprimento não imputável ao devedor abarca os casos em que o obrigado se encontra impedido de prestar por facto do credor, de terceiro, por força maior, por caso fortuito ou pela própria lei. Cfr. VARELA, João de Matos Antunes, *Das...*, p. 67 e ss.

[7] Expressões utilizadas por JORGE LEITE. O autor resume tal fenómeno da seguinte forma: "a) o vínculo não se rompe, isto é, a obrigação não se extingue; b) o devedor fica provisoriamente exonerado do dever de cumprir a prestação a que está adstrito, mas deve realizá-la logo que o impedimento termine; c) o credor não pode prevalecer-se do atraso para resolver o contrato

138 *A Licença por Maternidade e a Suspensão do Contrato de Trabalho*

tenha o interesse do credor. Diz-se, portanto, que o contrato está *suspenso*, traduzindo-se, assim, a suspensão no efeito jurídico resultante da impossibilidade temporária de cumprimento por parte do devedor e caracterizado pela paralisação temporária do vínculo. Pretende-se, com este efeito jurídico, salvaguardar a existência do contrato, tendo em conta que o credor mantém o interesse no cumprimento futuro da obrigação.

2. As insuficiências do regime civilista face às especificidades do contrato de trabalho

O regime civilista da suspensão dos contratos não permite resolver grande parte dos problemas que se colocam no decorrer de uma relação laboral. Note-se que, naquele regime, o devedor que se encontre temporariamente impedido de cumprir a sua obrigação, só fica exonerado do seu cumprimento, mantendo-se protegido da espada da indemnização e da eventual resolução do contrato, caso prove a existência de uma impossibilidade (absoluta) temporária de cumprimento decorrente de um facto não culposo da sua parte (culpa esta aferida nos moldes previstos para a responsabilidade civil) e se mantenha o interesse do credor no cumprimento futuro da obrigação.

Ora, a aplicação pura e simples de um tal regime ao contrato de trabalho é inadequada, dadas as particularidades deste contrato e as preocupações que subjazem ao direito laboral[8].

---

ou para responsabilizar o devedor pelos eventuais danos resultantes; d) nos contratos bilaterais, pode o credor suster os seus próprios compromissos enquanto o devedor se encontrar impedido de satisfazer os seus; e) a exoneração deve limitar-se ao que for adequado ao caso". – cfr. LEITE, Jorge, «Notas para uma teoria da suspensão do contrato de trabalho», *Questões Laborais,* Ano IX, n.º 20, 2002, p. 122.

[8] Veja-se, quanto a este ponto, a análise efectuada por JORGE LEITE, que refere que a concepção civilista de justificação da inexecução temporária dos

Em primeiro lugar, é de referir que, pelo contrato de trabalho, o trabalhador assume a obrigação de se colocar, ele próprio, à disposição da entidade empregadora. Ora, tendo em conta que o contrato de trabalho é um contrato de execução continuada, fica, assim, limitada, em muito, a liberdade pessoal do trabalhador no que toca à ocupação do seu tempo. Desta forma, o contrato de trabalho apresenta-se como particularmente frágil ao efeito de numerosos acontecimentos que retiram ao trabalhador essa disponibilidade e que, portanto, levam ao não cumprimento da sua principal obrigação no contrato – a prestação de trabalho. Efectivamente, ao longo da relação laboral, muitos são os eventos susceptíveis de colocar o trabalhador numa situação de impossibilidade para o trabalho – doença, maternidade, casamento, cumprimento de obrigações familiares, etc. E tais impedimentos não constituem, necessariamente, impedimentos físicos (materiais), pois pode suceder que o trabalhador se encontre fisicamente capaz de cumprir a sua obrigação mas, ainda assim, circunstâncias exteriores lhe retirem a disponibilidade pessoal necessária ao cumprimento da mesma, como será o caso da necessidade de prestar assistência a familiares.

Este segundo tipo de impedimentos são frequentemente denominados de *impedimentos morais* (relativos), em contraposição aos *impedimentos materiais* (absolutos).

Sucede que, no âmbito do direito civil, "causa de extinção da obrigação é a *impossibilidade* (física ou legal) da prestação (a que pleonasticamente se poderia chamar *impossibilidade absoluta*)"[9], e não a mera impossibilidade relativa. Assim sendo, aquele ramo de direito não se afigura capaz de responder a todas as situações que se consideram justificativas para suspender o

---

contratos "cedo viria a ser considerada ultrapassada na sua aplicação ao contrato de trabalho: ultrapassada quanto às *causas* (…), ultrapassada *quanto às finalidades* (…) e ultrapassada (inadequada) quanto ao regime do fenómeno propriamente dito" – cfr. Leite, Jorge, «Notas ...», p. 123 e ss.

[9] Cfr. Varela, João de Matos Antunes, *Das...*, p. 68.

140 *A Licença por Maternidade e a Suspensão do Contrato de Trabalho*

contrato de trabalho, dado que nos parece, ao contrário de YAMAGUCHI[10], que os impedimentos morais devem ser sempre considerados impedimentos relativos, na medida em que não existe uma verdadeira incapacidade física ou legal de prestar, mas sim um impedimento *subjectivo legítimo*[11]

Em segundo lugar, no regime civilista, dado que a culpa do não cumprimento deve ser aferida nos termos aplicáveis à responsabilidade civil, basta que o facto que gera o não cumprimento seja imputável ao devedor a título de negligência (ainda que inconsciente) para que não haja lugar à suspensão do contrato. Também esta característica do regime civilista joga mal com a realidade específica do contrato de trabalho, não só porque existem factos imputáveis ao trabalhador, que, ainda assim, são susceptíveis de suspender o contrato de trabalho – a greve ou o exercício de certas funções, por exemplo –, como porque o critério de aferição da imputabilidade é diferente do previsto para a responsabilidade civil, como analisaremos mais à frente.

Tudo isto porque as grandes preocupações do legislador, neste âmbito, são a estabilidade do emprego do trabalhador e a

---

[10] YAMAGUCHI defende a existência de impedimentos morais absolutos, considerando como tais os casos em que não se pode, de boa fé, exigir da parte do trabalhador a prestação de trabalho, tendo em conta a sua situação, dando como exemplos o casamento do trabalhador, o nascimento de um filho, a doença grave e o falecimento de um ascendente ou de um descendente – Cfr. YAMAGUCHI, Toshio, *La Théorie de la Suspensión du Contrat deTravail et ses aplications pratiques dans le droit des pays membres de la communauté européene,* Paris, 1963, p. 73.

[11] Para BÉRAUD, a teoria clássica da suspensão dos contratos não pode ser utilizada como *fórmula geral* para suspensão do contrato de trabalho, uma vez que tal teoria se baseia na teoria da força maior, na qual não cabe questionar se se pode ou não exigir, de boa fé, a execução da parte do devedor, mas apenas saber se este está, ou não, absolutamente impedido de executar. Diz o autor que a união que é feita entre força maior e impedimento moral coloca em causa a própria noção de força maior – BÉRAUD, Jean-Marc, *La suspension du contrat de travail,* éditions Sirey, Paris, 1980, p. 54. No mesmo sentido, veja-se LEITE, Jorge, «Notas...», p. 127.

protecção de outros direitos fundamentais (a maternidade, a greve...) que colidem com o direito do empregador em exigir o cumprimento do contrato. Aliás, esses interesses vão prevalecer sobre o interesse do credor no cumprimento futuro da obrigação, uma vez que este é um limite que o regime da suspensão do contrato de trabalho desconhece.

3. Características da suspensão do contrato de trabalho determinada por impedimento temporário respeitante ao trabalhador

Neste estudo, pretendemos debruçar-nos apenas sobre a suspensão do contrato de trabalho resultante de impedimentos temporários relacionados com a maternidade, o que nos coloca no campo da suspensão do contrato de trabalho por impedimento respeitante ao trabalhador.

Como ficou dito, durante a vigência do contrato de trabalho, o trabalhador pode ver-se obrigado a interromper, temporariamente, a prestação de trabalho, em virtude de se encontrar em determinadas circunstâncias incompatíveis com aquela prestação. Considerando que certos impedimentos temporários não são censuráveis, ou que não são dotados do grau de censura necessário para que o trabalhador seja responsabilizado pelo incumprimento, o legislador opta por considerá-los causas suspensivas do contrato de trabalho, libertando o trabalhador da obrigação de prestar trabalho e, correspectivamente, desonerando o empregador da obrigação do pagamento da retribuição.

Vimos já que a suspensão do contrato de trabalho é o *nomen iuris* atribuído ao efeito jurídico paralisador de um vínculo, produzido pela impossibilidade temporária do cumprimento de uma obrigação. Mas o que é que caracteriza esse efeito jurídico no âmbito do contrato de trabalho, no caso de impedimento respeitante ao trabalhador? Quando é que, ao analisarmos *o estado* de um contrato, podemos dizer que o mesmo se encontra suspenso por impedimento respeitante ao trabalhador?

Há que ter presente que, dentro do âmbito da nossa análise, o que se pretende afastar com a suspensão do contrato de trabalho são as normais consequências do incumprimento da obrigação de prestar trabalho por parte do trabalhador – a aplicação de uma sanção disciplinar, que, no limite, poderia ser o despedimento –, salvaguardando-se, assim, a sobrevivência do contrato de trabalho e, consequentemente, a estabilidade no emprego. Durante a suspensão do contrato de trabalho, o vínculo contratual mantém-se, pese embora não haja prestação de trabalho por parte do trabalhador[12]. Sendo esta a realidade que gera a suspensão do contrato e aquela a realidade que se quer salvaguardar, podemos dizer que a não prestação de trabalho e a manutenção do vínculo contratual são circunstâncias inerentes à figura da suspensão do contrato de trabalho por facto respeitante ao trabalhador.

No entanto, algo mais tem de (in)existir para que se possa concluir pela presença dessa figura. Durante os dias de descanso semanal, ou durante as férias, por exemplo, apesar de haver coexistência do vínculo contratual com a não prestação de tra-

---

[12] Como diz Jorge Leite, a suspensão traduz-se "na coexistência transitória da paralisação de alguns dos principais direitos e deveres emergentes do contrato com a manutenção do respectivo vínculo. A sua razão de ser radica, fundamentalmente, no princípio da conservação da relação de trabalho, podendo mesmo considerar-se como uma manifestação do direito à estabilidade no emprego. Trata-se, afinal, de uma medida que visa evitar os sacrifícios que acarreta a perda do emprego (...). Juridicamente, pode dizer-se, quanto à suspensão individual que a lei presume não considerar definitivamente prejudicado o interesse do empregador na realização do trabalho, embora cada dia de suspensão se analise numa prestação impossível (o interesse do credor avaliar-se-ia aqui por uma referência à totalidade da prestação, que é duradoura)". Para mais desenvolvimentos, cfr. Leite, Jorge e Almeida, F. Jorge Coutinho de, *Colectânea de Leis do Trabalho,* Coimbra Editora, 1985, p. 216 e ss.

balho, não há suspensão do contrato de trabalho[13]. Tais períodos de interrupção da prestação de trabalho não se enquadram na razão de ser da suspensão do contrato, uma vez que a sua existência não tem na base uma impossibilidade temporária do trabalhador de prestar trabalho, nem visa a protecção da manutenção do vínculo contratual face a um incumprimento, correspondendo antes a períodos de repouso inerentes ao próprio regime do contrato de trabalho, e, logo, à execução do mesmo[14].

---

[13] A propósito desta questão, há quem proceda à distinção entre «interrupções» e «suspensão». Para CARRO IGELMO a essência da distinção entre suspensão e interrupção do contrato de trabalho reside na própria natureza de cada uma das figuras, que é absolutamente distinta. As consequências de uma e outra situação, que em algum aspecto podem ser iguais ou semelhantes, podem suscitar confusão, mas isso não obsta a que a natureza das duas instituições se mantenha substancialmente distinta. Com efeito, a natureza da suspensão contratual laboral está ligada ao facto de, face ao surgimento de determinadas circunstâncias, a relação laboral ficar parada, em suspenso, até que tais circunstâncias desapareçam ou cessem. Já a «interrupção» contratual, diz o autor que não afecta propriamente a relação em si, que continua plenamente activa, mas apenas e tão só a prestação de trabalho, obrigação fundamental que fica paralisada enquanto perdurarem as circunstâncias a que a lei atribui força de interrupção laboral – cfr. CARRO IGELMO, Alberto José, La suspensión del contrato de trabajo, BOSCH, Casa Editorial, Barcelona, 1959, p. 25 e ss. Em sentido oposto, BÉRAUD entende existirem duas categorias de suspensão: suspensões periódicas intrínsecas e suspensões acidentais extrínsecas. As primeiras são aquelas que se inscrevem no desenvolvimento normal do contrato de trabalho e as segundas as que vêm perturbar o normal desenvolvimento do contrato de trabalho – cfr. BÉRAUD, Jean-Marc, La suspension ..., p. 90 e ss. Ver, ainda, quanto a esta questão, REIS, João Carlos Simões dos, A suspensão do contrato de trabalho por motivos respeitantes ao trabalhador, Dissertação de Mestrado em Ciências Jurídico Empresariais,1993, p. 35 e ss.

[14] Neste sentido, Cfr. LEITE, Jorge, «Notas...», p. 130, nota 14, onde o autor refere que "os períodos de respouso diário, semanal e anual, assim como os dias feriados (...) são manifestações de execução do contrato e não do seu contrário".

144   *A Licença por Maternidade e a Suspensão do Contrato de Trabalho*

A prova de que não existe uma impossibilidade temporária por parte do trabalhador obtém-se facilmente ao verificarmos que, durante o descanso semanal ou durante as férias, o empregador pode ordenar ao trabalhador a prestação de trabalho suplementar ou a interrupção do seu período anual de repouso, respectivamente. Como poderia ser o trabalhador chamado a prestar trabalho se se encontrasse impedido? Afigura-se que tal seria contraditório.

Isto permite-nos, também, concluir que durante a suspensão do contrato de trabalho, ao contrário do que acontece naquelas situações, está paralisado o poder de direcção do empregador e o correspondente dever de subordinação jurídica do trabalhador. A suspensão surge em virtude da incompatibilidade da situação conjuntural do trabalhador com o exercício do poder de direcção do empregador, pelo que a inexistência de subordinação jurídica é, também, um elemento característico da suspensão do contrato de trabalho por facto respeitante ao trabalhador[15].

Temos assim caracterizada, em termos gerais, a suspensão do contrato de trabalho por impedimento temporário respeitante ao trabalhador. Sempre que haja coexistência do vínculo contratual com a paralisação da prestação de trabalho e com a paralisação da subordinação jurídica, como efeito de uma impossibilidade do trabalhador de prestar trabalho, estamos perante a

---

[15] No mesmo sentido, JOÃO REIS caracteriza os contratos suspensos com base em três critérios: o primeiro assenta na distinção entre que a suspensão e a ruptura; o segundo na falta de prestação de trabalho; e o terceiro na ausência de subordinação jurídica. – Cfr. REIS, João Carlos Simões dos, *A suspensão...*, p. 20 e ss. BÉRAUD estabelece dois critérios da suspensão do contrato de trabalho: *a existência do contrato de trabalho* (por oposição à ruptura do mesmo) e *o desaparecimento da relação de subordinação,* definindo a suspensão como "o direito de uma ou outra das partes invocar o desaparecimento da relação de subordinação jurídica no quadro do contrato de trabalho em curso para obter ou justificar a paragem do trabalho" – cfr. BÉRAUD, Jean-Marc, *La suspension ...*, p. 88.

suspensão do contrato de trabalho por impedimento respeitante ao trabalhador.

Dir-se-á que o mesmo acontece nos casos de faltas justificadas. Pois bem, e, pelo menos à primeira vista, assim é. No fundo, o direito potestativo a faltar, atribuído ao trabalhador, em certas situações, traduz-se na suspensão do contrato de trabalho durante determinado período, nem que seja por um dia.

O fundamento do direito a faltar é a existência de um impedimento temporário que o legislador considera prioritário relativamente à obrigação de prestação de trabalho; o incumprimento do contrato de trabalho por parte do trabalhador é, assim, legitimado, não podendo o empregador valer-se dele para sancionar disciplinarmente o trabalhador.

As faltas justificadas, equivalem, portanto, a exonerações do dever de prestar trabalho, tendo como consequência a suspensão do contrato de trabalho.

4. A noção legal de suspensão do contrato de trabalho determinada por impedimento temporário respeitante ao trabalhador

Na nossa lei, a suspensão do contrato de trabalho por facto respeitante ao trabalhador vem regulada nos artigos 333.º e seguintes do C.T..

O impedimento temporário que determina a suspensão individual do contrato de trabalho pode ser fruto de facto não imputável ao trabalhador ou de facto imputável ao trabalhador.

Nos termos do n.º 1 do artigo 333.º do C.T., "determina a suspensão do contrato de trabalho o impedimento temporário por facto não imputável ao trabalhador que se prolongue por mais de um mês, nomeadamente o serviço militar obrigatório ou serviço cívico substitutivo, doença ou acidente", sendo que o n.º 2 vem acrescentar que "o contrato considera-se suspenso, mesmo antes de decorrido o prazo de um mês, a partir do momento em

146 *A Licença por Maternidade e a Suspensão do Contrato de Trabalho*

que seja previsível que o impedimento vai ter duração superior àquele prazo". Por sua vez, o n.º 4 do mesmo artigo dispõe que "o impedimento temporário por facto imputável ao trabalhador determina a suspensão do contrato de trabalho nos casos previstos na lei".

Várias são as considerações a tecer a propósito desta norma legal.

Antes de mais, note-se que o legislador distingue a suspensão gerada por impedimento temporário por facto imputável ao trabalhador, da suspensão gerada por impedimento temporário por facto não imputável ao trabalhador.

Entendeu o legislador que o impedimento temporário por facto imputável ao trabalhador só deverá produzir a suspensão do contrato nas situações em que a lei, individualmente, lhe conferir dignidade para tal.

Pelo contrário, relativamente às situações de impedimento temporário por facto não imputável ao trabalhador, o legislador ditou uma regra geral, segundo a qual a suspensão do contrato de trabalho ocorre se o impedimento temporário por facto não imputável ao trabalhador se prolongar por mais de um mês, ou se se tornar previsível que o impedimento vai ter uma duração superior àquele prazo.

Posto isto, é um facto que o legislador estabeleceu a distinção entre a noção de suspensão do contrato de trabalho e a de faltas justificadas ao trabalho.

Qual a razão de ser desta opção?

A suspensão do contrato de trabalho é, como se disse supra, um efeito jurídico. A esse efeito estão ligados, por sua vez, outros efeitos. Efectivamente, a suspensão do contrato de trabalho produz alterações quanto à aplicação de algumas normas do regime laboral– artigos 220.º e 254.º do C. T., por exemplo, que analisaremos infra –, e parece ter sido intenção do legislador limitar a atribuição desses efeitos a determinados casos de suspensão.

Quanto aos casos de impedimentos temporários por factos imputáveis ao trabalhador, parece-nos que o legislador almejou limitar os efeitos que resultam da suspensão, aos casos por si determinados. Isso fará com que tais efeitos não se apliquem nem a situações por si não denominadas de suspensão, nem às situações de faltas justificadas por impedimento temporário por facto imputável ao trabalhador. Note-se ainda que o legislador reserva a aplicação de alguns desses efeitos unicamente às situações de impedimento prolongado (artigo 220.º do C.T.).

No que toca aos impedimentos temporários por factos não imputáveis ao trabalhador, terá sido, também, intenção do legislador limitar a produção de certos efeitos por si atribuídos à suspensão do contrato, aos casos em que a paralisação da prestação de trabalho resultante de impedimento temporário por facto não imputável ao trabalhador ultrapasse determinado prazo, o que o levou a distinguir suspensão de faltas justificadas.

Resumindo, afigura-se-nos que o legislador adoptou uma noção restrita de suspensão por entender que apenas determinados casos de suspensão deviam produzir efeitos especiais.

Outro aspecto cuja análise a citada norma legal suscita, prende-se com a determinação da tipologia de impedimentos susceptíveis de gerar a suspensão do contrato de trabalho.

Como já tivemos oportunidade de referir, ao contrário do que acontece no direito civil, a suspensão do contrato de trabalho pode ser legitimada pela existência, não só de impedimentos *absolutos* (por impossibilidade física ou legal de cumprir, como será o caso da doença), como de impedimentos *relativos* (porque em certas situações inexiste uma impossibilidade física ou legal de cumprir, o que deixa sempre ao trabalhador a possibilidade de optar pelo cumprimento da sua obrigação, havendo, assim, um impedimento subjectivo, mas, ainda assim, um impedimento, por se considerar que, dadas as circunstâncias, é legítimo que o trabalhador opte pelo não cumprimento, como será o caso da necessidade de prestação de cuidados a familiares).

148 *A Licença por Maternidade e a Suspensão do Contrato de Trabalho*

Questão diferente é a de sabermos qual o critério de imputabilidade a utilizar relativamente ao facto que gera o impedimento.

É o próprio legislador, no n.º 1 do artigo 333.º do C.T., que dá exemplos de situações de impedimento temporário por facto não imputável ao trabalhador, apontando como tais os casos de serviço militar obrigatório, serviço cívico substitutivo, doença ou acidente.

Será que no caso de a doença, ou de o acidente, se deverem a culpa do trabalhador, tais factos passam a ser-lhe imputáveis e, logo, não ocorre a suspensão do contrato de trabalho?

A questão do critério da imputabilidade a utilizar, para estes efeitos, tem vindo a ser discutida, sendo aparentemente pacífico que não é aplicável, aqui, o regime previsto para a responsabilidade civil. Se assim fosse, bastaria que o trabalhador adoecesse devido a uma ligeira negligência da sua parte, para que o facto que gera o impedimento lhe fosse imputável e, logo, insusceptível de gerar a suspensão do contrato de trabalho.

Entre nós, JORGE LEITE defende que "o facto só é imputável ao agente quando o impedimento haja sido um dos efeitos queridos com a sua conduta, ou quando o tenha previsto como um seu efeito necessário e, apesar disso, a não evitou ou, no mínimo, quando agir com culpa grave ou grosseira em termos de se poder concluir, segundo critérios de razoabilidade e dadas as circunstâncias, que se não previu o impedimento o deveria ter previsto" [16].

Para MENEZES CORDEIRO, "a ilicitude envolve aqui a inobservância de deveres particulares virados para a tutela da

---

[16] LEITE, Jorge e ALMEIDA *Colectânea...,* p. 218. Diz o autor que não basta, para o facto ser imputável ao trabalhador, que por ele este possa ser censurado, exigindo-se, para além disso, um mínimo de *intencionalidade* – cfr. LEITE, Jorge, «Notas... », p. 126.

situação jurídico-laboral e não de deveres absolutos ou globais". Como exemplos de inobservância desse tipo de deveres temos o caso de um trabalhador que se alista como voluntário numa expedição da Cruz Vermelha ou o de um trabalhador que fica temporariamente incapacitado para o trabalho por suicídio frustrado que visasse justamente pôr termo à relação de trabalho[17].

Sobre esta questão já se pronunciou o Supremo Tribunal de Justiça, no seu acórdão de 22 de Outubro de 1996[18], a propósito de saber se o regime da suspensão do contrato de trabalho se aplica à prestação de funções a tempo inteiro nas associações sindicais, afirmando que "quanto à inimputabilidade do trabalhador, tal quer dizer que o facto que determina a suspensão não deve ser voluntária ou intencionalmente provocado, embora possa não ser inteiramente independente da sua vontade, presumindo-se que a vontade do trabalhador não foi dirigida a provocar a suspensão do contrato de trabalho, mas a outras finalidades". Concluiu o STJ que, quando as faltas (justificadas) dadas pelos membros de direcção das associações sindicais e no desempenho dessas funções se prolongarem por mais de 30 dias, a situação enquadrar-se-á na figura da suspensão do contrato, ou seja, não considerou os factos que geram o impedimento imputáveis aos trabalhadores.

Somos da opinião que o legislador apenas quis deixar na sua esfera de decisão (para poder determinar caso a caso a bondade da aplicação do regime da suspensão), as hipóteses em que o trabalhador se coloca, consciente e intencionalmente, numa

---

[17] Cfr. CORDEIRO, António Menezes, *Manual de Direito do Trabalho*, Livraria Almedina, Coimbra, 1991, p. 769. No mesmo sentido, ver MARTINEZ, Pedro Romano, *Direito do Trabalho*, Almedina, Coimbra, 2002, p. 676.

[18] Cfr.http://www.dgsi.pt/jstj.nsf/954f0ce6ad9dd8b980256b5f003fa814/ /1d5e598e1f791499802568fc003b749d?OpenDocument, acedida pela última vez em 02.09.2005.

150 A Licença por Maternidade e a Suspensão do Contrato de Trabalho

situação de impedimento para o trabalho, Parece, pois, que o critério da imputabilidade a utilizar, neste âmbito, é muito menos exigente do que o aplicável no regime civilista. Com efeito, o facto só deve considerar-se imputável ao trabalhador quando se puder concluir que: 1) o facto é imputável ao trabalhador; 2) o facto foi praticado com a consciência de que daí adviria um impedimento para o trabalho.

III
A SUSPENSÃO DO CONTRATO DE TRABALHO DETERMINADA POR IMPEDIMENTOS TEMPORÁRIOS LIGADOS À MATERNIDADE E À PATERNIDADE

1. A licença por maternidade

1.1. *Regime Legal – Breve resenha histórica*[19]

O Decreto-Lei n.º 49 408, de 24 de Novembro de 1969 – diploma legal que veio rever o regime jurídico do contrato individual de trabalho (Decreto-Lei n.º 47 032, de 27 de Maio de 1966), introduzindo-lhe um capítulo dedicado ao trabalho de mulheres (Capítulo VII) – estipulava, na alínea c) do n.º 1 do seu artigo 118.º, que era assegurado às mulheres o direito a faltar até sessenta dias consecutivos na altura do parto, sem

---

[19] No intuito de analisarmos apenas a evolução legislativa mais recente nesta matéria, por entendermos ser essa a que assume alguma importância para o entendimento de alguns aspectos do actual regime, partimos a nossa análise do Decreto-Lei n.º 49408, de 24 de Novembro de 1969. No entanto, já antes deste diploma existiram outros que atribuíam à mulher o direito a faltar por ocasião do parto. Para mais desenvolvimentos sobre este ponto, veja-se PERISTA, Heloísa; LOPES, Margarida Chagas; *A licença de paternidade: um direito novo para a promoção da igualdade,* Lisboa: Departamento de Estudos, Prospectiva e Planeamento, 1999, p. 111 e ss.

152 A Licença por Maternidade e a Suspensão do Contrato de Trabalho

redução do período de férias nem prejuízo da antiguidade, e, decorrido aquele período sem que estivessem em condições de retomar o trabalho, a prolongá-lo nos termos da suspensão do contrato de trabalho por impedimento prolongado respeitante ao trabalhador.

Em 1976, o Decreto-Lei n.º 112/76, de 7 de Fevereiro, considerando o disposto na Convenção n.º 103 da Organização Internacional de Trabalho (1952)[20], relativa à protecção da maternidade e da paternidade, veio alargar este período para 90 dias, acrescentado que esses dias não podiam ser descontados

---

[20] Apenas ratificada por Portugal em 1984, pelo Decreto do Governo n.º 63/84, de 10 de Outubro e alterada pela Convenção n.º 183 (2000), alteração esta ainda não ratificada pelo Estado português. Prescrevia, na altura, o artigo 3.º desta Convenção:

"1 – Todas as mulheres às quais se aplica a presente Convenção têm direito, mediante um certificado médico que indique a data provável do seu parto, a uma licença por maternidade.

2 – A duração desta licença será de 12 semanas, pelo menos; uma parte desta licença será obrigatoriamente gozada após o parto;

3 – A duração da licença gozada obrigatoriamente após o parto será determinada pela legislação nacional, mas nunca será inferior a 6 semanas; o resto do total da licença poderá ser gozado de acordo com o estipulado na legislação nacional antes da data provável do parto, ou após a data da expiração da licença obrigatória, ou ainda uma parte antes da primeira destas datas e o outra parte após a segunda.

4 – Quando o parto tiver lugar em data posterior à prevista, a licença gozada anteriormente será sempre prolongada até à data efectiva do parto e a duração da licença a gozar obrigatoriamente após o parto não deverá ser reduzida.

5 – Em caso de doença comprovada por atestado médico como resultante de gravidez, a legislação nacional deve prever uma licença suplementar anterior ao parto cuja duração máxima pode ser fixada pode ser fixada pela autoridade competente.

6 – Em caso de doença comprovada por atestado médico como resultante de parto, a mulher tem direito a um prolongamento da licença posterior ao parto cuja duração máxima pode ser fixada pela autoridade competente".

para quaisquer efeitos, designadamente licença para férias, antiguidade ou aposentação (n.º 1 do artigo 1.º).

Com este diploma legal disciplinou-se, também, que dos 90 dias da licença, 60 tinham de ser gozados obrigatória e imediatamente após o parto, enquanto os restantes 30 poderiam ser gozados, total ou parcialmente, antes ou depois do parto.

Paralelamente, por se ter considerado que nos casos de aborto, de parto de nado-morto e de morte de nado-vivo, não se justificava o mesmo tratamento, estipulou-se que:

- no caso de aborto ou de parto de nado-morto, o número de faltas com os efeitos estipulados no n.º 1 do artigo 1.º seria de 30 dias, no máximo, competindo ao médico graduar o período de interrupção do trabalho em função das condições de saúde da mulher (n.ᵒˢ 1 e 2 do artigo 6.º);
- a morte de nado-vivo faria cessar o direito a faltar nos termos do n.º 1 do artigo 1.º, ressalvando-se sempre, no entanto, um período de repouso de 30 dias após o parto.

Posteriormente, a Lei n.º 4/84, de 5 de Abril, sobre protecção da maternidade e da paternidade, veio prever que nas situações de risco clínico determinantes de internamento hospitalar, o período de licença anterior ao parto poderia ser acrescido de mais 30 dias, sem prejuízo do direito aos 60 dias de licença a seguir ao parto (n.º 3 do artigo 9.º), bem como que, em caso de internamento hospitalar da mãe ou da criança durante o período de licença a seguir ao parto, poderia este período ser interrompido, a pedido daquela, pelo tempo de duração do internamento (n.º 4 do artigo 9.º).

Relativamente aos casos de aborto, parto de nado-morto e morte de nado-vivo, foram introduzidas as seguintes alterações:

- o período de licença a seguir ao parto nado-morto, ou aborto, passou a ter a duração mínima de 10 dias (mantendo-se o máximo de 30);
- para o caso de morte de nado-vivo durante o período de licença a seguir ao parto, esse período seria reduzido até

154 A Licença por Maternidade e a Suspensão do Contrato de Trabalho

10 dias após o falecimento, com a garantia de um período global mínimo de 30 dias a seguir ao parto.

Com esta lei surgiu a possibilidade de o pai gozar a licença por maternidade. Efectivamente, o n.º 2 do artigo 9.º previa que, a título excepcional, por incapacidade física e psíquica da mãe, devidamente comprovada por atestado médico e enquanto esta se mantivesse, os últimos 30 ou 60 dias de licença de maternidade não imediatamente subsequentes ao parto poderiam ser gozados por aquele.

No que diz respeito ao gozo da licença de maternidade por parte do pai, o Decreto-Lei n.º 136/85, de 3 de Maio – diploma que veio regulamentar a lei n.º 4/84 na parte em que era aplicável aos trabalhadores abrangidos pelo regime jurídico do contrato individual de trabalho[21] – acrescentava que essa possibilidade poderia ser utilizada nos casos em que, comprovadamente, a mãe viesse frequentando, antes do parto, cursos ou estágios de formação que pudessem ser afectados por ausência prolongada (n.º 2 do artigo 2.º).

Porém, em qualquer um destes casos, era obrigatório o gozo pela mãe de 30 dias de licença por maternidade a seguir ao parto (n.º 3 do artigo 2.º).

A Lei n.º 4/84 e o Decreto-Lei n.º 136/85 foram alvo de várias alterações. A primeira foi efectuada, respectivamente, pela Lei n.º 17/95, de 9 de Junho, e pelo Decreto-Lei n.º 332/95, de 23 de Dezembro, que vieram introduzir modificações importantes ao regime da protecção da maternidade e da paternidade.

---

[21] A Lei n.º 4/84 abrangia, também, no seu âmbito, os trabalhadores da Administração Pública, tendo sido posteriormente regulamentada por 2 diplomas distintos – o Decreto-Lei n.º 135/85 e o Decreto-Lei n.º 136/85, ambos de 3 de Maio. O primeiro regulamentava aquela lei na parte em que se aplicava aos trabalhadores da Administração Pública e o segundo na parte em que a mesma era aplicável aos trabalhadores abrangidos pelo regime jurídico do contrato individual de trabalho.

No que diz respeito à licença por maternidade:

- foi a mesma alargada para 98 dias consecutivos[22], 60 dos quais necessariamente a seguir ao parto;
- a possibilidade de gozo da licença, por parte do pai, é alargada aos casos de morte da mãe e decisão conjunta dos pais, passando a ser regulada em termos autónomos, como licença por paternidade;
- em caso de aborto, a licença passou a ter a duração mínima de 14 dias e máxima de 30, devendo o seu período ser graduado por prescrição médica;
- deixaram de existir disposições específicas para os casos de nado-morto e de morte de nado-vivo;
- estipulou-se a obrigatoriedade do gozo de, pelo menos, 14 dias de licença por maternidade[23].

Mais tarde, a Lei n.º 18/98, de 28 de Abril, alargou a licença de maternidade para 120 dias consecutivos, 90 dos quais necessariamente a seguir ao parto. Para além disso, acrescentou um novo aspecto ao regime, prevendo que nos casos de nascimentos múltiplos, o período de licença de maternidade seria acrescido de 30 dias por cada gemelar além do primeiro.

Na quarta alteração à Lei n.º 4/84, efectuada pela Lei n.º 142/99, de 31 de Agosto, o período de licença por maternidade a seguir ao parto, de gozo obrigatório, foi aumentado de 14 dias para seis semanas. Introduziram-se, ainda, alterações para as situações de risco clínico para a trabalhadora ou para o nascituro, impeditivo de funções, estipulando-se que, caso não fosse

---

[22] Em conformidade com o disposto no n.º 1 do artigo 8.º da Directiva 92/85/CEE do Conselho, de 19 de Outubro de 1992, relativa à implementação de medidas destinadas a promover a melhoria da segurança e da saúde das trabalhadoras grávidas, puérperas ou lactantes no trabalho (décima directiva especial na acepção do n.º 1 do artigo 16.º da Directiva 89/391/CEE).

[23] Em cumprimento do disposto no n.º 2 do artigo 8.º da Directiva 92/ /85/CEE.

garantido o exercício de funções e/ou local compatíveis com o seu estado, a trabalhadora gozaria do direito de licença, anterior ao parto, pelo período de tempo necessário a prevenir o risco, fixado por prescrição médica, sem prejuízo do gozo do período normal da licença de maternidade.

Actualmente, o regime da protecção da maternidade e paternidade é regulado pelo C.T. e pela R.C.T.

Nos termos do artigo 35.º, n.º 1, do C.T., a trabalhadora tem direito a uma licença por maternidade de 120 dias consecutivos, 90 dos quais necessariamente a seguir ao parto, podendo os restantes ser gozados, total ou parcialmente, antes ou depois do parto.

No caso de a trabalhadora pretender gozar parte da licença antes do parto deve informar o empregador e apresentar atestado médico que indique a data previsível do mesmo, informação essa que deve ser prestada com a antecedência de 10 dias ou, em caso de urgência comprovada pelo médico, logo que possível (n.ºs 2 e 3 do artigo 68.º da R.C.T.).

Por sua vez, o n.º 1 do artigo 68.º da R.C.T. vem dar às trabalhadoras a oportunidade de optar por uma licença por maternidade superior em 25% à supra referida, devendo o acréscimo ser gozado necessariamente a seguir ao parto, nos termos da legislação da segurança social.

A trabalhadora deverá informar o empregador até sete dias após o parto de qual a modalidade de licença por maternidade por que opta. Se não o fizer, presumir-se-á que a licença tem a duração de 120 dias.

Esta foi a principal alteração introduzida pelo C.T. em matéria de licença por maternidade; no restante, este diploma manteve, quase na íntegra, o previsto na legislação revogada:

- no caso de nascimentos múltiplos, o período de licença por maternidade é acrescido de 30 dias por cada gemelar além do primeiro – n.º 2 do artigo 35.º do C.T.;

– nas situações de risco clínico para a trabalhadora ou para o nascituro, impeditivo do exercício de funções[24], caso não seja garantido àquela o exercício de funções ou local compatíveis com o seu estado, goza a mesma do direito a licença, anterior ao parto, pelo período de tempo necessário para prevenir o risco, fixado por prescrição médica, sem prejuízo do período normal de licença por maternidade – n.º 3 do artigo 35.º do C.T.; se o risco em causa for distinto do risco específico de exposição a agentes, processos ou condições de trabalho e não puder ser evitado com o exercício de outras tarefas compatíveis com o estado e categoria profissional da trabalhadora, ou se o empregador não o possibilitar, deve aquela informar o empregador e apresentar atestado médico que indique a data previsível do parto, informação essa que deve ser prestada com a antecedência de 10 dias ou, em caso de urgência comprovada pelo médico, logo que possível (n.º7 do artigo 68.º da R.C.T.).

– é obrigatório o gozo de, pelo menos, seis semanas de licença por maternidade a seguir ao parto – n.º 4 do artigo 35.º do C.T.;

– em caso de internamento hospitalar da mãe ou da criança durante o período de licença a seguir ao parto, este período é suspenso, a pedido daquela, pelo tempo de duração do internamento, mediante comunicação ao respectivo empregador, acompanhada de declaração emitida pelo

---

[24] Porém, parecem não estar, aqui, incluídos os casos de risco específico de exposição a agentes, processos e condições de trabalho, especialmente regulados no artigo 49.º do C.T. O n.º 3 deste artigo foi praticamente decalcado do artigo 5.º da Directiva 92/85/CEE do Conselho de 19 de Outubro de 1992, relativa à implementação de medidas destinadas a promover a melhoria da segurança e da saúde das trabalhadoras grávidas, puérperas ou lactantes no trabalho (décima directiva especial na acepção do n.º 1 do artigo 16.º da Directiva 89/391/CEE).

158 *A Licença por Maternidade e a Suspensão do Contrato de Trabalho*

estabelecimento hospitalar – n.º 5 do artigo 35.º do C.T. e n.º 6 do artigo 68.º da R.C.T.;

– em caso de aborto espontâneo, bem como nas situações previstas no artigo 142.º do Código Penal, a trabalhadora tem direito a uma licença por maternidade com a duração mínima de 14 dias e máxima de 30 dias[25];

2.2. *Finalidade da licença*

A licença por maternidade tem por finalidade, não só tutelar o interesse individual da mulher resultante do facto biológico da maternidade, em si, mas também proteger os interesses do feto ou do recém-nascido, dada a sua especial fragilidade.

Há autores que enquadram o direito à licença por maternidade no âmbito das *causas biológicas*, junto à doença[26]. No entanto, a existência do direito à licença não pode explicar-se, tão-só, como resultante da incapacidade física da mulher para prestar trabalho. O mais corrente é, até, que tal incapacidade apenas exista durante um breve período de tempo, muito menor do que o previsto legalmente para a duração da licença. Sucede que, para além da mulher grávida ou puérpera, existe uma terceira pessoa que necessita de especiais cuidados – o feto ou o

---

[25] Note-se que se abandonou o termo lato *aborto,* para, em vez dele, se es-pecificarem as situações de aborto espontâneo e as previstas no artigo 142.º do Código Penal, o que é criticado por alguns autores, nomeadamente GUILHERME DRAY – cfr. AAVV, *Código de Trabalho Anotado,* Almedina, Coimbra, 2003, p.136. No mesmo sentido parece opinar CATARINA CARVALHO – cfr. CARVALHO, Catarina de Oliveira, «A Protecção da Maternidade e da Paternidade no Código do Trabalho», *RDES,* Ano XLV, Janeiro-Setembro 2004, n.ºs 1, 2 e 3, p. 87.

[26] Como é o caso de Perez Botija – *Apud* RIVAS VALLEJO, M.ª Pilar, *La suspensión del contrato de trabajo por nacimiento o adopción de hijos,* Arazandi Editorial, Navarra, 1999, p. 67.

recém-nascido –, gerando-se uma incompatibilidade entre a prestação de trabalho e a prestação de tais cuidados. Fala-se, neste campo, de *impossibilidade moral*[27].

Quanto ao período pós parto, passados os primeiros dias, de reabilitação física e psíquica do mesmo, normalmente a mulher encontra-se fisicamente capacitada para trabalhar. A partir daí, a incapacidade da mulher deixa de ser um elemento justificativo do direito à licença, que passa a focar-se apenas na tutela do recém-nascido.

Desta forma, podemos dizer que os bens jurídicos protegidos pela licença de maternidade são, como refere Mª PILAR VALLEJO[28], "a protecção do bem-estar e saúde da mãe e a tutela do feto ou do recém-nascido".

Em quase todos os ordenamentos jurídicos europeus, a licença por maternidade divide-se num período obrigatório e outro disponível[29], como acontece entre nós.

---

[27] *Idem*, p. 67

[28] *Ibidem*, p. 72

[29] Já no ordenamento italiano a suspensão do contrato de trabalho gerada pela licença por maternidade é regulada como uma abstenção obrigatória de trabalho – o art. 16 do d.lg 151/2001, que regula a licença por maternidade, dispõe:

"È vietato adibire al lavoro le donne:

a) durante i due mesi precedenti la data presunta del parto, salvo quanto previsto dall'art. 20;

b) ove il parto avvenga oltre tale data, per il periodo intercorrente tra la data presunta e la data effectiva del parto;

c) durante i tre mesi dopo il parto;

d) durante gli ulteriori giorni non goduti prima del parto, qualora il parto avvenga in data anticipata rispetto a quella presunta. Tali giorni sono aggiunti al periodo di congedo di maternità dopo il parto".

Para mais desenvolvimentos, cfr. DEL PUNTA, Ricardo, «La sospensione del rapporto di lavoro», *Il Codice Civile Comentario,* Giuffrè editore, 1992, p. 670 e ss, CAGARELLI, Monica, *I congedi parentali,* G. Giappichelli Editore, Torino, 2002, p. 1 e ss, CIRIOLI, Daniele, *Congedi parentali – Rapporo di lavoro e aspetti previdenziali,* IPSOA, [s.l.], 2001, p. 35 e ss.

Segundo o n.º 4 do artigo 35.º do C.T., é obrigatório o gozo de, pelo menos, seis semanas de licença por maternidade a seguir ao parto.

Parece-nos que a indisponibilidade do gozo de seis semanas de licença por maternidade tem como finalidade assegurar a recuperação física e psíquica da mãe, e, por outro lado, assegurar que durante esse período a mãe se encontre disponível para dispensar ao recém-nascido os cuidados que este necessita, e que aquela, melhor do que ninguém, lhe deve saber prestar, bem como que seja estabelecido um relacionamento entre mãe e filho nos primeiros meses de vida da criança.

O facto de existir um terceiro tutelado fundamenta a indisponibilidade da licença por parte da mãe, mesmo que esta se recupere rapidamente do abalo provocado pelo parto.

Já o restante período da licença, posterior ao parto, não é de gozo obrigatório, tendo como finalidade essencial o interesse da criança, como ente dotado de uma especial fragilidade e carente do cuidado dos pais, embora o legislador não tenha garantido a efectividade dessa tutela ao ponto de considerar indisponível o gozo desse período da licença por parte da mãe (ou dos pais). Tal situação gera, então, a referida *impossibilidade moral* da mãe para prestar trabalho.

A tese segundo a qual o período de licença por maternidade, a seguir ao parto, de gozo não obrigatório, se foca essencialmente na criança, e não na mãe, é reforçada pelo facto de esse período da licença poder ser *substituído* pelo gozo de licença por paternidade, por parte do pai. Aliás, se se considerasse que o que está em causa é, também, o interesse dos pais, então seria discriminatório conferir a apenas um deles essa protecção.

Relativamente aos 30 dias de período de licença por maternidade que podem ter lugar anterior ao parto, nos termos do n.º 1 do artigo 35.º, parece-nos que visam tutelar, essencialmente, os interesses da grávida, uma vez que neste período é frequente surgir um certo desconforto para a mulher, provocado pelo peso, pela dificuldade de movimentos, pelo nervosismo e até pelo receio do parto que a leva a querer prepará-lo com calma e cuidado.

No que se refere ao período de licença por maternidade anterior ao parto em virtude de risco clínico, previsto no n.º 3 do artigo 35.º do C.T., o bem jurídico tutelado é a saúde, tanto da grávida, como do nascituro, percebendo-se mal, face à importância desses bens jurídicos, o facto de este período da licença não ser de gozo obrigatório, mas apenas facultativo.

2.3. *Os casos de parto de nado-morto e de morte de nado-vivo*

Como ficou atrás descrito, o Decreto-Lei n.º 112/76, de 7 de Fevereiro, estipulava que, no caso de morte de nado-vivo, cessava o direito a faltar no período de maternidade, ressalvando sempre, no entanto, um período de repouso de 30 dias após o parto. No caso de nado-morto, o número de faltas seria de 30 dias, no máximo, competindo ao médico graduar o período de interrupção do trabalho em função das condições de saúde da mulher.

Posteriormente, a Lei n.º 4/84, de 5 de Abril, veio determinar que, no caso de morte de nado-vivo durante o período de licença a seguir ao parto, esse período seria reduzido até 10 dias após o falecimento, com a garantia de um período global mínimo de 30 dias a seguir ao parto. No caso de parto de nado-morto, o período de licença a seguir ao parto teria a duração mínima de 10 dias e máxima de 30, graduada de acordo com a prescrição médica, devidamente documentada, em função das condições de saúde da mãe.

Com a Lei n.º 17/95, de 9 de Junho, deixaram de existir disposições específicas para os casos de nado-morto e de morte de nado-vivo.

O que concluir desta omissão?

162 *A Licença por Maternidade e a Suspensão do Contrato de Trabalho*

É doutrina da CITE[30] que, nestes casos, a trabalhadora tem direito à licença por maternidade nos termos gerais; entende esta comissão que as alterações à Lei n.º 4/84, introduzidas pela Lei n.º 17/85, não permitem outra interpretação que não seja a de que o legislador pretendeu tratar as situações de nado-morto e de morte de nado-vivo de forma igual em matéria de licença de maternidade[31].

---

[30] Cfr. pareceres da CITE n.os 9/99, 13/2000, 19/2000, 6/2002 e 1/2003, disponíveis em http://www.cite.gov.pt/cite/Pareceres.htm, a que se acedeu pela última vez em 02.09.2005.

[31] Veja-se a argumentação contida no Parecer n.º 6/2002:

"(…) 2.3 A revogação das disposições da Lei n.º 4/84 exclui também a hipótese de se tratar de situações que passariam estar desprotegidas em termos de licença o que seria "um retrocesso intolerável e absurdo", conforme se refere no Acórdão do Supremo Tribunal Administrativo de 29.03.00 (Proc. n.º 41019).

Refere-se no mesmo Acórdão o debate que teve lugar na Assembleia da República sobre as propostas de lei que conduziram à alteração do artigo 9.º da Lei n.º 4/84, de 5 de Abril. Resulta dessa discussão que a licença por maternidade nos casos de nado-morto e morte de nado-vivo não tem qualquer diferença em relação ao parto normal, entendimento esse, segundo o Governo, decorrente da interpretação que foi transmitida pelos serviços da Comissão Europeia da Directiva do Conselho n.º 92/85/CEE, de 19 de Outubro.

O referido Acórdão conclui que a licença nos casos de nado-morto é de duração igual à licença prevista no n.º 1 do artigo 9.º da Lei n.º 4/84, o que significa, actualizando aquela conclusão, 120 dias. Com efeito, a Lei n.º 18/98, de 28 de Abril, que altera para 120 dias a licença por maternidade, mantém o quadro normativo respeitante às licenças por aborto, nado-morto e morte de nado-vivo.

2.4. Esta interpretação poderá suscitar algumas interrogações pelo facto de se tratar de situações diferentes às quais é aplicado igual tratamento. Acresce que a Directiva n.º 92/85/CEE, ao fixar um período obrigatório de, pelo menos, duas semanas de licença por maternidade (seis semanas na legislação portuguesa) poderia permitir o entendimento segundo o qual a licença por maternidade não visa apenas a protecção da segurança e saúde da trabalhadora, mas também "das relações particulares entre a mulher e o seu filho no decurso do período que segue à gravidez e ao parto" (Acórdão

No entanto, tendo em conta que a finalidade da licença de maternidade posterior ao parto sofre modificações ao longo da sua duração, parece-nos desprovido de sentido que assim seja[32].

Com efeito, como atrás defendemos, somos da opinião que o período de licença por maternidade de gozo obrigatório (seis semanas imediatamente posteriores ao parto) tem como finalidade, quer a protecção do bem-estar e saúde da mãe, quer a tutela do recém-nascido, ao passo que o período subsequente a esse já se centra, somente, na tutela da criança, tanto que pode ser gozada pelo pai (licença por paternidade).

Ora, a ser assim, nos casos de parto de nado-morto e de morte de nado-vivo durante o período de licença a seguir ao parto, parece não ter muita lógica que a trabalhadora tenha direito a gozar o período da licença por maternidade cuja finalidade é a protecção dos interesses da criança, quando esta já não existe. Em resumo, o gozo desta parte da licença perde a sua razão de ser.

Quanto a esta questão, somos, pois, da opinião que: a) nos casos de parto de nado-morto, a trabalhadora deveria gozar o período de licença por maternidade obrigatório, uma vez que uma das finalidades deste período é permitir a recuperação física e psíquica do parto; b) nos casos de morte de nado-vivo antes das

---

de 27/10/98 do Tribunal de Justiça das Comunidades Europeias, Boyle, Proc. C-411/96 e Acórdão de 30/4/98, Thibault, Proc. C-136/95, pontos 41 e 25, respectivamente).

Seguindo este raciocínio seria legítimo concluir que a licença por maternidade de 120 dias deveria ter lugar apenas nas situações normais e não também nos casos de que se ocupa o presente parecer.

2.5. No entanto as alterações introduzidas na Lei n.º 4/84 pela Lei n.º 17/95, tal como são descritas no anterior ponto 2.2., não permitem outra interpretação que não seja a de que o legislador pretendeu efectivamente tratar as situações de nado-morto e de morte de nado-vivo de forma igual em matéria de licença por maternidade".

[32] No mesmo sentido, cfr. CARVALHO, Catarina de Oliveira, «A Protecção...», p. 88/89.

164   *A Licença por Maternidade e a Suspensão do Contrato de Trabalho*

6 semanas de vida, a trabalhadora deveria gozar todo o período obrigatório de licença por maternidade; a esta poderia acrescer, eventualmente, o direito a faltar até mais 5 dias por falecimento, no caso de a criança falecer nos últimos dias do período obrigatório; c) nos casos de morte de nado-vivo durante o período de licença a seguir ao parto mas depois das 6 semanas de vida, a trabalhadora deveria ter direito a faltar 5 dias consecutivos, nos termos gerais – alínea a) do n.º1 do artigo 227.º do C.T..

2. A suspensão do contrato de trabalho determinada pela licença por maternidade

Uma vez analisada a noção legal de suspensão de contrato de trabalho determinada por impedimento temporário respeitante ao trabalhador e analisados alguns aspectos do regime da licença por maternidade, pretende-se, agora, determinar se o gozo da licença por maternidade constitui, ou não, uma suspensão do contrato de trabalho, na noção restrita adoptada pelo nosso legislador[33].

---

[33] Ao contrário do que acontece noutros ordenamentos jurídicos europeus, o nosso legislador não refere, expressamente, que a licença por maternidade corresponde a um período de suspensão do contrato de trabalho. Quanto ao ordenamento jurídico francês, veja-se, entre outros, PÉLISSIER, Jean; SUPIOT, Alain; JEAMMAUD, Antoine; *Droit du travail,* 21.ª édition, Dalloz, 2002, p. 442 e ss. Relativamente ao ordenamento jurídico italiano, cfr., entre outros, DEL PUNTA, Ricardo, «La sospensione...», *Il Codice Civile Comentario,* Giuffrè editore, 1992, p. 569 e ss, GALANTINO, Luisa, *Diritto del lavoro,* 3.ed., G. Giappichelli Ed., Torino, 1992, p. 292 e ss. e MIRANDA, Bruno; VITIELLO, Ernesto; *Manuale Pratico del rapporto di lavoro subordinato,* CEDAM, Padova, 1999, p. 251 e ss, CAGARELLI, Monica, *I congedi,* p. 1 e ss, CIRIOLI, Daniele, *Congedi...,* p. 17 e ss. No que se refere ao ordenamento jurídico espanhol, veja-se, entre outros, CORTE HEREDERO, Nieves, «La maternidad como causa de suspensión del contrato de trabajo», *Revista de la Facultad de Derecho de la Universidad Complutense,* n.º 23, Madrid, 1999,

A resposta à questão vai depender da (in)imputabilidade à trabalhadora dos factos geradores dos impedimentos em causa. Caso se conclua que os factos que geram os impedimentos são imputáveis à trabalhadora, só haveria suspensão do contrato de trabalho caso o legislador o determinasse. Ora, nesta matéria o legislador apenas refere o direito a *licença,* não determinando expressamente que do exercício deste direito decorre a suspensão *legal* do contrato de trabalho.

No entanto, se chegarmos à conclusão que os factos que geram os impedimentos não são imputáveis à trabalhadora, quando o impedimento ultrapassar os 30 dias, ou assim que se tornar previsível que assim seja, produz-se, como atrás vimos, a suspensão do contrato de trabalho.

Recapitulando, os artigos 35.º do C.T. e 68.º da R.C.T., referentes à licença por maternidade, prevêem que a trabalhadora tem direito a uma licença por maternidade de 120 dias consecutivos, 90 dos quais necessariamente a seguir ao parto, podendo os restantes ser gozados, total ou parcialmente, antes ou depois do parto, período esse que pode ser superior:

- no caso de nascimentos múltiplos, em que é acrescido de 30 dias por cada gemelar além do primeiro;
- por decisão da trabalhadora, que pode optar por uma licença por maternidade superior em 25% à indicada (de 150 dias, portanto), devendo o acréscimo ser gozado necessariamente a seguir ao parto, embora isso se repercuta no montante do subsídio por maternidade;
- nas situações de risco clínico para a trabalhadora ou para o nascituro (gravidez de risco), impeditivo do exercício de funções, independentemente do motivo que determine

---

p. 203 e ss, RIVAS VALLEJO, M.ª Pilar, *La suspensión* ..., p. 81 e ss, GORELLI HERNÁNDEZ, Juan, *La protección por maternidad – analisis normativo en derecho del trabajo y de la seguridad social,* Tirant lo Blanch, Valencia, 1997, p. 44 e ss.

166 *A Licença por Maternidade e a Suspensão do Contrato de Trabalho*

esse impedimento, caso não lhe seja garantido o exercício de funções ou local compatíveis com o seu estado, caso em que a trabalhadora goza do direito a licença, anterior ao parto, pelo período de tempo necessário para prevenir o risco, fixado por prescrição médica, sem prejuízo da licença por maternidade prevista no n.º 1 do artigo 35.º do C. T.

O n.º4 do artigo 35.º do C.T. obriga ao gozo de, pelo menos, seis semanas de licença por maternidade a seguir ao parto.

Por outro lado, o período de licença por maternidade legalmente concedido poderá ser inferior a 120 dias na hipótese de aborto espontâneo, bem como nas situações previstas no artigo 142.º do Código Penal, caso em que terá a duração mínima de 14 dias e máxima de 30.

Será que os factos que, neste âmbito, geram impossibilidades para o trabalho e, portanto, concedem o direito à licença – o estado avançado de gravidez, a gravidez de risco, o parto, a impossibilidade física da puérpera, o aborto e a necessidade de prestação de cuidados à criança – são imputáveis à trabalhadora?

Tendo em conta as considerações atrás tecidas, podemos dizer que, em todas estas situações temos impedimentos para o trabalho, embora nem todos constituam impedimentos *absolutos*. Como facilmente se constata, o impedimento que está em causa nem sempre se traduz numa impossibilidade física ou legal de realização da prestação de trabalho. Passadas as seis semanas obrigatórias de gozo da licença (em que, a par de uma eventual incapacidade física, há uma impossibilidade legal de cumprir), o mais provável é que a mulher se encontre fisicamente capaz de realizar a prestação laboral. No entanto, até determinada idade do recém-nascido, o legislador legitimou que a mãe se considerasse impedida de efectuar essa prestação, em virtude da necessidade de assistência ao recém-nascido, considerando, assim, relevante, esse impedimento relativo, de índole *moral*[34].

Questão diferente, e aqui essencial, é a da (in)imputabilidade dos factos geradores do impedimento à trabalhadora. Como atrás ficou dito, o facto só deve considerar-se imputável à trabalhadora quando se puder concluir que o facto é imputável à trabalhadora e foi praticado com a consciência de que daí adviria um impedimento para o trabalho.

Os factos que, em concreto, geram impedimentos são o parto, a impossibilidade física da puérpera, o estado avançado de gravidez, a gravidez de risco, a necessidade de prestação de cuidados à criança e o aborto, pelo que é quanto a eles que deve ser feito o juízo de (in)imputabilidade.

Nesta lógica, o parto, a impossibilidade física da puérpera, a gravidez de risco, a necessidade de prestação de cuidados ao recém-nascido e o aborto não são imputáveis à trabalhadora, mas sim a casos fortuitos ou de força maior, porque inevitáveis (uns) ou imprevisíveis (outros)[35].

Acresce que, durante as seis semanas que se seguem ao parto, não há dúvidas de que a trabalhadora se encontra absolutamente impedida de prestar trabalho por se encontrar proibida, por lei, de o fazer, pelo que, durante esse período é líquido que o impedimento não é imputável à trabalhadora.

Caracterizadas essas impossibilidades como não imputáveis à trabalhadora, se o impedimento temporário resultante

---

[34] Cfr. RIVAS VALLEJO, M.ª Pilar, *La suspensión* ..., p. 70

[35] Ensina ALMEIDA COSTA que, de acordo com o critério mais difundido, "o conceito de *caso de força maior* tem subjacente a ideia de inevitabilidade: será todo o acontecimento ou acção humana que, embora previsível ou até prevenido, não se pôde evitar, nem em si mesmo nem nas suas consequências. Ao passo que o conceito de *caso fortuito* assenta na ideia de imprevisibilidade: o facto não se pôde prever, mas seria evitável se tivesse sido previsto" – cfr. COSTA, Mário Júlio de Almeida, *Noções...*, p. 312.

dos mesmos se prolongar por mais de um mês, ou assim que se torne previsível que assim seja (o que acontece sempre nos casos de licença por maternidade, já que o gozo de seis semanas é sempre obrigatório), dá-se a suspensão do contrato de trabalho.

No entanto, esta suspensão apresenta especificidades, resultantes do regime legal da protecção da maternidade e da paternidade, como a seguir veremos.

IV
EFEITOS DA SUSPENSÃO DO CONTRATO DE TRABALHO

1. Efeitos da suspensão do contrato de trabalho por impedimento respeitante ao trabalhador

Segundo o n.º 1 do artigo 331.º do C.T., durante a suspensão do contrato de trabalho mantêm-se os direitos, deveres e garantias das partes na medida em que não pressuponham a efectiva prestação de trabalho.

Como vimos atrás, durante a suspensão, o contrato de trabalho mantém-se vigente, embora se paralisem as principais obrigações que dele emergem. Em consonância lógica com esta realidade, o n.º 1 do artigo 331.º do C.T. dispõe que durante a suspensão do contrato de trabalho se mantêm os direitos, deveres e garantias das partes na medida em que não pressuponham a efectiva prestação de trabalho.

Nestes termos, da suspensão do contrato de trabalho resulta: a exoneração da obrigação laboral de prestar trabalho por parte do trabalhador; a exoneração da obrigação de pagamento da retribuição por parte do empregador; a manutenção dos mútuos deveres de urbanidade; a manutenção do dever de lealdade, incluindo o dever de não concorrência, por parte do trabalhador; a manutenção de direitos de carácter colectivo, como por exemplo votar e ser eleito para as estruturas de representação colectiva; a manutenção do poder disciplinar do empregador, e,

170　*A Licença por Maternidade e a Suspensão do Contrato de Trabalho*

consequentemente, a possibilidade de aplicação de sanções disciplinares ao trabalhador[36].

Por sua vez, os n.ºs 2 e 3 do artigo 331.º do C.T. determinam, respectivamente, que o tempo de suspensão se conta para efeitos de antiguidade[37] e que a suspensão não interrompe o decurso do prazo para efeitos de caducidade, nem obsta a que qualquer das partes faça cessar o contrato nos termos gerais.

Não obstante a não interrupção do cômputo da antiguidade do trabalhador, durante a suspensão do contrato interrompe-se a contagem do período experimental – n.º 2 do artigo 106.º do C.T. –, o que facilmente se percebe se se atender à finalidade desse período.

A suspensão do contrato de trabalho poderá, também, produzir efeitos no direito a férias do trabalhador, possibilidade essa prevista no artigo 221.º do C.T.. Nos termos do n.º 1 deste preceito legal, no ano da suspensão do contrato de trabalho por impedimento prolongado, respeitante ao trabalhador, se se verificar a impossibilidade total ou parcial do gozo de direito a férias já vencido, o trabalhador tem direito à retribuição correspondente ao período de férias não gozado e respectivo subsídio. O n.º 2 acrescenta que no ano da cessação do impedimento prolongado, o trabalhador tem direito às férias nos termos previstos no n.º 2 do artigo 212.º.

Antes de mais, parece que o n.º 2 do preceito só tem aplicação no caso de o ano da cessação do impedimento prolongado não coincidir com o ano do início da mesma. Efectivamente, se o trabalhador regressar ao serviço ainda no ano da suspensão do contrato de trabalho, aplicar-se-á o disposto no n.º 1 do supra citado artigo, caso se verifique a impossibilidade total ou parcial

---

[36] A este propósito, discute-se se não se deveria suspender o prazo de defesa do trabalhador, em seio de procedimento disciplinar.

[37] O que implica que se mantenham os direitos que decorrem da antiguidade do trabalhador, tais como diuturnidades e promoções automáticas.

do gozo do direito a férias já vencido. Porém, não estará o trabalhador sujeito ao período de espera de 6 meses, previsto no n.º 2 do artigo 212.º, para que se vença novo direito a férias. Regressando o trabalhador ao serviço e estando a prestar trabalho no dia 1 de Janeiro do ano civil imediatamente posterior ao da suspensão, vencer-se-ão, nesta data, 22 dias úteis de férias, nos termos gerais do n.º 1 do artigo 212.º [38].

Diferentemente, se o ano do regresso do trabalhador ao serviço não coincidir com o ano do início da suspensão do contrato de trabalho, para que se vença novo direito a férias será necessário o decurso do prazo de 6 meses completos de execução do contrato.

A suspensão do contrato de trabalho pode ainda interferir de outra forma no direito a férias do trabalhador cujo contrato tenha sido suspenso. Referimo-nos à possibilidade de *majoração* das férias em função da assiduidade do trabalhador, prevista no n.º 3 do artigo 213.º do C.T.[39], uma vez que o n.º 4 do mesmo artigo equipara às faltas os dias de suspensão do contrato de trabalho por facto respeitante ao trabalhador.

---

[38] Veja-se o que a este propósito diz JOSÉ ANDRADE MESQUITA, embora esta sua análise o autor se debruce, ainda, sobre o revogado artigo 11.º do Decreto-Lei n.º 874/76, de 28 de Dezembro (Lei das férias, feriados e faltas, doravante designada por LFFF), que disciplinava esta matéria antes da entrada em vigor do C.T. – «em todas as situações regidas pelo artigo 11.º da LFFF, se no início do ano civil o contrato estiver suspenso, o vencimento das férias, em vez de ocorrer em Janeiro, tem lugar apenas quando, cessando o impedimento, o trabalhador preste "três meses de efectivo serviço"» – cfr. MESQUITA, José Andrade, «O Direito a Férias», in *Estudos do Instituto de direito do Trabalho,* vol. III, Almedina, Coimbra, 2002, p. 97.

[39] O n.º 3 do artigo 213.º do C.T. prescreve que "a duração do período de férias é aumentada no caso de o trabalhador não ter faltado ou na eventualidade de ter apenas faltas justificadas, no ano a que as férias se reportam, nos seguintes termos: a) três dias de férias até ao máximo de uma falta ou dois meios dias; b) dois dias de férias até ao máximo de duas faltas ou quatro meios dias; c) um dia de férias até ao máximo de três faltas ou seis meios dias."

No que diz respeito ao subsídio de Natal, embora durante a suspensão o empregador esteja exonerado da obrigação de pagamento da retribuição, decorre do artigo 254.º do C.T. que sempre terá de proceder ao pagamento do subsídio de Natal ao trabalhador cujo contrato de trabalho se encontra suspenso. Note-se que as excepções ao regime previsto no n.º 1 do referido artigo apenas dizem respeito ao montante do subsídio, nada se alterando no que diz respeito ao momento do seu pagamento. Por conseguinte, o pagamento do subsídio de Natal terá de ser feito, nos termos gerais, até ao dia 15 de Dezembro, embora o valor do mesmo seja reduzido ao montante proporcional ao tempo de período prestado no ano da suspensão.

2. Especificidades dos efeitos da suspensão do contrato de trabalho no caso da licença por maternidade

O regime da suspensão do contrato de trabalho durante a licença por maternidade apresenta especificidades relativamente ao regime geral da suspensão do contrato de trabalho por impedimento respeitante ao trabalhador.

Nos termos da alínea a) do n.º 1 do artigo 50.º do C.T., a ausência da trabalhadora resultante do gozo da licença por maternidade não determina a perda de quaisquer direitos e é considerada, salvo quanto à retribuição, prestação efectiva de serviço.

O que terá pretendido o legislador ao equiparar tal ausência a prestação efectiva de serviço? Qual o alcance dessa equiparação?

Parece-nos que o que se pretendeu foi que a suspensão do contrato de trabalho não produzisse outros efeitos que não a exoneração da obrigação de prestar trabalho e a exoneração da obrigação de pagamento da retribuição.

Em consonância com esta disposição, o n.º 1 do artigo 97.º da R.C.T. determina que o gozo da licença por maternidade não afecta o aumento do período de férias previsto no n.º 3 do artigo 213.º do C.T.[40], e a alínea a) do n.º 2 do artigo 101.º da R.C.T. determina que a licença por maternidade suspende o gozo das férias, devendo os restantes dias ser gozados após o seu termo, mesmo que tal se verifique no ano seguinte[41]. Deste último dispositivo legal resulta que, aos casos de suspensão do contrato de trabalho resultantes do gozo da licença por maternidade, não se aplica o disposto no n.º 1 do artigo 220.º do C.T.. De facto, embora o artigo apenas se refira à suspensão do gozo das férias, não se encontra qualquer justificação para que não se aplique igual regime para os casos em que o gozo das férias ainda não se iniciou...[42]

Mas esta norma só trata do problema do "destino" das férias vencidas no ano do início da suspensão. E no caso de o ano do início da suspensão não coincidir com o ano da cessação daquela? Terá aplicação o disposto no n.º 2 do artigo 220.º do C.T.? Quanto a esta questão, parece-nos que ganha relevância o facto de o legislador ter querido equiparar a ausência por gozo da licença por maternidade a prestação efectiva de serviço.

---

[40] No entanto, *a contrario,* os casos de suspensão do contrato de trabalho não previstos no n.º 1 do artigo 97.º da R.C.T. (gozo de licença parental, por exemplo) vão afectar esse aumento, pelo que não são, afinal, tidos como prestação efectiva de serviço para estes efeitos.

[41] O n.º 4 do artigo 5.º da Convenção n.º 132 da O.I.T. prevê que "nas condições a serem determinadas pela autoridade competente ou pelo órgão apropriado de cada país, as faltas ao trabalho por motivos independentes da vontade individual da pessoa empregada interessada tais como faltas devidas a doenças, a acidente, ou a licença para gestante, não poderão ser computadas como parte das férias remuneradas anuais (...)".

[42] Também aqui, *a contrario,* resulta que se aplica o disposto no n.º1 do artigo 220.º do C.T. aos casos de suspensão não previstos no n.º 2 do artigo 101.º da R.C.T. (como será o caso da licença especial para assistência a filhos).

174 *A Licença por Maternidade e a Suspensão do Contrato de Trabalho*

Assim, neste caso, a suspensão não produziria quaisquer efeitos nas regras de vencimento do direito a férias[43][44].

Já no que se refere aos efeitos do gozo da licença por maternidade na contagem do período experimental, do próprio C.T. resulta que aquela ausência não é tida como prestação efectiva de serviço. Dificilmente se perceberia, dada a finalidade do período experimental, que a sua contagem não fosse interrompida durante o período da suspensão do contrato de trabalho em causa. Aliás, o legislador quis ser o mais abrangente possível no que se refere às ausências que produzem a interrupção da contagem do período experimental, ao referir, no n.º 2 do artigo 196.º do C.T. que, "para efeitos de contagem do período experimental não são tidos em conta os dias de faltas, ainda que justificadas, de licença e de dispensa, bem como de suspensão do contrato".

Quanto à exoneração do dever de pagamento de retribuição por parte da entidade empregadora, já vimos que esse efeito foi

---

[43] No mesmo sentido, JOSÉ ANDRADE MESQUITA afirma que "no *regime da protecção da maternidade ou paternidade*, as licenças (…) não determinam a aplicação do regime do artigo 11.º. Neste caso, o único efeito em relação às férias consiste na suspensão do respectivo gozo, quando se verifique uma coincidência" – cfr. MESQUITA, José Andrade, «O Direito…», p. 92/93.

[44] Já nos casos de suspensão do contrato de trabalho resultantes do gozo da licença especial para assistência a filhos e de licença para assistência a pessoa com deficiência, parece-nos ser de aplicar o disposto no n.º 2 do artigo 220.º do C.T. sempre que o ano da cessação da suspensão não coincida com o ano do início da mesma. É de notar que, relativamente a estas, o n.º 4 do artigo 101.º da R.C.T. dispõe que "as licenças previstas nos n.ᵒˢ 3, 4 e 5 do artigo 43.º e no artigo 44.º do C.T. suspendem os direitos, deveres e garantias das partes na medida em que pressuponham a efectiva prestação de trabalho, designadamente a retribuição, (,,,)", decalcando, portanto, o disposto no n.º 1 do artigo 331.º do C.T., relativo aos efeitos gerais da suspensão do contrato de trabalho, e estabelecendo, dessa forma, a diferença entre o regime dessas licenças e as previstas no n.º 1 do mesmo artigo.

expressamente previsto pelo legislador[45] – n.º 1 do artigo 50.º do C.T. e n.ºˢ 1 e 4 do artigo 101.º da R.C.T.

Mas o que é que é considerado retribuição para estes efeitos? Segundo o disposto no n.º 1 do artigo 249.º do C.T., "só se considera retribuição aquilo a que, nos termos do contrato, das normas que o regem ou dos usos, o trabalhador tem direito como contrapartida do seu trabalho". O n.º 2 do mesmo artigo acrescenta que "na contrapartida do trabalho inclui-se a retribuição base e todas as prestações regulares e periódicas feitas, directa ou indirectamente, em dinheiro ou em espécie". Nestes termos, é clara a distinção feita entre a chamada retribuição base[46] e todo um conjunto de prestações complementares e acessórias (tais como o subsídio de turno, o subsídio de risco, o subsídio de férias e o subsídio de Natal...).

Por outro lado, os artigos 260.º, 261.º e 262.º do C.T. enumeram várias prestações que não são consideradas retribuição do trabalhador (como acontece, pelo menos parcialmente, com as

---

[45] Excluindo o caso do Estado; segundo o disposto no artigo 112.º e 113.º do C.T., durante as licenças por maternidade, paternidade e adopção, o trabalhador abrangido pelo regime de protecção social da função pública mantém o direito à retribuição (e ao subsídio de refeição), incluindo os suplementos de carácter permanente sobre os quais incidam descontos para a C.G.A.; este regime é, ainda aplicável, aos primeiros 15 dias, ou período equivalente, da licença parental gozada pelo pai, desde que sejam imediatamente subsequentes à licença por maternidade ou paternidade. Exceptuando esta hipótese, o gozo da licença parental, bem como da licença especial para assistência a filho não confere direito à retribuição ou a subsídio substitutivo.

Já as ausências dos trabalhadores ao abrigo dos artigos 40.º e 42.º do C.T., conferem direito à retribuição, mas a perda do subsídio de refeição, entrando no cômputo das que podem implicar o desconto da retribuição de exercício – artigo 112.º e 113.º do C.T.

[46] Nos termos da alínea a) do n.º 2 do artigo 250.º do C.T., retribuição base é "aquela que, nos termos do contrato ou instrumento de regulamentação colectiva de trabalho, corresponde ao exercício da actividade desempenhada pelo trabalhador de acordo com o período normal de trabalho que tenha sido definido".

176   *A Licença por Maternidade e a Suspensão do Contrato de Trabalho*

ajudas de custo, abonos de viagem, despesas de transporte, abonos de instalação, subsídio para falhas, subsídio de refeição, e, em geral, com as gratificações e as participações nos lucros).

Sucede, porém, que a noção de retribuição pode variar de norma para norma, como o demonstra a comparação entre o artigo 249.º e o artigo 250.º do C.T..

Posto isto, surgem dúvidas sobre o que deve ser considerado retribuição para efeitos de aplicação do n.º 1 do artigo 50.º do C.T.. Afinal, qual é a retribuição que o empregador fica exonerado de pagar?

O artigo 37.º da R.C.T., relativo à igualdade de retribuição entre homens e mulheres, ajuda-nos a responder à questão colocada, ao dispor, no seu n.º 3, que "não podem constituir fundamento das diferenciações retributivas, a que se refere o n.º 2 do artigo 28.º do Código do Trabalho, as licenças, faltas e dispensas relativas à protecção da maternidade e da paternidade". Ora, o n.º 2 do artigo 28.º do C.T. refere-se a diferenciações assentes em critérios objectivos, nomeadamente distinções em função do mérito, produtividade, assiduidade ou antiguidade dos trabalhadores[47]. Quer isto dizer, portanto, que a trabalhadora não vê o seu direito a eventuais prémios de mérito, produtividade, assiduidade ou antiguidade afectado pelo facto de ter o seu contrato suspenso em virtude de impedimentos ligados à maternidade[48]. Não obstante este entendimento, há quem entenda que, nesta matéria, não se pode ignorar o facto de o valor desses prémios constituir base de incidência de contribuições para o sistema de segurança social[49].

---

[47] Em consonância com o disposto na Directiva 76/207/CEE (alterada pela Directiva 2002/73/CE).

[48] A este propósito, cfr. parecer n.º 26/CITE/2004, relativo ao não pagamento de prémio de produtividade por motivo de gozo de licença por maternidade, disponível em http://www.cite.gov.pt/Parc2004/P26_04.htm, a que se acedeu pela última vez em 02.09.2005.

[49] A base de incidência das contribuições para o sistema de segurança social está prevista no Decreto Regulamentar n.º 12/83, de12 de Fevereiro,

Daí resulta que tais valores poderão ser tidos em conta no cálculo da prestação social substitutiva da remuneração – subsídio por maternidade[50] –, uma vez que este cálculo é realizado com base no valor das remunerações registadas. Defendem, assim, que para se obter a pretendida igualdade de circunstâncias entre as situações de a trabalhadora estar, ou não, a prestar trabalho, se deve aferir se uma parcela do subsídio por maternidade não é, já, substitutiva daqueles rendimentos[51]. Porém, este argumento

---

alterado pelo Decreto Regulamentar n.º 53/83, de 22 de Junho, pelo Decreto-Lei 140-D/86, de 14 de Junho, pelo Decreto Regulamentar 14/88, de 30 de Março e pelo Decreto-Lei n.º 102/89, de 29 de Março.

[50] Nos termos do artigo 14.º do Decreto-Lei n.º 154/88, de 29 de Abril, alterado pelos Decretos-Lei n.º 333/95, de 23 de Dezembro, e 77/2005, de 13 de Abril, o período de concessão da licença por maternidade corresponde ao tempo de duração das licenças não remuneradas gozadas ao abrigo dos artigos 10.º da Lei n.º 4/84 (o artigo 7.º da Lei preambular do C.T. prevê que as remissões de normas contidas em diplomas legislativos ou regulamentares para a legislação revogada por efeito do artigo 21.º se consideram referidas às disposições correspondentes do C.T.; assim, a remissão constante do artigo 14.º do Decreto-Lei n.º 154/88 deve, actualmente, considerar-se referida ao artigo 35.º do C.T., que veio substituir o artigo 10.º da Lei n.º 4/84). No caso de a beneficiária optar pelos 150 dias de licença por maternidade, o período de concessão corresponde, também, ao tempo de concessão da respectiva licença. O mon-tante diário do subsídio por maternidade é igual ao valor da remuneração de referência do beneficiário que, por sua vez, é definida por R/180 em que R representa o total das remunerações registadas nos primeiros seis meses civis que precedem o segundo mês anterior ao da data do facto determinante da protecção, com o limite mínimo de 50% do valor diário da remuneração mínima estabelecida para o respectivo sector de actividade (artigos 9.º, 10.º e 11.º do Decreto-Lei n.º 154/88). Nas situações em que a beneficiária optar pela licença de 150 dias, o montante diário do subsídio de maternidade é igual a 80% da remuneração de referência (n.º 2 do artigo 9.º do Decreto-Lei n.º 154/88, na redacção que lhe foi dada pelo Decreto-Lei n.º 77/2005, de 13 de Abril).

[51] Sobre esta questão, cfr. parecer n.º 11/CITE/2001, disponível em http://www.cite.gov.pt/Parc2001/P11_01.htm, a que se acedeu pela última vez em 02.09.2005.

178 *A Licença por Maternidade e a Suspensão do Contrato de Trabalho*

parece-nos falacioso. As regras de cálculo do subsídio por maternidade não devem influenciar a aplicação da lei do trabalho. Se do C.T. resulta que as licenças, faltas e dispensas, relativas à protecção da maternidade e da paternidade, não podem constituir fundamento de diferenciação no que toca a prémios de mérito, produtividade, assiduidade ou antiguidade, é porque essas prestações retributivas devem ser pagas à trabalhadora do mesmo modo que o seriam se aquelas ausências não tivessem ocorrido. As regras de cálculo da prestação social substitutiva da remuneração a que a trabalhadora tem direito (subsídio por maternidade), em nada devem interferir na aplicação da supra citada norma. Com efeito, é a prestação da segurança social que reveste um carácter substitutivo, pelo que, a ter que haver um ajustamento entre os dois regimes, é a prestação substitutiva que deve limitar-se a substituir o que deixa de ser auferido pela trabalhadora, eventualmente alterando-se as regras de cálculo da mesma, e não o contrário.

No que ao subsídio de Natal diz respeito, sendo este uma prestação complementar da retribuição base, integrada no conceito de retribuição, e não havendo nenhuma norma que disponha que o mesmo é devido, na íntegra, à trabalhadora que se encontra de licença por maternidade, parece que o valor do mesmo será reduzido à parte proporcional ao tempo de serviço prestado no ano civil da suspensão do contrato de trabalho, nos termos gerais da alínea c) do n.º 2 do artigo 254.º do C.T.. Uma vez que assim é, o regime de protecção social da maternidade deveria prever, tal como sucede no regime de protecção social da doença, o pagamento de uma prestação substitutiva da parte do subsídio de Natal perdido, o que não acontece.

Em matéria de cessação do contrato de trabalho, também há especificidades a assinalar, para os casos de trabalhadoras grávidas, puérperas e lactantes[52].

---

[52] Nos termos do disposto do artigo 34.º do C. T., trabalhadora grávida é "toda a trabalhadora que informe o empregador do seu estado de gestação, por escrito, com apresentação de atestado médico", trabalhadora puérpera é

Muito embora este não seja um efeito da suspensão do contrato de trabalho em si, pensamos ser de apontar essas diferenças, dado que, nos casos de suspensão do contrato de trabalho agora em estudo, estão em causa contratos de trabalho de trabalhadoras grávidas, puérperas ou lactantes.

Pois bem, a cessação do contrato de trabalho de trabalhadoras grávidas, puérperas ou lactantes apresenta especificidades no que toca ao despedimento e à caducidade.

No que toca ao despedimento, o artigo 51.º do C.T., regulamentado pelo artigo 98.º da Regulamentação, prevê um regime especial de protecção de despedimento de trabalhadoras grávidas, puérperas ou lactantes.[53] [54]

Segundo esse preceito legal, o despedimento de trabalhadora grávida, puérpera ou lactante carece sempre de parecer prévio da entidade que tenha competência na área da igualdade de oportunidades entre homens e mulheres (actualmente a Comissão para a Igualdade no Trabalho e no Emprego – C.I.T.E.). Se tal parecer for desfavorável ao despedimento, este só pode ser efectuado pelo empregador após decisão judicial que reconheça a existência de motivo justificativo.

"toda a trabalhadora parturiente e durante um período de cento e vinte dias imediatamente posteriores ao parto, que informe o empregador do seu estado, por escrito, com apresentação de atestado médico" e trabalhadora lactante "é toda a trabalhadora que amamenta o filho e informe o empregador do seu estado, por escrito, com apresentação de atestado médico".

[53] Em conformidade com o disposto no artigo 10.º da Directiva 92/85//CEE do Conselho de 19 de Outubro de 1992, relativa à implementação de medidas destinadas a promover a melhoria da segurança e da saúde das trabalhadoras grávidas, puérperas ou lactantes no trabalho (décima directiva especial na acepção do n.º 1 do artigo 16.º da Directiva 89/391/CEE).

[54] O artigo 6.º da Convenção n.º 103 OIT declara que "sempre que a mulher se ausente do seu trabalho ao abrigo das disposições do artigo 3.º da presente Convenção, será ilegal para o seu empregador despedi-la durante a referida ausência ou numa data em que o período de pré-aviso expire durante a ausência acima mencionada".

180   *A Licença por Maternidade e a Suspensão do Contrato de Trabalho*

Acresce que o despedimento por facto imputável a trabalhadora grávida, puérpera ou lactante se presume feito sem justa causa e que, no caso de ser requerida a suspensão judicial de tal despedimento, a mesma só não é decretada se o parecer da C.I.T.E. for favorável ao despedimento e o tribunal considerar que existe probabilidade séria de verificação de justa causa.

Se o despedimento de trabalhadora grávida, puérpera ou lactante vier a ser declarado ilícito, o empregador não se pode opor à reintegração da trabalhadora, e caso esta, em alternativa à reintegração, opte por ser indemnizada, tem direito a uma indemnização superior à prevista nos termos gerais, que é calculada entre 30 e 60 dias de retribuição base e diuturnidades por cada ano completo ou fracção de antiguidade (n.º 4 do artigo 439.º do C.T.)[55], acrescida de indemnização por danos não patrimoniais.

A R.C.T. veio trazer uma novidade, ao alargar a referida protecção no despedimento ao pai, durante o gozo da licença por paternidade – n.º 4 do artigo 98.º da R.C.T. – sendo que esta engloba, nos termos do artigo 36.º do C.T., quer o gozo dos cinco dias úteis obrigatórios, quer o gozo do período de licença de maternidade que a mãe teria direito. Esta inovação é de aplaudir, pois a razão que leva a que exista um especial regime de protecção no despedimento das trabalhadoras grávidas, puérperas ou lactantes é o facto de estas poderem ser alvo de um despedimento arbitrário e discriminatório, em virtude do estado em que se encontram lhes permitir usufruir de uma série de direitos que colidem com o cumprimento da obrigação de prestar trabalho.

Ora, essa circunstância também ocorre no caso dos pais que gozam a licença de paternidade, daí nos parecer bastante acertado o alargamento do especial regime de protecção no despedimento àqueles casos.

Diferentemente, não se percebe porque é que tal protecção não é dispensada aos pais e às mães que aleitam. Com efeito,

---

[55] Ou conforme o estabelecido em instrumento de regulamentação colectiva aplicável.

trabalhadora lactante é tão só aquela que amamenta o filho, e não aquela que o aleita, distinção esta expressamente feita pelo legislador nos n.ºs 2 e 3 do artigo 39.º do C.T.. Pois bem, se considerarmos que a principal razão para que as trabalhadoras lactantes gozem desta especial protecção no despedimento é o facto de terem direito a dispensa para amamentação (n.º 2 do artigo 39.º do C.T.), e que, quando não há lugar a amamentação, a trabalhadora (ou o trabalhador) que aleitam, gozam de semelhante dispensa (pois a única diferença é a duração da mesma[56]), não se percebe porque é que, nesta último caso, os trabalhadores não têm direito àquele regime especial de protecção no despedimento.

No que toca à caducidade dos contratos de trabalho a termo, o n.º 3 do artigo 133.º do C.T. dispõe que "o empregador deve comunicar, no prazo máximo de cinco dias úteis, à entidade que tenha competência na área da igualdade de oportunidades entre homens e mulheres o motivo da não renovação do contrato de trabalho a termo sempre que estiver em causa uma trabalhadora grávida puérpera ou lactante".

Note-se que o exigido pela supra citada norma é que seja comunicado o motivo da *não renovação* do contrato (e não da cessação deste), o que afasta a necessidade de comunicação quando o contrato de trabalho a termo certo caduca em momento em que já não é admissível a sua renovação, ou quando há lugar à caducidade do contrato de trabalho a termo incerto (que não está sujeito a renovação).

Poderíamos ser tentados a pensar que o legislador se exprimiu mal e que, na verdade, o pretendido era que fosse feita a comunicação do motivo da cessação do contrato a termo. No entanto, não parece que assim seja. O que o legislador pretendeu foi que o empregador fosse obrigado a explicar o motivo da

---

[56] Enquanto a dispensa para amamentação dura por todo tempo que esta durar, na dispensa para aleitação, a dispensa termina quando o filho perfizer um ano de idade.

182 A Licença por Maternidade e a Suspensão do Contrato de Trabalho

cessação do contrato de trabalho a termo quando este ainda não atingiu a sua duração máxima ou o número máximo de renovações, pois nos restantes casos, no fundo, o contrato de trabalho a termo cessa, porque a lei o impõe, e não por decisão do empregador. Não esqueçamos que os contratos de trabalho a termo são, por natureza, temporários, estando a sua duração limitada por lei. O artigo 139.º do C.T. estabelece limites à duração do contrato de trabalho a termo certo e o artigo 144.º do mesmo diploma fixa a duração dos contratos de trabalho a termo incerto. Para além disso, em tais casos, o contrato de trabalho sempre se converteria em contrato sem termo, nos termos dos artigos 141.º e 145.º do C.T., não se afigurando exigível que o empregador que contratou um trabalhador a termo – contrato, por natureza, temporário – seja obrigado a justificar o porquê da não conversão do contrato em contrato sem termo.

Há, ainda, que referir, como especificidades destes casos de suspensão, que a licença por maternidade não prejudica o tempo de qualquer estágio ou curso de formação, sem prejuízo de o trabalhador cumprir o período em falta para o completar (alínea b) do n.º2 do artigo 101.º da R.C.T.). Para além disso, adiam a prestação de provas para progressão na carreira profissional, as quais devem ter lugar após o termo da licença (alínea c) do n.º 2 do artigo 101.º da R.C.T.)[57].

---

[57] Para os trabalhadores da Administração Pública, o acto de aceitação de nomeação ou posse de um lugar ou cargo que deva ocorrer durante o período das licenças por maternidade, paternidade e adopção é transferido para o termo da mesma, produzindo todos os efeitos, designadamente antiguidade e retribuição, a partir da data do respectivo despacho de nomeação.

V
CONCLUSÃO

Pretendeu-se, com este trabalho, estudar o direito à licença por maternidade em confronto com o fenómeno da suspensão do contrato de trabalho, de forma a desenvolver um raciocínio que nos permitisse descobrir se o não cumprimento do contrato de trabalho gerado pelos impedimentos que conferem o direito àquela licença é susceptível de produzir, ou não, a suspensão do contrato de trabalho.

Para tanto, começámos por qualificar a suspensão do contrato de trabalho como um efeito jurídico e por identificar os elementos que a caracterizam no seio do contrato de trabalho, quando a mesma ocorre por impedimento temporário respeitante ao trabalhador – a manutenção do vínculo contratual, a não prestação de trabalho e a inexistência de subordinação jurídica.

Chegados, assim, a uma *noção doutrinal* de suspensão do contrato de trabalho, prosseguimos o caminho confrontando essa noção com a *noção legal* de suspensão do contrato de trabalho, com o que pudemos concluir que esta noção é muito mais restrita do que aquela, o que parece dever-se ao facto de o legislador ter desejado que, apenas em determinados casos de suspensão, fossem aplicados os efeitos por ele previstos para esse efeito jurídico.

Passámos, depois, à identificação dos impedimentos que estão na base das ausências resultantes do gozo da licença por maternidade. Identificados esses impedimentos, entendemos que os mesmos se deveriam considerar não imputáveis à trabalhadora, pelo que, no caso de se prolongarem por mais de um mês, serão susceptíveis de gerar a suspensão do contrato de trabalho, nos termos do n.º 1 do artigo 333.º do C.T.

No entanto, explorando o regime geral de suspensão do contrato de trabalho e o regime legal da licença por maternidade concluiu-se que, pese embora exista suspensão do contrato de trabalho, esta encontra várias especificidades relativamente àquele regime geral.

Ainda assim, a argumentação aqui utilizada para qualificar a licença por maternidade como período de suspensão do contrato de trabalho servirá, também, para qualificar como fenómenos suspensivos do contrato de trabalho outros casos de licença – como o da licença parental ou da licença especial para assistência a filhos –, situações em que serão de aplicar vários pontos do regime geral da suspensão do contrato de trabalho, em matérias relevantes como a do vencimento do direito a férias e *majoração* das mesmas, montante do subsídio de Natal e outras, como fomos chamando a atenção ao longo do texto.

Bibliografia

AAVV, *Código de Trabalho Anotado,* Almedina, Coimbra, 2003.

AAVV, *Le code du travail annoté,* 23.ᵉ édition, Paris: Groupe Revue Fiduciaire, 2003.

ALVAREZ ALCOLEA, Manuel, «La suspensión en el Estatuto de los Trabajadores», *R.E.D.T.,* 5, Ene./Mar. 1981, pp. 19-37.

BÉRAUD, Jean-Marc, *La suspension du contrat de travail,* éditions Sirey, Paris, 1980.

BLANCO, Ana Rosa Argüelles, *La protección de intereses familiares en el ordenamiento laboral,* tirant lo blanch, Valencia, 1998.

CAGARELLI, Monica Cagarelli, *I congedi parentali,* G. Giappichelli Editore, Torino, 2002.

CARVALHO, Catarina de Oliveira, «A Protecção da Maternidade e da Paternidade no Código do Trabalho», *RDES,* Ano XLV, Janeiro-Setembro 2004, n.ᵒˢ 1, 2 e 3, pp. 41-137.

CARRO IGELMO, Alberto José, *La suspensión del contrato de trabajo,* BOSCH, Barcelona, 1959.

CIRIOLI, Daniele, *Congedi parentali: rapporto di lavoro e aspetti previdenziali,* IPSOA, [s.l.], 2001.

CORTE HEREDERO, Nieves, «La maternidad como causa de suspensión del contrato de trabajo», *Revista de la Facultad de Derecho de la Universidad Complutense,* n.º 23, Madrid, 1999, pp. 203-237.

COMISSÃO PARA A IGUALDADE NO TRABALHO E NO EMPREGO, Pareceres, disponível em http://www.cite.gov.pt/cite/Pareceres.htm.

CORDEIRO, António Menezes, *Manual de Direito do Trabalho,* Livraria Almedina, Coimbra, 1991.

COSTA, Mário Júlio de Almeida, *Noções Fundamentais de Direito Civil,* 4.ª edição, Revista e Actualizada, Almedina, 2001.

DEL PUNTA, Ricardo, «La sospensione del rapporto di lavoro», *Il Codice Civile Comentario,* Giuffrè editore, 1992.

FERNANDES, António Monteiro, *Direito do Trabalho,* 11.ª edição, Almedina, 1999.

FERNÁNDEZ GONZÁLEZ, Víctor, «Otros tipos de excedencia: Voluntaria, por nacimiento de hijos y por ejercicio de funciones sindicales», *R.E.D.T.,* 7 (Jul./Sep. 1981), p. 305-315.

FREIRE, Manuel Leal, e LEAL Guilhermina, *Protecção na Maternidade e Paternidade,* Elcla Editora, 1996.

GALANTINO, Luisa, *Diritto del lavoro,* 3.ed., G. Giappichelli Ed., Torino, 1992.

GORELLI HERNÁNDEZ, Juan, *La protección por maternidad – analisis normativo en derecho del trabajo y de la seguridad social,* Tirant lo Blanch, Valencia, 1997.

LE GOFF, Jacques, *Droit du travail et société,* Tome I, Rennes : Presses Universitaires de Rennes, 2001.

LEITE, Jorge, *Direito do Trabalho,* Vol. I, Serviços de Acção Social da U.C., 2004.

LEITE, Jorge, *Direito do Trabalho,* Vol. II, Serviços de Acção Social da U.C., 2004.

LEITE, Jorge, «A tutela da saúde e da segurança das mães trabalhadoras (crónica a propósito da Lei 17/85)», *Questões Laborais,* Ano II, n.º 5, 1995, pp. 117-128.

LEITE, Jorge, «Notas para uma teoria da suspensão do contrato de trabalho», *Questões Laborais,* Ano IX, n.º 20, 2002, pp. 121-138.

LEITE, Jorge e ALMEIDA, F. Jorge Coutinho de, *Colectânea de Leis do Trabalho,* Coimbra Editora, Coimbra, 1985.

186 *A Licença por Maternidade e a Suspensão do Contrato de Trabalho*

MAINGAIN, Bernard, *Vie familiale et vie profissionnelle – etat du droi, enjeux et perspectives,* Bruxelles, 1993.

MARTINEZ, Pedro Romano, *Direito do Trabalho,* Almedina, Coimbra, 2002.

MESQUITA, José Andrade, «O direito a férias», in *Estudos do Instituto de Direito do Trabalho,* Vol. III, Almedina, Coimbra, 2002, pp. 65-153.

MIRANDA, Bruno; VITIELLO, Ernesto; *Manuale Pratico del rapporto di lavoro subordinato,* CEDAM, Padova, 1999.

MOLERO MANGLANO, Carlos, «Suspension del contrato de trabajo: Nota doctrinal y materiales basicos», in *Revista de Trabajo,* n.º 91 (Julio-Septiembre1988), Madrid, pp. 35-94.

NICOLINI, Giovanni, *Congedi Parentali,* Cosa e Come, Milano, 2000.

NICOLINI, Giovanni, *Manuale di diritto del lavoro,* terza edizione, Giuffrè, Milano 2000.

PÉLISSIER, Jean; SUPIOT, Alain; JEAMMAUD, Antoine; *Droit du travail,* 21.ᵉ édition, Dalloz, 2002.

PERISTA, Heloísa ; LOPES, Margarida Chagas ; *A licença de paternidade: um direito novo para a promoção da igualdade,* Lisboa: Departamento de Estudos, Prospectiva e Planeamento, 1999.

PINTO, Carlos Alberto da Mota, *Teoria Geral do Direito Civil,* 3.ª edição actualizada, Coimbra editora, 1996.

QUERIDO, António Rodrigues, *A suspensão do contrato individual de trabalho,* Europa Editora, Lisboa, 1991.

REIS, João Carlos Simões dos, *A suspensão do contrato de trabalho por motivos respeitantes ao trabalhador,* Dissertação de Mestrado em Ciências Jurídico Empresariais, Coimbra, 1993.

REIS, João, «Suspensão do Contrato. Dever de comunicação do impedimento», *Questões Laborais,* Ano I, n.º 2, 1994, pp. 80-88.

RIVAS VALLEJO, M.ª Pilar, *La suspensión del contrato de trabajo por nacimiento o adopción de hijos,* Arazandi Editorial, Navarra, 1999.

VARELA, João de Matos Antunes, *Das Obrigações em geral,* II, 7ª edição revista e actualizada, Almedina, Coimbra, 1999.

VERDIER, Jean-Maurice; Coeuret, Alain; SOURIAC, Marie-Armelle; *Droit du travail,* 12.ᵉ édition, Dalloz, 2002.

XAVIER, Bernardo da Gama Lobo, Curso de *Direito do Trabalho,* 2ª edição com aditamento e actualização, Verbo, Lisboa, 1996.

YAMAGUCHI, Toshio, *La Théorie de la Suspensión du Contrat deTravail et ses aplications pratiques dans le droit des pays membres de la communauté européene,* Librairie Générale de Droit et de Jurisprudence, Paris, 1963.

OS RENDIMENTOS DO TRABALHO E A SUA TRIBUTAÇÃO

JOANA DOMINGUES

Introdução

Propomo-nos, no presente trabalho, fazer o estudo da forma como a lei nacional concebe a tributação dos rendimentos do trabalho.

Para tal impõe-se desenvolver uma análise conjunta dos ramos do direito do trabalho e do direito fiscal, uma vez que a cabal compreensão da tributação dos rendimentos do trabalho pressupõe a articulação de conceitos provenientes de ambas as áreas jurídicas.

Segundo uma orientação doutrinária consolidada desde há muito tempo, veio a Lei Geral Tributária (LGT) prescrever no n.º 2 do artigo 11.º que "Sempre que, nas normas fiscais, se empreguem termos próprios de outros ramos do direito, devem os mesmos ser interpretados no mesmo sentido daquele que aí têm, salvo se outro decorrer directamente da lei".

Quando abordamos a temática da tributação do rendimento do trabalho surgem, naturalmente, diversas referências a termos próprios do direito laboral. Convém, no entanto, ter presente que, não obstante o cruzamento conceptual dos referidos ramos do direito nesta concreta matéria, o direito do trabalho e o direito fiscal visam acautelar interesses muito próprios e distintos entre si, o que determina a não total coincidência dos conceitos e das definições parcelares de rendimento do trabalho, mostrando-se necessário desencadear uma operação de interpretação e articulação para definir, em última instância, quais os rendimentos a tributar.

Iniciaremos o nosso estudo pela tentativa de percepção dos motivos que determinam a necessidade de definir rendimento no direito do trabalho e no direito fiscal, após o que procuraremos identificar as situações de facto em que tais definições se revelam pertinentes.

Em seguida faremos a aproximação ao conceito de retribuição criado no direito do trabalho, atendendo, em especial, aos motivos que estão na sua base.

Depois tentaremos encontrar as linhas mestras da definição de rendimento do trabalho para o direito fiscal, o que irá conduzir-nos ao conceito de rendimento do trabalho tributável. Tal conceito só ficará completo com a análise detalhada das prestações que, fiscalmente e em concreto, consubstanciam rendimentos do trabalho. Procuraremos ainda identificar aquelas situações que o direito fiscal integra no conceito de rendimento do trabalho, mas às quais opta por conferir um tratamento fiscal mais favorável, bem como as razões que determinaram tal opção legislativa.

Por último, e em jeito de conclusão, iremos fazer um balanço do estado actual da tributação dos rendimentos do trabalho e apreciar como as regras do direito fiscal e do direito laboral continuam a condicionar e a determinar as opções retributivas das entidades pagadoras e dos destinatários de rendimentos do trabalho.

1. A necessidade de definir rendimento do trabalho

1.1. *A perspectiva do direito laboral*

Segundo o artigo 10.º do Código do Trabalho[1], "contrato de trabalho é aquele pelo qual uma pessoa se obriga, mediante retribuição, a prestar a sua actividade a outra ou outras pessoas, sob a autoridade e direcção destas".

---

[1] Na redacção dada pela Lei n.º 99/2003, de 27 de Agosto.

Como decorre, desde logo, desta definição legal, a retribuição é um dos elementos essenciais do contrato de trabalho. Contudo, o conceito de retribuição que resulta da lei laboral tem-se revelado incompleto, indefinido e inacabado, o que determina que a matéria da retribuição seja objecto de vasta abordagem na jurisprudência e doutrina. Verifica-se uma permanente preocupação dos diversos agentes jurídicos, que actuam na área do direito laboral, em definir retribuição, pelo que, antes de mais, procuraremos encontrar as razões que determinam a necessidade de delinear tal conceito.

Ao analisarmos o texto constitucional, detectamos imediatamente razões que justificam a necessidade de definir retribuição no direito do trabalho. Por um lado, a Constituição faz apelo a critérios de justiça na fixação da retribuição dos trabalhadores – deverá ter-se em conta a natureza, qualidade e quantidade do trabalho prestado, bem como impõe a ideia de que, através do salário pago nas referidas condições, possa assegurar-se uma existência condigna aos trabalhadores (art. 59.º, n.º 1, al. a))[2]. Por outro lado, a lei fundamental determina que, também nesta matéria, terá de ficar assegurado o cumprimento do princípio da

---

[2] JORGE LEITE defende, nesta matéria, que a CRP confere um direito aos trabalhadores de, por via da prestação do trabalho, acederem a uma retribuição que lhes proporcione "mais do que a mera satisfação das suas necessidades vitais", devendo permitir ao trabalhador uma vida "compatível com a sua dignidade humana, quer no que respeita às suas necessidades vitais (…) quer às necessidades de ordem cultural e social". V. JORGE LEITE, *Direito do Trabalho - Vol. II*, Faculdade de Direito da Universidade de Coimbra, Coimbra, 2004, p. 121 e ss. LEAL AMADO defende que "o direito à retribuição constitui um direito fundamental dos trabalhadores portugueses", v. JOÃO LEAL AMADO, *A protecção do salário,* Separata do vol. XXXIX, Boletim da Faculdade de Direito da Universidade de Coimbra, Coimbra, 1993, p. 29. BERNARDO DA GAMA LOBO XAVIER atribui a este preceito constitucional o carácter de "programa", de "conceito-norma". V. BERNARDO DA GAMA LOBO XAVIER, *ob. cit.*, p. 72.

igualdade[3], do qual resulta que não deverá haver discriminações injustificadas, pautadas nomeadamente por razões alheias ao trabalho efectivamente prestado[4], entre a retribuição a atribuir aos trabalhadores de uma mesma empresa pela realização de trabalho de similar natureza, em igual quantidade e com qualidade equiparável[5].

Nessa medida, e sempre com a preocupação de assegurar a meta constitucionalmente imposta de remunerar o trabalhador "segundo a quantidade, natureza e qualidade" do trabalho prestado, "de forma a garantir uma existência condigna"[6], a fixação da retribuição no âmbito do contrato de trabalho está actualmente e na grande maioria dos casos subtraída à negociação das partes[7], face ao contínuo esforço de dotar o maior número possível de ramos de actividade de Convenções Colectivas de Trabalho.

Simultaneamente, a Constituição faz recair sobre o Estado a obrigação expressa de assegurar as condições de retribuição a que os trabalhadores têm direito[8]. Ora, em cumprimento do prescrito constitucionalmente, fixou-se legalmente a retribuição mínima mensal garantida[9], tendo por base a conjuntura económica e os índices de preços, a qual é anualmente actualizada

---

[3] Princípio que decorre do art. 13.º da CRP, nesta matéria concretizado no art. 59.º, n.º 1, al. *a)*, ao estabelecer o princípio "trabalho igual/salário igual".

[4] Entre estas poderíamos elencar as discriminações salariais associadas ao sexo, raça, idade e convicções políticas dos trabalhadores.

[5] Neste sentido v. Acórdão da Relação de Coimbra, de 1996.11.13, *BMJ*, 461, p. 533.

[6] Art. 59.º, n.º 1, al. *a)*, da CRP.

[7] Por se entender que "O direito não pode deixar os salário entregues, sem mais, ao regime de mercado, já que é necessária na matéria uma ideia regulativa em ordem «a garantir uma existência condigna» e a prosseguir-se o bem comum" *in* Bernardo da Gama Lobo Xavier, *ob. cit.,* p. 70.

[8] Art. 59.º, n.º 2, al. *a)*, da CRP. Sobre esta obrigação que recai sobre o Estado em matéria de retribuição v. Leal Amado, *ob. cit,* p. 31 e ss.

[9] Prevista constitucionalmente no art. 59.º, n.º 2, al. *a)*, da CRP e actualmente regulada no art. 266.º do CT.

atendendo, entre outros factores, às necessidades dos trabalhadores e ao aumento do custo de vida[10]. Igualmente procuram fixar-se, de forma generalista, coeficientes de actualização anual dos salários, por forma a que também esta matéria seja subtraída ao jogo de interesses entre as partes, o qual poderia revelar-se prejudicial para o essencial da relação de trabalho.

De outro ponto de vista, se pensarmos na retribuição como a atribuição patrimonial que o empregador faz ao trabalhador, torna-se importante clarificar e delimitar tal conceito, de forma a permitir ao empregador saber o que deve entregar ao trabalhador no final de cada período de trabalho acordado para efeitos de pagamento da retribuição[11]. O mesmo raciocínio é válido se invertermos a perspectiva. Uma vez apuradas, em concreto, quais as prestações que integram a retribuição, gerar-se-á no trabalhador a justa expectativa ou, mais do que isso, um verdadeiro direito ao recebimento, com carácter de regularidade, de determinada atribuição patrimonial[12].

Na perspectiva do empregador, assume especial relevo, nomeadamente para efeitos de previsão de custos produtivos, a possibilidade de definir, em concreto, qual a retribuição a pagar aos seus trabalhadores. Entre os custos referidos, a suportar pelo empregador, temos de incluir não só a retribuição base, mas também as demais prestações retributivas[13], pagas pela entidade patronal, calculadas em função desta, e os descontos obrigató-

---

[10] Art. 59.º, n.º 2, al. *a)*, da CRP.

[11] Entrega por via da qual ficará o empregador liberado da sua obrigação retributiva para com o referido trabalhador.

[12] Neste sentido v. MARIA MANUELA MAIA, «O conceito de retribuição e a garantia retributiva», *II Congresso Nacional de Direito do Trabalho – Memórias,* Almedina, Coimbra, 1999, p. 260 e ss.

[13] Entre estas contam-se, entre outros, os subsídios decorrentes de especiais formas de prestar trabalho (subsídio de interioridade, subsídio de exclusividade, subsídio nocturno, trabalho suplementar) e de riscos especiais associados ao trabalho (subsídio de risco, abono para falhas).

194   *Os Rendimentos do Trabalho e a sua Tributação*

rios para a segurança social[14]. De acordo com o disposto no Decreto Regulamentar n.º 12/1983, de 12 de Fevereiro, também as "respectivas entidades patronais concorrerão para as instituições gestoras do regime com as percentagens que se encontrem legalmente estabelecidas sobre as remunerações recebidas e pagas". O quantitativo de tais prestações, fixado em termos percentuais, vem regulado no Decreto-Lei n.º 99/1999, de 8 de Junho.

Por outro lado, tem o empregador interesse em ver definido o conceito de retribuição com vista a efectuar uma melhor gestão de recursos humanos, seleccionando os mecanismos a que poderá recorrer para fomentar a capacidade produtiva ou para associar o trabalhador aos resultados da empresa. Nesta concreta matéria há muitas vezes disponibilidade da entidade patronal para atribuir determinadas verbas aos seus trabalhadores como prémio de desempenho, gratificação ou prémio de produtividade, visando assim incentivar a continuidade do nível de qualidade do trabalho realizado. Naturalmente que estas medidas, atractivas para o trabalhador, só terão interesse se o empregador estiver certo de que as mesmas estão à partida excluídas do conceito de retribuição, podendo recorrer a elas sem ficar vinculado à atribuição regular de tais montantes, e dispondo da possibilidade de cessar a sua atribuição quando entender que já não é pertinente[15]. Importante é, como determina o art. 261.º do CT, que o pagamento das aludidas prestações "não esteja ante-

---

[14] Na perspectiva de que os descontos obrigatórios para a segurança social são custos da entidade empregadora v. FREITAS PEREIRA, "Relações entre a tributação dos rendimentos do trabalho dependente e as contribuições para a segurança social – a experiência portuguesa", *Tributação dos rendimentos do trabalho dependente – Relação com as contribuições para a Segurança Social,* Vida Económica, 2000, p.12 e ss.

[15] Excepciona-se naturalmente o caso em que tais gratificações assumem carácter regular e periódico, de forma a gerarem no trabalhador a convicção de que são contraprestação do seu trabalho (art. 269.º do CT) – v. MARIA MANUELA MAIA, *ob. cit.,* p. 269.

cipadamente garantido", pois só assim fica assegurado que tais atribuições não integrarão a retribuição.

Paralelamente, ao analisarmos a questão do ponto de vista do trabalhador, concluímos que o legislador pretendeu, nesta sede, assegurar um mínimo de protecção daquele. Isto porque se foi consolidando a ideia de que a retribuição dos trabalhadores decorrente do contrato de trabalho representa muito mais do que a mera contrapartida de um qualquer contrato[16]. É hoje indiscutível que, na grande maioria dos casos, os trabalhadores necessitam da retribuição que auferem em consequência do seu trabalho para assegurar as mais básicas necessidades da vida quotidiana do seu agregado familiar, estando muitos deles dependentes exclusivamente desta remuneração. Aliás esta é uma das razões que determina que a retribuição seja marcadamente pecuniária[17], com carácter regular e periódico e não meramente eventual. Como reflexo desta perspectiva, houve a necessidade de ir construindo o moderno conceito de retribuição, pelo qual se abandona a noção fechada da retribuição base, e se abarcam todas as prestações com carácter regular e periódico pagas pela entidade patronal ao trabalhador, as quais conferem a este justa expectativa do seu recebimento[18]. Conhecendo o conceito de retribuição, fica o trabalhador habilitado com elementos que lhe permitem saber quanto tem direito a receber da entidade patronal como contrapartida do seu trabalho.

---

[16] V. JORGE LEITE, *ob. cit.*, p. 107 e 108.

[17] Note-se que, como refere JORGE LEITE, a retribuição pode compreender uma "prestação que enriqueça o património do trabalhador (retribuição directa) ou que evite o seu empobrecimento (retribuição indirecta). No entanto, como também refere o autor, a "retribuição consistirá, normalmente, numa prestação pecuniária", sendo esta mais apta à satisfação das necessidades de subsistência do trabalhador, que ficará com inteira liberdade de opção no que respeita ao destino a dar à sua retribuição. Ver JORGE LEITE, *ob. cit.*, p.110; v. também BERNARDO DA GAMA LOBO XAVIER, *ob. cit.*, p. 67.

[18] MARIA MANUELA MAIA, *ob. cit.*, p. 262.

Para além desta função base que, na perspectiva do trabalhador, a definição do conceito de retribuição desempenha, ressaltam, do ponto de vista daquele, outros factores determinantes para a necessidade de encontrar uma definição de retribuição, a qual permite conferir protecção à posição contratual tendencialmente enfraquecida na relação laboral.

Se atendermos aos princípios gerais estabelecidos na Constituição da República Portuguesa (art. 59.º, n.º 3) e concretizados no CT, tal definição reveste extrema importância na aplicação efectiva dos regimes de garantia e tutela dos créditos retributivos (art. 249.º, n.º 4, do CT). Veja-se, por exemplo, a alínea *d)* do artigo 122.º, pela qual se estabelece a proibição de o empregador diminuir a retribuição ao trabalhador[19], mesmo com o acordo deste. É o chamado princípio da proibição do retrocesso ou princípio da irredutibilidade das prestações[20].

Por último, refira-se que é de extrema importância encontrar uma definição de retribuição pelo facto de a lei laboral prever, em muitos dos seus normativos e essencialmente no CT e nas convenções colectivas de trabalho, diversas indemnizações, subsídios e remunerações específicas a pagar ao trabalhador[21], sendo estes calculados por referência quer ao montante da retribuição, quer da retribuição-base; por tal razão, revela-se essencial conseguir apurar não só o montante da retribuição, mas,

---

[19] De referir que tal proibição ganha exequibilidade quando articulada com o princípio geral constitucionalmente imposto (art. 59.º, n.º 1, al. *a)*, da CRP) de que cada trabalhador deve auferir um salário de acordo com as funções que desempenha (as quais integram a respectiva categoria profissional), e com a limitação decorrente da disposição do CT (art. 122.º, al. *e)*, do CT) que impõe ao empregador o dever de não baixar a categoria profissional do trabalhador.

[20] V. JORGE LEITE, *ob. cit.*, p.122.

[21] Como seja, entre outras, a remuneração do trabalho suplementar, a remuneração do trabalho nocturno, a remuneração do trabalho prestado em dia feriado.

dentro desta, importa distinguir o que integra ou não a retribuição base.

Face ao exposto, resulta clara a necessidade de encontrar uma definição de retribuição no âmbito do direito do trabalho. Todavia, atendendo à natureza da relação laboral, existirá naturalmente divergência de interesses entre trabalhador e empregador no que concerne à definição de determinada prestação como integrante da retribuição[22] – o empregador procurará excluir do conceito de retribuição o número máximo possível de prestações por forma a não ficar vinculado ao seu pagamento regular; ao invés, o trabalhador procurará que todas as atribuições patrimoniais efectuadas pelo empregador constituam retribuição[23], arrogando-se o direito ao seu recebimento integral e periódico. Tal antagonismo de interesses só não existirá nos casos em que empregador e trabalhador acordarem, com vista a evitar quer a incidência fiscal quer a incidência das taxas contributivas para a segurança social[24], que o pagamento da retribuição seja efectuado de forma adulterada, através de errónea classificação das atribuições patrimoniais concedidas, de reembolsos de despesas fictícias, de rendimentos em espécie dissimulados ou pela atribuição patrimonial directa ao trabalhador, sem qualquer reflexo documental. Tais situações, atractivas para o trabalhador no plano imediato, mas prejudiciais a longo prazo, merecerão, à partida, a concordância de ambos, afastando a necessidade de definir o que deverá ou não considerar-se retribuição.

---

[22] Nesta matéria refere BERNARDO DA GAMA LOBO XAVIER que "o critério dos trabalhadores é *social* e o dos empregadores é *económico...*", *ob. cit.,* p. 68.

[23] Não convém esquecer que, nesta matéria, o trabalhador beneficia da presunção resultante do art. 249.º n.º 3 do CT, segundo o qual "até prova em contrário, presume-se constituir retribuição toda e qualquer prestação do empregador ao trabalhador".

[24] Situação que representa benefício para ambos, ao invés do interesse fiscal que apenas beneficiará imediatamente o trabalhador.

1.2. A perspectiva do direito fiscal

Cumpre-nos agora analisar a razão que leva o direito fiscal a desenvolver o conceito de rendimento do trabalho.

O Estado Social de Direito, com competências cada vez mais latas e em áreas muito diversas, nomeadamente tendo em vista assegurar condições que permitam proporcionar uma vida com a dignidade mínima aos cidadãos, tem a incumbência de angariar recursos necessários ao cabal desempenho da sua missão. Casalta Nabais refere, nesta sede, que tal ambição do Estado moderno, concretizada em direitos dos cidadãos, tem necessariamente custos, custos esses que são públicos, e que "implicam a cooperação social e a responsabilidade individual"[25].

Apresentando-se o estado moderno primordialmente como um estado fiscal[26], resulta que os impostos são o principal meio de financiamento daquele para levar a cabo os objectivos a que se propõe.

Da conjugação das formulações acabadas de referir emerge o "dever fundamental de pagar impostos" que recai sobre cada membro da comunidade estadual[27], uma vez que, nas palavras do mesmo autor, "não há direitos fundamentais gratuitos"[28].

Coloca-se agora a questão de saber qual o critério que deve presidir à cobrança de impostos. O artigo 4.º da Lei Geral Tributária, numa concretização do princípio constitucionalmente consagrado, estabelece, como regra base nesta matéria, o "prin-

---

[25] in José Casalta Nabais, "Face oculta dos direitos fundamentais: os deveres e os custos dos direitos", *Por um estado fiscal suportável - Estudos de Direito Fiscal,* Almedina, Coimbra, 2005, p. 21.

[26] Uma vez que os seus recursos se reduzem essencialmente aos impostos cobrados.

[27] Cfr. Casalta Nabais, *ob. cit.,* p. 32; e Casalta Nabais, *O dever fundamental de pagar impostos. Contributo para a compreensão constitucional do Estado Fiscal contemporâneo,* Almedina, Coimbra, 1998.

[28] Cfr. Casalta Nabais, *ob. cit.,* p. 39.

cípio da capacidade contributiva" e fornece-nos os diversos meios pelos quais tal capacidade é aferida – "os impostos assentam especialmente na capacidade contributiva, revelada, nos termos da lei, através do rendimento ou da sua utilização e do património"[29].

De entre os diversos impostos cobrados pelo estado, uma parte significativa recai sobre as pessoas singulares. O CIRS, introduzido no âmbito da reforma fiscal de 1989, criou um imposto único sobre o rendimento das pessoas singulares, que é uma das armas fundamentais do nosso Estado Fiscal. "O imposto sobre o rendimento das pessoas singulares incide sobre o valor anual dos rendimentos das categorias seguintes[30]....", sendo estas categorias as que estão expressamente previstas no referido Código.

Ora, conjugado o artigo 4.º da LGT com o artigo 1.º do CIRS, impõe-se definir qual o "rendimento" relevante para aferir a capacidade contributiva? Porquê a referência à "sua utilização"? De que forma pode "o património" da pessoa singular permitir aferir da sua capacidade contributiva?

O CIRS não fornece uma definição geral de rendimento.

A lei fiscal determinará a tributação, por princípio, de todo o rendimento auferido pelo sujeito passivo[31], de toda a receita pessoal de determinado indivíduo. E para que não existam distorções provocadas pela própria lei, esclarece o CIRS, no seu artigo 1.º, que todos os rendimentos deverão ser tributados, mesmo que provenientes de actos ilícitos.

---

[29] Art.4.º da LGT. V. DIOGO LEITE DE CAMPOS, "O estatuto jurídico da pessoa (direitos da personalidade) e os impostos", *Revista da Ordem dos Advogados,* Ano 65, Junho 2005, Lisboa, p. 43.

[30] Art.1.º n.º 1 do CIRS.

[31] Já que a não tributação de alguns rendimentos conduziria a situações de injustiça e distorção económica – cfr. J. L. SALDANHA SANCHES, *Manual de Direito Fiscal,* 2.ª Edição, Coimbra Editora, p. 206 e 208.

200 *Os Rendimentos do Trabalho e a sua Tributação*

Para o efeito, a lei fiscal adopta, no caso do IRS, uma concepção cedular de rendimento, baseada nas diferentes categorias de rendimentos de acordo com a origem das respectivas receitas. Assim, trata-se de uma concretização do conceito de rendimento fonte[32]. Para que esta solução se torne eficaz, e na falta de um conceito geral de rendimento, é necessário prever minuciosamente cada situação susceptível de gerar rendimentos fiscalmente relevantes. Ao dispor desta concepção cedular de rendimento o legislador colocou dois mecanismos legais: a enumeração taxativa e a cláusula geral com enumerações específicas. Posteriormente, através das alterações introduzidas pela Lei 30-G/2000, de 29 de Dezembro, o legislador, embora continuando a basear o imposto sobre o rendimento no princípio do rendimento fonte, abriu portas à tributação segundo o princípio do rendimento acréscimo, pela introdução do actual artigo 9.º, n.º 1, al. *d)* do CIRS[33]. Em princípio, através da tributação por métodos indirectos, foram criados os pressupostos legais[34] que permitem assegurar uma maior eficácia na tributação. Isto porque o referido dispositivo legal completa a previsão normativa de rendimento tributável,

---

[32] Por contraposição à tributação baseada no conceito de rendimento acréscimo, segundo o qual seria considerado rendimento fiscalmente relevante todo e qualquer acréscimo patrimonial auferido pelo indivíduo, independentemente da sua proveniência, isto é, da situação de facto que lhe deu origem. V. J. L. SALDANHA SANCHES, "Conceito de rendimento do IRS", *Fiscalidade,* n.º 7/8, Julho/Outubro 2001, p. 35. Nas palavras deste autor este conceito "corresponde a uma tributação sem falhas de qualquer tipo ou forma de rendimentos", muito embora se caracterize por um "excesso de abrangência".

[33] Note-se que, aquando das alterações introduzidas pela Lei 30-G/2000, de 29 de Dezembro, o referido preceito correspondia ao art.9.º-A do CIRS.

[34] Os quais naturalmente terão de ser concretizados através de eficazes medidas de fiscalização, inspecção e controlo tributário por parte da Administração fiscal, desde logo porque, de acordo com o disposto no n.º 2 do art.82.º da LGT, " A competência para a avaliação indirecta é da administração fiscal".

o que assume especial relevo naquelas situações de facto em que surjam dúvidas na qualificação da fonte do concreto rendimento e na sua subsunção a alguma das categorias previstas no CIRS. Todavia, questiona-se a eficácia do sistema concretamente implementado de tributação por métodos indirectos, o qual é, na prática, aplicável a um número muito reduzido de situações e apresenta algumas limitações[35].

Analisadas genericamente as diferentes categorias de rendimentos previstas no CIRS, estabelecidas de acordo com as respectivas fontes, e considerando o já supra referido em 1. a. de que a grande maioria dos trabalhadores depende exclusivamente do rendimento do seu trabalho, retira-se que a maior fatia dos rendimentos das pessoas singulares corresponde aos rendimentos do trabalho, seja ele dependente ou independente e, portanto, é subsumível nas categorias A e B do CIRS.

Daqui, e de tudo o anteriormente considerado, decorre a extrema necessidade de o direito fiscal criar uma noção de rendimento do trabalho. Desde logo torna-se imperioso prever legal e minuciosamente todas as situações de facto susceptíveis de gerar rendimentos para um determinado cidadão e, consequentemente, de afectar a sua capacidade contributiva. Se atendermos em especial ao peso reforçado que os rendimentos provenientes do trabalho têm no rendimento global do trabalhador, verificamos que qualquer desajuste na definição de rendimento do trabalho é apta a provocar distorções sociais graves, pela forma desequilibrada como os diferentes cidadãos vão ser chamados a contribuir para a sustentabilidade do Estado Fiscal. Nesta linha de pensamento Vasco Branco Guimarães[36] chama a atenção para

---

[35] Sobre esta matéria v. CASALTA NABAIS, "Avaliação indirecta e manifestações de fortuna na luta contra a evasão fiscal", *Direito e Cidadania,* Ano VI, n.º 20/21, Praia-Cabo Verde, 2004, p.208 e ss.

[36] V. VASCO BRANCO GUIMARÃES, "As componentes não tributadas das remunerações e outra formas de obtenção de rendimento líquido", *Ciência e Técnica Fiscal,* n.º 395, 1999, p. 43.

o facto de Portugal ser "um país onde se detecta uma elevada componente de população activa empregada por conta de outrem..."; perante tal situação, "qualquer medida sobre o rendimento real do trabalho dependente tem inevitáveis efeitos na estrutura económica e social portuguesa".

Não obstante a formulação do artigo 4.º da LGT e o facto de o artigo 1.º do CIRS prever a tributação do valor anual da globalidade dos rendimentos auferidos por determinado indivíduo, a nossa lei fiscal adopta o "princípio da tributação do rendimento líquido". Isto equivale a dizer que, de todas as receitas pessoais auferidas pelos indivíduos, o legislador fiscal pretende tributar apenas o rendimento líquido. Tal opção decorre do facto de o legislador ter a noção de que, para obter determinado rendimento, é necessário incorrer em gastos que tornariam fiscalmente injusto considerar como receita líquida a totalidade das atribuições patrimoniais recebidas. Por esta razão, admite o legislador que, ao rendimento auferido pelo sujeito passivo, sejam deduzidos determinados montantes, expressamente previstos na lei, considerados necessários à obtenção desse mesmo rendimento.

No respeitante aos rendimentos do trabalho, são estabelecidas duas vias para apurar o rendimento líquido[37]: (1) o rendimento líquido objectivo e (2) o regime simplificado[38].

O primeiro método de apuramento do rendimento líquido, baseado nas regras contabilísticas gerais, é aplicável quer aos rendimentos do trabalho dependente, quer aos rendimentos do trabalho independente. É dito "objectivo" porque a lei admite

---

[37] Conceito que não deverá confundir-se com o de "rendimento disponível", sendo este o rendimento que fica plenamente ao dispor do indivíduo após terem sido deduzidas ao "rendimento líquido" as despesas, que qualificamos como de cariz subjectivo, necessárias à satisfação das necessidades pessoais/sociais do sujeito passivo e do seu agregado familiar.

[38] V. SALDANHA SACHES, *ob. cit.*, p. 222 e ss.

que, ao rendimento bruto, sejam deduzidas despesas atinentes à prestação objectiva de trabalho[39].

Já o regime simplificado, ao alcance apenas dos trabalhadores independentes, passa pela dispensa de registos contabilísticos e documentos de suporte para beneficiar do direito à dedução, fixando a despesa dedutível em determinada percentagem do rendimento por pressupor, de acordo com índices técnico-científicos, a necessidade de o trabalhador incorrer em despesas aproximadamente de determinado montante para a obtenção de certo rendimento. Assim, considera a lei fiscal como rendimento líquido aquele montante resultante da aplicação do coeficiente de 0,65 à totalidade dos rendimentos provenientes da actividade do profissional liberal, sem que seja necessário comprovar, para beneficiar do direito à dedução, as despesas relativas à percentagem deduzida[40].

Feitas estas operações (quer pela via normal, quer pela via simplificada) obtemos o rendimento do trabalho líquido, aquele que efectivamente é considerado pela administração fiscal como receita do trabalhador dependente ou independente proveniente da actividade por este desenvolvida. Assim, estará o referido rendimento apto a indiciar, de forma mais fidedigna, a capacidade contributiva de determinado indivíduo e, consequentemente, servirá de base à tributação em sede de IRS.

Note-se que, não obstante o legislador pretender que este seja o método preferencial para aferir a capacidade contributiva de determinado indivíduo, dotou o sistema de um mecanismo de salvaguarda – a tributação por métodos indirectos. Tal mecanis-

---

[39] Por contraposição às despesas, igualmente dedutíveis, que respeitam à pessoa ou às necessidades pessoais do trabalhador e seu agregado familiar.

[40] SALDANHA SANCHES aponta, como motivo essencial para a instituição do regime simplificado em sede de IRS, os elevados graus de incumprimento por parte dos contribuintes e as dificuldades de índole administrativa sentidas pela administração fiscal no controlo das declarações, controlo que se revelava insuficiente – v. *ob. cit.,* p. 227.

204   *Os Rendimentos do Trabalho e a sua Tributação*

mo será chamado a intervir, auxiliando na operação de determinação do rendimento líquido, entre outras situações[41], quando o indivíduo actuar socialmente, por meio de comportamentos que a lei tipifica, de forma desproporcional e excessiva face aos rendimentos que resulta ter auferido quando sujeito ao método de avaliação directa[42] de determinação do seu rendimento líquido. Geralmente a referida actuação relevante passará pela realização de despesas que se apresentam totalmente desproporcionadas face ao rendimento declarado, de verbas elevadas na aquisição de bens de consumo ou pela injecção de capital em sociedades comerciais[43].

Desta forma se explica a razão pela qual recorre a lei, como forma alternativa e complementar de aferir a capacidade contributiva, ao conceito de "rendimento ou sua utilização"[44]. Naturalmente se compreenderá a dificuldade em prever expressa e minuciosamente todas as situações geradoras de rendimentos para o sujeito passivo e a dificuldade em acompanhar as novas formas alternativas de remuneração que permanentemente vão sendo criadas pelas entidades pagadoras. Esta situação agrava--se se pensarmos que o direito fiscal é um ramo do direito que obedece de forma estrita ao princípio da legalidade[45], este

---

[41] Art. 87.º da LGT.

[42] Note-se que este é o método regra de avaliação de rendimentos, conforme prescreve o art. 81.º da LGT.

[43] A lei elenca, numa enumeração absolutamente fechada, as "manifestações de fortuna" a considerar para efeitos de análise dos referidos gastos desproporcionais. São eles, conforme determina o n.º 4 do art. 89.º A da LGT: a) a aquisição de imóveis de valor igual ou superior a 250.000 €; b) a aquisição de automóveis ligeiros de passageiros de valor igual ou superior a 50.000 €; c) a aquisição de motociclos de valor igual ou superior a 10.000 €; d) a aquisição de barcos de recreio de valor igual ou superior a 25.000 €; e) a aquisição de aeronaves de turismo; f) a realização de suprimentos ou empréstimos que, num ano, excedam 50.000 €.

[44] Cfr. Art. 4.º da LGT.

[45] Art. 165.º, n.º 1, al. *i)*, da CRP.

consubstanciado na reserva de lei formal[46] e no princípio da tipicidade (art. 103.º, n.º 2, da CRP e art. 8.º da LGT). De tais princípios decorre, nesta matéria, que o que não está previsto na lei não pode ser tributado.

Assim, em complemento e com vista a evitar fugas possíveis caso existisse qualquer lapso do legislador ou incapacidade de abranger e acompanhar todas as novas situações de facto geradoras de rendimentos, determina no artigo 9.º, n.º 1, al. *d)*, do CIRS, em alteração legal introduzida pela Lei 30-G/2000, de 29 de Dezembro, que um rendimento pode ser tributado como "acréscimo patrimonial não justificado" nos termos dos artigos 87.º, 88.º e 89.º da LGT. Por esta via dá o legislador corpo à disposição legal antes referida[47] que prevê a possibilidade de a capacidade contributiva ser aferida através do património e da utilização do rendimento, ao mesmo tempo que introduz, no nosso sistema tributário, um mecanismo baseado no conceito de rendimento acréscimo, o qual vem colmatar algumas insuficiências do conceito de rendimento fonte que está na base do sistema fiscal português.

Face ao referido, cumpre-nos concluir que se revela extremamente importante que o direito fiscal construa a sua própria noção de rendimento do trabalho. Se a finalidade da tributação é, de uma forma justa e equitativa, dotar o Estado de meios que o tornem socialmente mais eficaz[48], natural será que se procure que a forma de cada indivíduo dar o contributo para tal fim seja, ela própria, fiscalmente justa e equitativa. Por tal razão, a comparticipação de cada cidadão deverá concretizar-se com base no

---

[46] De acordo com este princípio temos que "os impostos apenas podem ser criados e disciplinados nos seus elementos essenciais através de lei ou decreto-lei autorizado" *in* JOSÉ CASALTA NABAIS, "Jurisprudência do Tribunal Constitucional em matéria fiscal", *Por um estado fiscal suportável – Estudos de Direito Fiscal,* Almedina, Coimbra, 2005, p. 453.

[47] Art. 4.º da LGT

[48] Art. 5.º da LGT.

206 Os Rendimentos do Trabalho e a sua Tributação

princípio da capacidade contributiva, esta aferida através de um sistema de sucessivas operações assente necessariamente numa previsão completa e actual de rendimentos do trabalho.

2. Relevo da definição de rendimento do trabalho

2.1. *Relevo da definição construída pelo direito do trabalho*

Elencadas que estão as razões que determinam a necessidade de o direito do trabalho construir uma noção de rendimento, impõe-se identificar, em concreto, quais as situações em que tal definição, que o legislador optou por denominar "retribuição", vai ter relevo prático.

Assim, e por princípio, podemos afirmar que os conceitos de rendimento estabelecidos no direito do trabalho têm os seus efeitos em grande parte circunscritos a esta área do direito, se bem que com reflexos noutras áreas paralelas e complementares do direito laboral.

Desde logo interessa conhecer o conceito de retribuição para saber qual a prestação do empregador que, uma vez entregue ao trabalhador, libera aquele das suas obrigações retributivas[49].

Depois consideramos que o direito laboral cria um conceito de rendimento com vista a assegurar os seus princípios base, bem como a garantir e proteger direitos dos trabalhadores e das entidades patronais. Tal ideia resulta, desde logo, do disposto no n.º 4 do artigo 249.º do CT – "A qualificação de certa prestação como retribuição, nos termos dos n.º 1 e n.º 2, determina a aplicação dos regimes de garantia e de tutela dos créditos retributivos previstos neste Código". Assim, resulta para a entidade

---

[49] Para uma análise pormenorizada do cumprimento da obrigação retributiva (forma, lugar e tempo) v. LEAL AMADO, *ob. cit.*, p. 55 e ss.

patronal a obrigatoriedade de não diminuir a retribuição ao trabalhador, conforme disposto no artigo 122.º, al. *d)*, do CIRS[50], bem como a proibição da realização de operações conducentes à violação do princípio da proibição do retrocesso ou à perda de direitos. A efectiva aplicação do referido princípio de irredutibilidade salarial só fica garantida com a existência de uma definição de retribuição.

Por outro lado, só a retribuição goza do regime especial de protecção desenhado para os créditos salariais[51], como sejam a indisponibilidade para serem cedidos (art.271.º do CT), a impenhorabilidade parcial (art. 823.º, n.º 1, al. *e)*, do CPC), a impossibilidade de serem objecto de compensação (art. 270.º do CT), o prazo especial de prescrição (art. 381.º do CT) e o tratamento privilegiado que merecem face aos demais créditos que impendem sobre a entidade patronal (art. 377.º do CT)[52].

O direito laboral, visando implementar princípios de igualdade na prestação do trabalho, assenta no corolário "trabalho igual / salário igual", revelando-se indispensável uma minuciosa definição do que constitui ou não retribuição, de forma a poder garantir-se que, em concreto, tal princípio de igualdade fica assegurado. Conforme pormenorizadamente analisado por Jorge Leite[53], o artigo 9.º, n.º 1, al. *a)*, do CT concretiza o princípio constitucionalmente consagrado, estabelecendo um direito à igualdade salarial, eficaz mesmo nas relações entre particulares.

---

[50] V. JORGE LEITE, *ob. cit.*, p. 122.

[51] Na perspectiva de LEAL AMADO, este regime especial de protecção explica-se pelo "carácter alimentar" do salário, realçando a vertente social deste direito. V. JOÃO LEAL AMADO, *ob. cit.*, p. 21.

[52] Para uma análise completa da especial protecção de que goza o crédito salarial v. JORGE LEITE, *ob. cit.,* p. 125.

[53] V. JORGE LEITE, "O princípio da igualdade salarial entre homens e mulheres no direito português", *Compilação de elementos para uma consulta especializada sobre igualdade de remuneração entre mulheres e homens*, Presidência do Conselho de Ministros, DGEEP, Lisboa, 2004, p. 65 e ss.

De entre as diversas dimensões do princípio da igualdade em matéria de retribuição, assume especial relevo a da igualdade salarial entre homens e mulheres. O que o legislador pretende não é vedar as diferenças de tratamento, mas antes impor que as mesmas decorram de situações de facto distintas e se manifestem na proporção da respectiva diferença[54].

Acontece que o próprio Código do Trabalho cria dois conceitos distintos em matéria de retribuição – um conceito que podemos chamar de "retribuição em sentido lato", que vem previsto no artigo 249.º, n.º 1 e n.º 2 do CT; e um conceito mais estrito de retribuição, alicerçado no artigo 250.º do CT. Este último estabelece a regra base de que, de entre todas as prestações previstas no artigo 249.º n.º 1 e n.º 2 do CT, apenas a retribuição base e as diuturnidades servirão de referência ao cálculo das prestações complementares e acessórias, a menos que a lei, as convenções colectivas de trabalho ou o contrato, disponham de forma diversa.

Iniciando a nossa análise pelo capítulo da "Retribuição e outras atribuições patrimoniais" do CT[55], facilmente concluímos que o tal conceito de retribuição em sentido lato está na base do cálculo para pagamento dos subsídios de natal e de férias, bem como da retribuição a que o trabalhador tem direito durante as férias (artigos 254.º e 255.º do CT).

Já no que respeita à fixação da retribuição correspondente à isenção de horário de trabalho[56], ao trabalho nocturno[57], ao trabalho suplementar[58] valerá o disposto no artigo 250.º do CT, a menos que de qualquer outro instrumento regulador do contrato conste previsão diversa.

---

[54] V. JORGE LEITE, *ob. cit.*, p. 61 e ss.
[55] Art. 249.º e ss.
[56] Art. 256.º do CT.
[57] Art. 257.º do CT.
[58] Art. 258.º do CT.

O conceito de retribuição, ainda em sentido estrito (retribuição base acrescida das diuturnidades), releva igualmente no momento de determinar a compensação devida pela caducidade do contrato de trabalho a termo certo ou incerto (art. 388.º, n.º 2, e art. 389.º, n.º 4, do CT). Igual situação se verifica no caso de cessação do trabalho por despedimento colectivo (art. 401.º do CT), por extinção de posto de trabalho (art. 404.º do CT) ou por inadaptação (art. 409.º CT), bem como no momento de determinar a indemnização devida em substituição da reintegração no caso de vir a ser declarado ilícito o despedimento alegadamente com justa causa (art. 439.º do CT). A mesma lógica preside agora ao cálculo da indemnização a receber pelo trabalhador nos casos em que este faça cessar o contrato de trabalho com justa causa, conforme está estatuído no artigo 443.º do CT.

Paralelamente, a definição de rendimento construída pelo direito do trabalho tem implicações noutras áreas, nomeadamente fiscais e parafiscais.

Esta definição releva para efeitos de custos fiscais da própria entidade empregadora. Determina o artigo 23.º do CIRC que podem ser considerados como custos fiscais nomeadamente os encargos relativos à produção, tais como a mão-de-obra, e os encargos de natureza administrativa, tais como as remunerações. Se atendermos ao facto de os custos fiscais servirem de base ao apuramento do resultado líquido do exercício que, por sua vez, é um dos factores que permite apurar o lucro tributável[59], concluímos que a verba paga ao trabalhador a título de retribuição virá a ter relevo fiscal em sede de IRC[60].

Por último refira-se que esta noção do direito do trabalho vai ser determinante em processo executivo, quando estiver em causa a efectivação de uma penhora de vencimento do executado.

---

[59] Art. 17.º do CIRC.
[60] Cfr. Art. 3.º do CIRC.

Segundo o disposto no artigo 856.° do Código de Processo Civil[61], a entidade pagadora do rendimento será notificada pelo tribunal para depositar em instituição bancária, à ordem do solicitador de execução, a quantia correspondente, na maioria dos casos, a 1/3 do vencimento auferido pelo executado[62]. Também aqui a entidade pagadora, para efeitos de apurar o montante sobre o qual hão-de incidir os descontos, irá ter em consideração o rendimento tal como é definido pela lei laboral.

2.2. Relevo da definição construída pelo direito fiscal

Paralelamente, também a definição de rendimento do trabalho criada pelo direito fiscal assume extrema importância em distintas áreas.

Em primeiro lugar refira-se que tal definição tem repercussão nas obrigações declarativas do sujeito passivo. O Código do IRS determina que todas as prestações que integrem o conceito de rendimento, conforme previsto nas diferentes categorias do CIRS, deverão ser sujeitas a tributação, mesmo que provenham de actos ilícitos. Em consequência, todos os rendimentos do trabalho previstos na lei fiscal deverão ser levados a englobamento pelo sujeito passivo[63]. Tal obrigação declarativa que impende sobre os sujeitos passivos concretiza-se aquando da elaboração da declaração anual de rendimentos[64], momento em que é importante que exista um conceito de rendimentos do trabalho no direito fiscal para que os sujeitos passivos conheçam quais os recebimentos que devem fazer constar da referida declaração.

Consequentemente, a definição de rendimentos tida em conta na fase declarativa vai reflectir-se necessariamente na fase

---

[61] na redacção dada pelo DL 28/2003, de 8/03.
[62] Nos termos do disposto no art. 824.°, n.° 1, al. *a)*, do CPC.
[63] Art. 22.° do CIRS.
[64] Art. 57.° do CIRS.

contributiva – posteriormente à entrega da declaração antes referida e depois de desencadeadas todas as operações de abatimentos e deduções legalmente previstas, vai apurar-se o montante de imposto a pagar, que é uma consequência directa dos rendimentos declarados.

Por outro lado, o conceito de rendimentos do trabalho resultante do direito fiscal serve de base ao regime de retenção na fonte dos rendimentos das pessoas singulares. Conforme resulta do Quadro Disciplinador da Retenção na Fonte[65], a retenção de IRS é efectuada sobre as remunerações mensalmente pagas ou postas à disposição dos seus titulares, correspondendo estas ao rendimento do trabalho dependente conforme definido no artigo 2.º do Código de IRS, ou do trabalho independente conforme referido no artigo 3.º do mesmo Código.

Paralelamente, e numa formulação que lhe é própria, a lei estabelece a base de incidência de contribuições para a Segurança Social[66]. Não que as referidas contribuições tenham como base a noção de rendimento do direito fiscal[67]. No entanto, conforme pode ler-se no preâmbulo do respectivo diploma, "os níveis de prestações devem, quanto possível, aproximar-se dos rendimentos efectivamente auferidos pela prestação de trabalho." Apesar da intenção revelada pelo legislador, verifica-se que os ajustes

---

[65] Aprovado pelo DL n.º 42/91, de 22 de Janeiro, com as alterações decorrentes do DL n.º 134/2001, de 24/04, do DL 194/02, de 25/09 e do DL n.º 80/03, de 23/04

[66] Decreto Regulamentar n.º 12/1983 de 12/02, alterado pelo Decreto-Lei n.º 140-D/1986, de 14 de Junho, e pelo Decreto Regulamentar n.º 14/88, de 30/03.

[67] FREITAS PEREIRA chama a atenção para as "desarmonias flagrantes" que persistem "entre as bases de incidência destes dois tributos". Na perspectiva do autor, justificar-se-ia uma harmonização dessas bases, uma vez que os princípios que presidem à cobrança de impostos e contribuições para a segurança social assentam numa mesma ideia/função de solidariedade social. V. FREITAS PEREIRA, *ob. cit.*, p. 15.

212 *Os Rendimentos do Trabalho e a sua Tributação*

entretanto levados a cabo na fixação da base de incidência das contribuições foram exactamente em sentido inverso (com excepção do regime estabelecido para efeitos de subsídio de refeição)[68]. Acontece que, actualmente, há uma série de rendimentos

---

[68] De acordo com o disposto no artigo 2.º do Decreto Regulamentar n.º 12/1983 de 12/02, alterado pelo Decreto-Lei n.º 140-D/1986, de 14 de Junho, e pelo Decreto regulamentar n.º 14/88, de 30/03, a base de incidência das contribuições para a segurança social é actualmente fixada nos seguintes termos:

"Para os efeitos do disposto no artigo anterior, consideram-se remunerações as prestações a que, nos termos do contrato de trabalho, das normas que o regem ou dos usos, o trabalhador tem direito pela prestação do trabalho e pela cessação do contrato, designadamente:

a) A remuneração base, que compreende a prestação pecuniária e prestações em géneros, alimentação ou habitação;

b) As diuturnidades;

c) As comissões, bónus e outras prestações de natureza análoga;

d) Os prémios de rendimento, de produtividade, de assiduidade, de cobrança, de condução de assinatura de contratos, de economia e outros de natureza análoga;

e) A retribuição pela prestação de trabalho extraordinário;

f) A retribuição pela prestação de trabalho em dias de descanso semanal ou em dias feriados;

g) A remuneração durante o período de férias e o respectivo subsídio;

h) O subsídio de Natal;

j) Os subsídios por penosidade, perigo ou outras condições especiais de prestação de trabalho;

i) *revogado*

l) Os subsídios de compensação por isenção de horário de trabalho;

m) Os subsídios de residência, de renda de casa e outros de natureza análoga;

n) *revogado*

o) *revogado*

p) A remuneração correspondente ao período de suspensão de trabalho com perda de retribuição como sanção disciplinar;

q) As quantias pagas periodicamente pelas empresas a trabalhadores seus sem contraprestação de trabalho, antes de reunidas as condições relevantes que estão excluídos da base de incidência de contribuições para a segurança social, entre os quais se destacam os prémios de produtividade e de rendimento (desde que atribuídos de forma irregular), as participações nos lucros das empresas e as indemnizações por despedimento[69].

Por último é de referir que assume cada vez maior relevo, na sociedade actual e no contexto do nosso país, o recurso ao endividamento junto das instituições bancárias e financeiras, por parte dos cidadãos. Também nesta matéria assume papel preponderante a definição de rendimentos que, em direito fiscal, deu origem a determinada declaração de rendimentos apresentada nos termos antes referidos. Será com base nesta declaração que as referidas entidades, para efeitos de eventual concessão de crédito, vão aferir a capacidade de endividamento de determinado cidadão, bem como vão calcular o grau de solvabilidade que tal indivíduo, e que os fiadores por aquele propostos, apresentam.

3. A prestação de trabalho e a sua remuneração

Falamos em rendimentos do trabalho quando nos referimos aos rendimentos auferidos por determinado indivíduo como contrapartida do exercício de certa actividade ou, usando as palavras de Fernando Ribeiro Lopes[70], quando nos referimos à contraprestação paga pela "aquisição por parte de uma pessoa das vantagens prestadas pelo trabalho de outra pessoa".

---

legais para atribuição do direito a pensão pela segurança social, vulgarmente denominadas «prestações de pré-reforma»;"

No que respeita aos subsídios de refeição, tickets ou senhas de almoço, aplica-se o disposto para efeitos de IRS, conforme resulta do disposto no Decreto-Lei n.º 102/89, de 29 de Março.

[69] Para uma análise mais completa entre as diferentes bases de incidência v. FREITAS PEREIRA, *ob. cit.,* p. 17/18.

[70] V. FERNANDO RIBEIRO LOPES, "Trabalho subordinado ou trabalho autónomo: um problema de qualificação", *RDES,* n.º 29, 2.ª série, 1987, p. 58.

214   *Os Rendimentos do Trabalho e a sua Tributação*

Tal actividade pode ser exercida por determinado indivíduo de forma subordinada, geralmente ao abrigo de um contrato de trabalho, ou de forma autónoma, sob a alçada de um contrato de prestação de serviços. O trabalho subordinado, baseado num contrato de trabalho, é regulado pela lei laboral, no essencial concentrada no Código do Trabalho, mas ainda dispersa por alguns diplomas avulsos que subsistiram após a introdução daquele, e pelas convenções colectivas de trabalho. O trabalho autónomo tem por base um contrato de prestação de serviços, cuja disciplina se encontra regulada no Código Civil[71].

Distinguir as situações de facto subsumíveis a cada uma destas figuras jurídicas não é tarefa fácil. Para torná-la ainda mais complexa, há a possibilidade prática de determinada situação de facto não ser enquadrável em nenhuma das referidas categorias. Todavia é essencial interpretar, em concreto, qual a situação de facto com a qual nos deparamos, para apurarmos, nomeadamente em matéria de retribuição, se é aplicável o regime previsto na lei laboral ou não. Torna-se então necessário definir critérios que nos permitam, perante uma situação concreta, distinguir se estamos perante um contrato de prestação de serviços ou perante um contrato de trabalho.

Primeiramente dever-se-á procurar analisar e interpretar a vontade das partes, nomeadamente identificando o tipo negocial a que recorreram para dar cobertura àquela situação de facto. Caso surjam dúvidas sobre o regime jurídico a aplicar à concreta situação, deverá o intérprete/julgador socorrer-se de critérios e indícios que permitam concluir, com o maior grau de probabilidade possível, qual o quadro jurídico mais adequado ao caso em apreciação[72].

---

[71] Artigos 1154.º e ss. do Código Civil.

[72] V. os diferentes indícios e critérios de distinção FERNANDO RIBEIRO LOPES, *ob. cit.,* p. 58 e ss; PEDRO ROMANO MARTINEZ, "Trabalho subordinado e trabalho autónomo", *Estudos do Instituto de Direito do Trabalho,* Volume I, Almedina, p. 290; SALGADO DE MATOS, *Código do Imposto do Rendimento das Pessoas Singulares Anotado,* Instituto Superior de Gestão, *ob. cit.,* p. 65.

Esta matéria é amplamente discutida pela nossa doutrina, sendo ao mesmo tempo objecto de decisões dos tribunais superiores[73].

3.1. *O trabalho subordinado*

O artigo 10.º do CT define Contrato de Trabalho como sendo "aquele pelo qual uma pessoa se obriga, mediante retribuição, a prestar a sua actividade a outra ou outras pessoas, sob a autoridade e direcção desta", noção também resultante do disposto no artigo 1152.º do Código Civil.

Um dos elementos caracterizadores do contrato de trabalho e, consequentemente, definidores do trabalho subordinado, é o facto de a actividade em causa ser prestada "sob a autoridade e direcção" da entidade destinatária da mesma. Este elemento do contrato de trabalho é tradução da ideia de "subordinação jurídica"[74]. Do contrato de trabalho decorre, por princípio, uma

---

[73] Veja-se o Acórdão do STJ, de 26-9-1990 (p. 2430), Acórdão Doutrinal do Supremo Tribunal Administrativo, n.º 348, p.1622, pelo qual se estabelecem os índices externos da subordinação jurídica e económica, caracterizadora da existência de um contrato de trabalho:

"– Comportamento como entidade patronal do beneficiário da prestação, exigindo ao trabalhador as obrigações decorrentes do contrato de trabalho e prestando-lhe as contra-prestações correspondentes (exs.: admissão, pagamento de subsídios de férias e de Natal, tipo de recibos, filiação na Segurança Social, retenção do Imposto sobre o Rendimento de Pessoas Singulares);

– Fornecimento dos meios para a execução do trabalho, ausência de ajuda familiar ou entreajuda de companheiros de profissão; sindicalização do trabalhador;

– Lugar do trabalho e horário determinado pelo empregador, fornecimento do material, matérias-primas ou produtos;

– Falta de assalariados por conta do trabalhador, exclusividade, direcção e controlo efectivo do trabalho."

[74] V. PEDRO ROMANO MARTINEZ, *ob. cit.*, p. 272; v. também FERNANDO RIBEIRO LOPES, *ob. cit.*, p. 58 e ss.

216 *Os Rendimentos do Trabalho e a sua Tributação*

obrigação de exercer certa actividade sob os comandos de alguém hierarquicamente superior, que dará directrizes quanto à forma de desenvolver a tarefa em concreto e quanto aos meios a empregar para atingir o fim pretendido.

Esta ideia acaba por reconduzir-nos a uma realidade de facto que, não estando referida na noção geral de contrato de trabalho acima transcrita, ocorre na prática e acarreta importantes consequências em matéria de retribuição. Quando analisamos a prestação de trabalho baseada num contrato de trabalho, executado nos moldes supra descritos, verificamos que é a entidade empregadora quem fornece o espaço e os meios para o exercício da actividade[75]; como refere Pedro Romano Martinez, "o legislador relaciona o contrato de trabalho com a actividade realizada na fábrica, no escritório; em suma, na empresa"[76].

Esta situação acarreta outro tipo de condicionalismos a que está sujeito o trabalhador em virtude do contrato de trabalho, os quais funcionam igualmente como bom indício de distinção entre trabalho autónomo e trabalho subordinado, como seja o cumprimento de um horário de trabalho, imposto pela entidade patronal. Ora se o trabalhador tem um horário de trabalho para cumprir, terá também uma carga horária de trabalho semanal ou mensal contratualmente fixada. Tal eventualidade, a existir, abre portas a outras realidades ligadas exclusivamente ao contrato de trabalho, como sejam o trabalho suplementar (aquele que é prestado para além do horário de trabalho), o trabalho em dia de descanso semanal obrigatório ou em dia feriado e a isenção de horário de trabalho.

Todavia, existem outros importantes elementos que podem auxiliar na distinção entre as duas formas de prestar trabalho, como seja o facto de a totalidade dos rendimentos do trabalhador terem origem numa única entidade.

---

[75] Entre estes incluímos não só as instalações, como todo o material e maquinaria necessários ao exercício da respectiva actividade.

[76] V. Pedro Romano Martinez, *ob. cit.*, p. 272.

3.2. *O trabalho autónomo*

Numa formulação distinta, o legislador configura a possibilidade de certo indivíduo prestar trabalho de forma autónoma, situação subsumível essencialmente à figura jurídica do contrato de prestação de serviços[77]. Formalmente já não podemos falar, nestes casos, na referida subordinação jurídica. E dizemos "formalmente" porque tem-se verificado que muitas entidades empregadoras recorrem à figura jurídica do contrato de prestação de serviços para fugir às pesadas imposições do regime do direito do trabalho, aplicando-a a situações que, de facto, configuram verdadeiros contratos de trabalho e que, por tal razão, envolvem subordinação jurídica do prestador ao destinatário dos serviços.

Atenta a falta de subordinação jurídica que caracteriza os contratos de prestação de serviços e face às profissões que tendencialmente são exercidas de forma autónoma[78], é vulgar atribuir-se especial relevo, nas também denominadas profissões liberais, a um outro tipo de subordinação – a dependência e responsabilidade, sobretudo ao nível disciplinar e deontológico, perante uma ordem profissional.

O contrato de prestação de serviços caracteriza-se por ser, no essencial, aquele pelo qual uma das partes se obriga à prestação de determinado serviço à contraparte, ficando a cargo do prestador a escolha da forma de prestar o serviço, a escolha e disponibilidade dos meios a utilizar e eventualmente a opção pelo recurso a colaboradores que auxiliem na execução do trabalho ou que executem, eles próprios sob a orientação do prestador, o trabalho solicitado pelo cliente[79]. Está em causa, nestas situações, a chamada "obrigação de resultado".

---

[77] Art. 1154.º do CCivil.

[78] Por exemplo a advocacia, a medicina, a solicitadoria, a arquitectura, a engenharia, entre outros.

[79] Na nossa perspectiva, e uma vez analisados os critérios que possibilitam a distinção entre trabalho autónomo e trabalho subordinado já referidos no texto em nota anterior, parece-nos que o mais determinante será a efectiva

Os Rendimentos do Trabalho e a sua Tributação

Como consequência e por contraposição ao que antes afirmámos, temos que, por definição, o prestador de serviços desenvolve a sua actividade em instalações próprias, não tendo ao seu dispor, consequentemente, os instrumentos e materiais necessários ao exercício da actividade. Da mesma forma, o prestador de serviços não fica, em princípio, sujeito a um horário de trabalho, razão pela qual não poderá, nestes casos, falar-se em trabalho suplementar, em isenção de horário ou em trabalho em dia feriado.

3.3. Consequências ao nível da retribuição

As duas situações tipo que acima referimos envolvem, normalmente, o pagamento de uma remuneração pelo trabalho prestado[80]. Todavia, a diferente forma de prestar o trabalho em cada uma das descritas hipóteses reflecte-se necessariamente no tipo de retribuição que é paga ao executante da concreta actividade.

Quando está em causa um contrato de trabalho, a retribuição é tendencialmente fixa e geralmente paga de forma regular e periódica, por referência a um certo período de tempo.

No entanto, as necessidades de dinamização do mercado de trabalho e o interesse crescente em criar incentivos à produtividade do trabalhador, têm determinado um aumento das situações em que se atribui uma remuneração dita mista, composta

---

e assumida livre disponibilidade que o prestador de serviços possui para decidir sobre o eventual recurso a colaboradores para executarem, ou auxiliarem na execução, do serviço que lhe foi solicitado pelo seu cliente. Todos os outros critérios, geralmente referidos pela doutrina, são, em nossa opinião, falíveis porque adaptáveis a ambas as formas de prestar trabalho e, sobretudo, enganosos nos casos de falso contrato de prestação de serviços.

[80] Dizemos "normalmente" porque o contrato de prestação de serviços não é, por definição, um contrato oneroso, admitindo-se a possibilidade de o mesmo ser gratuito; já o contrato de trabalho, conforme definido no art. 10.º do CT, implica necessariamente o pagamento de uma retribuição ao trabalhador.

por uma parte fixa e uma parte variável, sendo a parte variável atribuída em função do nível de produtividade do trabalhador[81].

Se bem que a retribuição possa ser efectuada em dinheiro ou em espécie[82], esta tem natureza marcadamente pecuniária, revestindo geralmente os rendimentos em espécie, a existirem, um carácter acessório da parte da retribuição paga em dinheiro.

Àquela parte da retribuição que é paga em dinheiro, de forma regular e periódica, como contrapartida do trabalho prestado pelo trabalhador no período normal de trabalho, chamou a lei retribuição base – artigo 250.º, n.º 2, do CT.

A esta retribuição base poderão acrescer, conforme já anteriormente referimos, outras prestações que constituem contrapartida do trabalho prestado para além do horário de trabalho. Trata-se da retribuição devida pela prestação de trabalho em regime de isenção de horário de trabalho[83], de trabalho nocturno[84], de trabalho suplementar[85] e de trabalho em dia feriado[86], a qual pode ser remunerada nos termos do CT ou especialmente remunerada de acordo com o previsto nas convenções colectivas de trabalho.

As restantes prestações pagas ao trabalhador, em dinheiro ou em espécie, têm, por definição, carácter acessório. Lobo Xavier[87] divide estas prestações acessórias em diferentes categorias: (a) prestações ligadas a contingências especiais da prestação de trabalho (penosidade, perigo, isolamento, toxicidade); (b) prestações ligadas ao rendimento, mérito e produtividade; e (c) prestações ligadas a certas situações pessoais dos trabalhadores (antiguidade, diuturnidades).

---

[81] Conforme previsto no art. 253.º do CT.

[82] Art. 249.º n.º 2 do CT.

[83] Art. 256.º do CT.

[84] Art. 257.º do CT.

[85] Art. 258.º do CT.

[86] Art. 259.º do CT.

[87] V. Bernardo Lobo Xavier, *ob. cit.,* p. 87.

220 *Os Rendimentos do Trabalho e a sua Tributação*

Poderão ainda ser efectuadas a favor do trabalhador outro tipo de prestações que a própria lei exclui do conceito de retribuição, conforme decorre dos artigos 260.º e 261.º do CT: é o caso das ajudas de custo e das gratificações.

Para além destas prestações e atenta a imposição legal decorrente do CT[88], no caso de estarmos perante um contrato de trabalho, o trabalhador terá ainda direito a receber anualmente um mês de retribuição correspondente a subsídio de natal e um mês de retribuição correspondente a subsídio de férias, os quais acrescem à retribuição normal.

Fora destas situações e atendendo às condições de facto que normalmente são pressuposto de um contrato de trabalho, nomeadamente o facto de, como referimos anteriormente, os meios necessários à prestação de trabalho e as instalações onde o trabalho é prestado serem disponibilizadas pela entidade patronal, o trabalhador não terá praticamente custos com o exercício da concreta actividade e, por isso, não haverá lugar ao pagamento de qualquer quantia relativa às despesas suportadas com a utilização de materiais ou espaço para o desenvolvimento da actividade.

Fica sempre aberta a hipótese de, nos termos previstos em convenções colectivas de trabalho, poderem ser atribuídas outras prestações acessórias aos trabalhadores.

Ao invés, no contrato de prestação de serviços a remuneração é por norma paga como um todo e por cada trabalho realizado (e, por isso, sujeita à variações inerentes à diferente complexidade e morosidade do trabalho em concreto e aos meios utilizados para o desenvolver), situação que usualmente se designa como "pagamento à peça".

No entanto, são cada vez mais frequentes as situações de trabalho autónomo em que se adopta um sistema de remuneração regular e periódico, denominado "contrato de avença", pelo qual se substitui o "pagamento à peça" por uma atribuição men-

---

[88] Art. 254.º e art. 255.º do CT.

sal fixa destinada a retribuir todas as prestações de serviços que o prestador efectuará ao seu cliente no período em referência[89]. Note-se que, também nesta área, existe cada vez mais a preocupação do cliente em criar incentivos ao melhor desempenho e produtividade do prestador de serviços, ao mesmo tempo que aquele procura vincular-se ao pagamento da menor remuneração fixa possível pelos serviços prestados. Daí que seja muito frequente, hoje em dia, os clientes de prestadores de serviços procurarem conciliar os contratos de avença com uma atribuição patrimonial variável calculada em função do sucesso e do nível de produtividade do prestador de serviços.

Diferentemente do que ocorre com o trabalho subordinado, não podemos aqui falar em remunerações acessórias. Uma vez que a disponibilidade de meios para o exercício da actividade fica necessariamente a cargo do prestador do serviço, o trabalho prestado deverá ser remunerado com uma atribuição patrimonial única, na qual estará incluído o custo global do serviço prestado. Quando muito admite-se a hipótese de ao prestador de serviços serem reembolsadas despesas efectuadas em nome e por conta do cliente, as quais deverão ser devidamente documentadas por meio de recibos passados em nome do cliente ou justificadas através de recibo para o efeito emitido pelo prestador de serviços, com base em suporte documental das diferentes despesas em que ocorreu e que este deverá manter na sua posse.

Em suma, diríamos que a análise do enquadramento jurídico que serve de suporte à relação entre prestador e receptor de

---

[89] Esta solução tem a vantagem de conferir alguma segurança ao prestador de serviços que, pela precariedade das relações profissionais que são inerentes à forma de exercício da sua actividade profissional, convive permanentemente com o desconhecimento dos rendimentos que irá auferir no mês vindouro; paralelamente, confere alguma certeza ao cliente/pagador do serviço, que mediante um contrato de avença sabe que poderá contar com a disponibilidade do prestador para os serviços que necessitar e que não será surpreendido com as notas de honorários relativas aos serviços prestados.

222 *Os Rendimentos do Trabalho e a sua Tributação*

trabalho/serviços reveste a máxima importância ao nível da retribuição.

Em primeiro lugar porque podemos estar perante um verdadeiro contrato de trabalho propositadamente classificado como contrato de prestação de serviços, com a intenção de escapar aos apertados limites do direito laboral em matéria de retribuição e das garantias[90] e obrigações[91] que lhe estão associadas. Muitas vezes a gravidade de tal situação só é verdadeiramente reconhecida quando uma das partes pretende fazer cessar a relação de prestações recíprocas que entre elas exista.

Em segundo lugar porque, no âmbito de um contrato de trabalho, é muito frequente definir-se uma percentagem reduzida da retribuição como correspondendo à retribuição base, fazendo corresponder o remanescente da retribuição, de facto pago de forma regular e periódica, a outras remunerações de carácter acessório não integrantes, por definição legal, do conceito de retribuição, sem que as quantias pagas mensalmente a esse título tenham qualquer correspondência com a rubrica no âmbito da qual as mesmas são inscritas e liquidadas. Desta forma a entidade patronal consegue criar no trabalhador a expectativa do recebimento da quantia global que efectivamente lhe é paga mensalmente, pretendendo não ficar vinculada ao seu pagamento pelo facto de a mesma estar disfarçada em rubricas excluídas do conceito de retribuição.

Esta situação é vantajosa para a entidade patronal também pelo facto de em função da mesma não ter que efectuar as contribuições para a Segurança Social na parte que ficaria a seu cargo. Por esta razão a situação, a curto prazo, desenha-se atrac-

---

[90] Destaca-se o princípio da proibição do retrocesso vigente em matéria de retribuição.

[91] Como seja o pagamento de subsídios de férias e de natal e a realização de descontos para a segurança social na parte que respeita à entidade patronal, já que o trabalhador, na parte que lhe diz respeito, é livre de os fazer mesmo quando está em causa um contrato de prestação de serviços.

tiva na perspectiva do trabalhador, pois este vê o seu rendimento líquido a aumentar pelo facto de sobre tais prestações não incidirem descontos para a segurança social. Certo é que a mesma vai revelar-se prejudicial a longo prazo – quando, por exemplo, o trabalhador estiver perante a eminência de receber uma indemnização ou qualquer outra prestação calculada com base na retribuição, e esta ficar confinada ao diminuto, e inverosímil, montante da retribuição base.

Tal situação relevará igualmente quando houver que proceder a aumentos salariais e a entidade patronal se limitar a efectivar o aumento pela inclusão do montante de uma dessas prestações acessórias na retribuição base, extinguindo seguidamente a referida prestação acessória, logrando assim simular um aumento salarial sem que o trabalhador veja a contraprestação do seu trabalho efectivamente ampliada. Nestes casos caberá ao julgador fazer a análise de facto da situação concreta e concluir pelo cabimento, ou não, de tais prestações no conceito de retribuição.

4. O conceito de rendimento do trabalho no direito laboral

Vamos agora confinar-nos à análise do contrato de trabalho e da definição que o direito laboral constrói de rendimento do trabalho.

O legislador, no artigo 10.º do Código do Trabalho, exprime a ideia, unanimemente aceite, de que a retribuição é um dos elementos essenciais definidores do contrato de trabalho. Mais à frente (art. 249.º e ss), procura concretizar, na medida do possível, os elementos integradores de tal conceito, começando por reforçar a ideia já patente no artigo 10.º de que "só se considera retribuição aquilo a que (...) o trabalhador tem direito a receber como contrapartida do seu trabalho" – art. 249.º, n.º 1, do CT. No n.º 2 do mesmo artigo, estabelece-se o princípio geral de que, para além da retribuição base, todas e quaisquer prestações regulares e periódicas feitas ao trabalhador, directa ou indirectamente, em dinheiro ou em espécie, integram igualmente o conceito de retribuição.

Para ajudar à exequibilidade destes princípios, o legislador coloca à disposição do trabalhador um importante instrumento jurídico – a presunção, ainda que ilidível, de que toda a prestação do empregador ao trabalhador constitui retribuição. Atendendo a esta regra imposta pelo CT, recai sobre a entidade patronal o ónus da prova de que determinada atribuição patrimonial efectuada a favor do trabalhador não deverá integrar o conceito de retribuição, por não ser paga a título de contrapartida do trabalho efectuado por aquele trabalhador.

Da definição constante do Código do Trabalho resulta que constituem retribuição, emergente de contrato de trabalho, a retribuição base e todas as prestações regulares e periódicas efectuadas a favor do trabalhador[92].

Atenta a ideia antes referida de que a retribuição é necessariamente contrapartida do trabalho prestado, impõe-se excluir do conceito de retribuição as prestações efectuadas pela entidade patronal ao trabalhador que não tenham cariz retributivo. Entre estas figuram as prestações com intuito indemnizatório[93], nomeadamente as que se prendem com as contingências especiais da prestação de trabalho[94], como sejam o abono para falhas, o subsídio de risco, o subsídio nocturno e o subsídio de fardamento.

A complexidade da tarefa de determinar, na prática, o que constitui ou não retribuição, não se prende geralmente com a definição da retribuição base. Esta é a atribuição patrimonial tendencialmente fixa, efectuada regular e periodicamente pela entidade patronal ao trabalhador e expressamente considerada

---

[92] Art. 249.º n.º 1 e n.º 2 do CT.

[93] Neste sentido v. MARIA MANUELA MAIA, *ob. cit.*, p. 267.

[94] Como refere BERNARDO LOBO XAVIER, *ob. cit.*, p. 87, a penosidade, o perigo, o isolamento e a toxicidade.

pelo empregador como tal. Muitas das vezes o quantitativo da retribuição base resulta das convenções colectivas de trabalho por referência a determinada categoria profissional e tem correspondência directa com a prestação de trabalho no período normal de trabalho daquele trabalhador[95].

Outra questão que geralmente não levanta problemas é o pagamento de diuturnidades. Esta prestação definida na alínea *b)* do n.º 2 do artigo 250.º do CT consiste na prestação pecuniária, de natureza retributiva e com vencimento periódico, devida ao trabalhador com fundamento na antiguidade.

A nossa tarefa começa a tornar-se complexa, desde logo, quando estivermos perante uma situação de eventual erro na qualificação das prestações colocadas à disposição do trabalhador. Como vimos atrás, o Código do Trabalho, em muitas situações, utiliza, como padrão para o cálculo de certas prestações complementares e acessórias, a retribuição base. Visto isto, haverá então o máximo interesse, nas perspectiva da entidade patronal, em pagar determinadas quantias ao trabalhador de forma regular e periódica e, falsamente, fazê-las constar como prestações complementares, estas sem qualquer correspondência real[96]. Assim, a entidade patronal procurará não se comprometer de futuro caso venha a ser chamada a pagar alguma prestação calculada em função da retribuição base.

Maiores dificuldades surgem, no entanto, quando pretendemos analisar em concreto se as demais vantagens atribuídas ao trabalhador em função e por causa da sua relação de trabalho com aquela concreta entidade patronal, acessórias da retribuição base, integram ou não o conceito de retribuição. No geral, tais vantagens acessórias destinam-se a elevar o grau de bem-estar

---

[95] Art. 250.º, n.º 2, al. *a)*, do CT.

[96] É o caso de, por exemplo, se pagar uma determinada quantia a título de ajudas de custo quando o trabalhador não necessita de despender qualquer quantia para o exercício da sua actividade.

do trabalhador pela atribuição directa ou pela disponibilização de determinados bens ou regalias[97]. Muitas das vezes, tais situações de vantagem criadas pela entidade patronal dispensam o trabalhador de incorrer em gastos para a satisfação de necessidades básicas do seu agregado familiar.

Resta agora saber se as ditas vantagens proporcionadas ao trabalhador estão em condições de ser consideradas como retribuição.

A primeira ideia a reter é a de que a prestação em causa só poderá pretender integrar o conceito de retribuição se for uma prestação patrimonial, isto é, susceptível de avaliação pecuniária, seja ela efectuada em dinheiro ou em espécie. Ao aplicarmos este requisito base vai acontecer que ficam automaticamente excluídas do conceito de retribuição as realidades não susceptíveis de avaliação pecuniária – Maria Manuela Maia[98] dá como exemplos a disponibilidade de um gabinete, a disponibilidade de um telefone no gabinete, a disponibilidade de lugar de estacionamento[99], etc.

Face a determinada prestação patrimonial, a primeira análise a efectuar é a de verificar se a mesma decorre do contrato de trabalho ou de convenção colectiva de trabalho. Se a prestação estiver especificamente prevista em qualquer dos instrumen-

---

[97] VASCO BRANCO GUIMARÃES, ao analisar as diversas vantagens acessórias, faz a distinção entre aquelas que visam proporcionar as condições de bem-estar social indispensáveis à prestação de trabalho dependente, e as vantagens "úteis ou benéficas ao trabalhador mas que não são indispensáveis à correcta prestação da actividade laboral" – v. VASCO BRANCO GUIMARÃES, *ob. cit.,* p. 46.

[98] V. MARIA MANUELA MAIA, *ob. cit.,* p. 266.

[99] Neste caso entendemos que apenas podemos falar em prestação não susceptível de avaliação pecuniária se estiver em causa um lugar de estacionamento nas instalações da entidade patronal; já se a entidade patronal assegurar ao trabalhador aparcamento, por exemplo, numa garagem, suportando o custo do mesmo, tal prestação acessória já deverá integrar o conceito de retribuição acessória.

tos referidos, então esta integra a retribuição. É por exemplo o caso do subsídio de refeição[100] na perspectiva delineada pelo art. 260.º, n.º 1, 2.ª parte, do CT. O contrato de trabalho pode até não definir, à partida, qual o montante exacto da prestação a receber, como acontece com as comissões, que se cifram numa determinada percentagem sobre as vendas ou negócios efectuados pelo trabalhador e que integram a retribuição[101].

Caso a prestação não esteja contratualmente prevista poderão surgir dúvidas, caso em que teremos de nos socorrer de outros critérios para definir o cariz retributivo ou não da dita prestação.

Nesta matéria parece-nos que deverão, à partida, efectuar-se duas operações essenciais.

Em primeiro lugar, entre as atribuições efectuadas a favor do trabalhador, há que distinguir as seguintes situações: (a) atribuições patrimoniais[102] que constituem reembolso ou adiantamento de despesas realmente efectuadas ou a efectuar pelo trabalhador, em virtude da forma concreta de este prestar trabalho; (b) atribuições patrimoniais que constituem mera regalia social; (c) atribuições que são efectiva contra-partida do trabalho prestado, ainda que de forma muito remota.

No que respeita aos meros reembolsos ou adiantamentos das despesas efectuadas ou a efectuar pelo trabalhador, parece claro que os mesmos não integram o conceito de retribuição.

---

[100] No sentido de considerar que tal prestação integra o conceito de retribuição v. o Acórdão da Relação de Coimbra de 15/03/84 (R.766), *Boletim do Ministério da Justiça*, n.º 335, p. 351; e o Acórdão da Relação de Coimbra de 22/04/93, BMJ, n.º 426, p. 541.

[101] V. Acórdão da Relação de Évora de 17/01/95, BMJ, n.º 443, p. 47; Acórdão do STJ de 14/03/86 (P.1135), BMJ, n.º 335, p. 276; e Acórdão da RC de 09/02/88 (R. 39 707), *CJ*, 1988, n.º 1, p. 102.

[102] Optámos por esta formulação para, na sequência do antes referido, abranger as atribuições efectuadas ao trabalhador que sejam susceptíveis de avaliação pecuniária, independentemente de serem concretizadas em dinheiro ou em espécie, ficando excluídas as situações insusceptíveis de avaliação pecuniária.

Estes podem ser pagos a título de ajudas de custo, abonos de viagem, despesas de transporte, entre outros[103], e terão necessariamente de corresponder a despesas efectivamente suportadas pelo trabalhador por imperativo de necessidades específicas do seu modo de prestar trabalho[104]. No que for para além disto, nomeadamente no caso de as despesas não estarem devidamente documentadas, ou, estando documentadas, serem totalmente alheias à prestação de trabalho, de o montante ser fixo e eventualmente até o seu valor estar contratualmente e em consequência antecipadamente previsto, já não subsistirá qualquer razão para que a atribuição patrimonial efectuada a este título não seja considerada retribuição[105]. Entre estas situações temos a hipótese de ao trabalhador ser atribuído um montante fixo e injustificado, contratualmente previsto, de ajudas de custo, ou a hipótese de ao trabalhador ser disponibilizado um cartão de crédito, com determinado *plafond,* para gastos pessoais.

Por outro lado ficarão também excluídas da retribuição as atribuições que constituam mera regalia social outorgada pela entidade patronal a favor do trabalhador. Neste caso a exclusão do conceito de retribuição impõe-se, em nossa entender, pelo facto de ser uma prestação em tudo alheia à ideia de contrapartida do trabalho prestado[106]. Tal prestação pode estar ligada, por exemplo, a determinados objectivos de cariz social ou recreativo que a entidade patronal, de forma paralela, decidiu prosseguir e fomentar. É o caso de a entidade patronal dispor de sala de jogos para utilização nos intervalos do trabalho, de court de ténis ou de campo de futebol para ser utilizado pelos trabalhadores

---

[103] V. Art. 260.º do CT

[104] Veja-se por exemplo o caso dos delegados de informação médica com actuação de cariz regional, que têm necessariamente de incorrer em despesas com alojamento, refeições, de combustíveis, etc.

[105] Neste sentido dispõe a 2.ª parte do n.º 1 do art.260.º do CT.

[106] Isto assumindo que a atribuição, como tal, não está contratualmente prevista como forma de remuneração do trabalho.

fora do horário laboral. Neste campo enquadraríamos também a possibilidade de a entidade patronal disponibilizar uma creche para os filhos dos funcionários. Se bem que esta hipótese possa merecer diferentes interpretações, há que confirmar se a utilização do infantário para os filhos dos funcionários da empresa constitui verdadeiro direito adquirido ou configura uma mera regalia social[107].

Temos igualmente que considerar aquelas situações em que a entidade patronal concede crédito aos seus trabalhadores a taxas contratuais mais reduzidas do que as taxas de referência para operações similares. Não poderá considerar-se que a vantagem patrimonial decorrente de tais situações integra o conceito de retribuição, isto no pressuposto de que a mesma não está contratualmente prevista.

Ainda nesta categoria podemos incluir aquelas situações em que o trabalhador, para o exercício das suas funções, utiliza diariamente uma viatura disponibilizada pela entidade patronal[108]. Ocorre muitas vezes que, atentas tais circunstâncias, a entidade patronal, não obstante a inexistência de acordo escrito nesse sentido, permite que o trabalhador se desloque entre a sua casa e o local de trabalho em tal viatura. Também nestes casos nos parece que tal atribuição não deverá constituir retribuição. Maria Manuela Maia fala, a este respeito, em mera tolerância da entidade patronal, que não configura qualquer contrapartida do trabalho prestado e que não tem cariz remuneratório[109]. Refere ainda os critérios que têm sido delineados pela jurisprudência

---

[107] V. Ac RLx 10/07/85 (CJ, 1985, n.º 4, p. 81) e Ac. RLx 05/11/79 (BMJ 1979, n.º 295, p. 41) os quais só em casos muito excepcionais admitem que a disponibilidade de serviços de creche possa constituir retribuição.

[108] Veja-se, por exemplo, o caso dos funcionários de empresas de distribuição de correios ou estafetas – deslocam-se diariamente em viaturas disponibilizadas pela entidade patronal para proceder à recolha e entrega de serviço.

[109] V. Maria Manuela Maia, *ob. cit.,* p. 266.

230 *Os Rendimentos do Trabalho e a sua Tributação*

dos nossos tribunais nesta matéria e que assentam na distinção entre a mera tolerância e o verdadeiro direito de uso da viatura[110], ou na análise do tipo de utilização (própria ou mista) da viatura ou de quem suporta as despesas com a reparação e o seguro da mesma[111].

Efectuada a operação de exclusão das atribuições subsumíveis às duas categorias referidas anteriormente, resta-nos realizar a segunda operação analisando, de entre as prestações sobrantes, as atribuições patrimoniais que sejam reconduzíveis, em última instância, à ideia de contrapartida do trabalho prestado.

Entre estas impõe-se agora fazer uma outra triagem, baseada em duas ideias fundamentais: (a) serem as mesmas efectuadas, ou não, de forma regular e periódica; (b) estarem as referidas atribuições patrimoniais directamente ligadas ao bom desempenho do trabalhador ou aos resultados obtidos por este (recorde--se que, atenta a primeira operação que foi efectuada, estamos a falar de atribuições que não estão contratualmente previstas).

Neste último caso a lei é clara em determinar que tais atribuições, efectuadas sobre a forma de prémios, gratificações ou outros, não se incluem no conceito de retribuição. As referidas atribuições são reflexo do chamado *animus donandi*, intensamente referido na nossa doutrina. Esta possibilidade hoje colocada à disposição dos empregadores pelo CT revela-se um instrumento essencial de fomento da capacidade produtiva, como já anteriormente neste trabalho tivemos oportunidade de referir, por permitir criar um jogo de incentivos para o trabalhador, sem vincular a entidade patronal à permanente atribuição de tais prestações ou a que a mesma seja considerada parte da retribuição. O Código do Trabalho, no seu artigo 261.º, inclui

---

[110] V. Ac. STJ 11/12/88 e Ac. RLx de 16/12/1983 (BMJ, 1983, n.º 372, p. 461).

[111] V. Ac. STJ 23/11/94 (CJ 1994, n.º 3, p. 297) e AC. RLx 16/12/83 (BMJ, 1983, n.º 372, p. 461).

neste grupo de atribuições as gratificações ou prémios directamente ligados com o mérito profissional do trabalhador ou com os resultados alcançados pela empresa[112]. Em nossa opinião fica igualmente coberta por esta disposição a distribuição de lucros da empresa efectuada anualmente aos funcionários.

Na eventualidade de a prestação, mesmo não contratualmente prevista, ser efectuada de forma regular e periódica, mesmo até cabendo na categoria de situações anteriormente referida, deverá, em nosso entender, considerar-se como integrante do conceito de retribuição, independentemente da formulação a que o empregador recorre para a sua atribuição.

5. O conceito de rendimento do trabalho no direito fiscal

Como resulta do que antes foi referido relativamente às finalidades do direito fiscal, este ramo do direito prossegue objectivos claramente distintos dos do direito laboral. Daí que, para efeitos de tributação, o Código do IRS construa um conceito de rendimento do trabalho que, embora importe noções criadas pelo direito laboral, vai muito para além do conceito de rendimento criado neste ramo do direito.

Face ao princípio da legalidade fiscal[113], segundo o qual os impostos, bem como os seus elementos essenciais, entre os quais se destaca a incidência e a taxa, terão de estar previstos na lei para que possam ser aplicados, ao que acresce a impossibilidade de serem criados quaisquer impostos retroactivos[114], o

---

[112] Relativamente a um "bónus para recompensar o trabalho desenvolvido durante o ano" v. Acórdão da RL de 02/12/98, *CJ,*1998, V, p. 162; quanto ao "prémio de produção" v. Acórdão da RC de 17/06/92, BMJ, n.º 418, p. 878; relativamente às "gratificações de chefia" v. Acórdão do STJ de 08/03/84 (P.653), BMJ, n.º 335, p. 214.

[113] Art. 8.º da LGT.

[114] Conforme dispõe o art. 12.º da LGT.

direito fiscal tem a preocupação de prever detalhadamente o que são rendimentos do trabalho, por forma a assegurar a sua tributação. Do referido princípio decorre que as situações que ficam fora das previsões legais do Código de IRS não poderão ser alvo de tributação.

O Código de IRS procura implementar o imposto único sobre o rendimento das pessoas singulares, o que aliás é delineado como objectivo constitucional. No entanto, constrói tal imposto com base num conceito cedular de rendimento, formulação emergente do princípio do rendimento fonte, não obstante as posteriores alterações que traduzem já a influência do princípio do rendimento acréscimo. Como trave mestra do imposto sobre o rendimento das pessoas singulares temos um outro princípio de extrema importância – o princípio da disponibilidade do rendimento.

Através do conceito cedular de rendimento, o legislador faz depender a tributação de determinado rendimento da situação de facto que lhe está subjacente, da fonte que lhe deu origem. Para o efeito teve de prever detalhadamente quais as situações de facto que, porque geram rendimentos, são relevantes em matéria de IRS, tendo optado por agrupá-las em categorias. Mas o legislador não ficou por aqui. Ao introduzir a possibilidade de tributação das mais valias, bem como a possibilidade de tributação dos acréscimos patrimoniais não justificados, segundo métodos indiciários, foi além da tributação segundo o princípio do rendimento fonte, e introduziu a tributação segundo o princípio do rendimento acréscimo, ainda que com limitações.

O princípio do rendimento acréscimo assenta na ideia de que deverá ser tributado ao sujeito passivo todo o acrescento ao património, ou seja, "todo o acrescento com valor pecuniário"[115]. Este princípio vigora já entre nós, embora fortemente

---

[115] V. J. J. Teixeira Ribeiro, "A noção de rendimento na reforma fiscal", *RLJ,* n.º 127, p. 322.

limitado[116]. Nas palavras de Saldanha Sanches[117] o nosso legislador utiliza um conceito de rendimento que corresponde, tendencialmente, ao de acréscimo patrimonial, excluindo, no entanto, algumas das suas consequências menos desejáveis, e procurando assegurar a implementação da tributação de acordo com a capacidade contributiva.

Uma das limitações mais sérias à implementação da tributação segundo o princípio do rendimento acréscimo decorre da aplicação do referido princípio da disponibilidade do rendimento. Segundo este princípio e de acordo com o Código de IRS, apenas se tributam os rendimentos efectivamente auferidos pelo sujeito passivo[118]. Dentro destes, refere o artigo 2.º do CIRS, de forma generalista, que são considerados rendimentos do trabalho dependente quer as remunerações pagas, quer as remunerações simplesmente postas à disposição do seu titular. Ficam então excluídos de tributação os créditos salariais, bem como os salários em atraso.

Na sequência da referida concepção cedular de rendimento, o legislador optou pela criação de categorias de rendimentos[119]. Assim, a tributação dos rendimentos do trabalho está prevista no Código do IRS em duas categorias de rendimentos: a categoria A

---

[116] V. J. J. TEIXEIRA RIBEIRO, *ob. cit,* p. 322 e ss.

[117] V. J. L. SALDANHA SANCHES, "Conceito de rendimento do IRS", *Fiscalidade,* n.º 7/8, Julho/Outubro 2001, p.35.

[118] Daí que não seja tributado em sede de IRS, por exemplo, o valor locativo ou a renda fundiária dos prédios não arrendados, bem como os rendimentos denominados "rendimentos imputados" que consistem nas "utilizações que os possuidores dos bens duradouros de consumo destes fazem" (v. J. J. TEIXEIRA RIBEIRO, *ob. cit.,* p. 323).

[119] O legislador dispunha, como refere SALDANHA SANCHES, de duas técnicas alternativas para concretizar o conceito cedular de rendimentos: a enumeração, quer sucessiva, quer em categorias; e a cláusula geral, possivelmente acompanhada por enumerações exemplificativas de receitas. V. SALDANHA SANCHES, *Manual de Direito Fiscal,* 2.ª Edição, Coimbra Editora, p. 207.

que engloba os rendimentos do trabalho dependente; e a categoria B na medida em que prevê, entre outros, os rendimentos do trabalho independente.

5.1. *A categoria A – os rendimentos do trabalho dependente*

5.1.1. As fontes de rendimento

Para definir os rendimentos incluídos nesta categoria o legislador baseou-se na ideia de contrato individual de trabalho. O artigo 2.º do CIRS considera, como rendimentos do trabalho dependente, as remunerações pagas ou colocadas à disposição do seu titular provenientes de "trabalho por conta de outrem prestado ao abrigo de contrato individual de trabalho ou de outro a ele legalmente equiparado". Este é, sem dúvida, um caso de sobreposição conceptual entre o direito fiscal e o direito laboral. Com efeito estamos perante uma situação conforme ao previsto no artigo 11.º, n.º 2, da LGT, o qual determina que "sempre que, nas normas fiscais, se empreguem termos próprios de outros ramos do direito, devem os mesmos ser interpretados no mesmo sentido daquele que aí têm, salvo se outro decorrer directamente da lei". Assim, o CIRS importa uma noção juslaboralista e, em consequência, baseia-se na situação de facto que é o contrato de trabalho para delinear a realidade geradora de rendimentos[120]. Por outro lado, em ambos os ramos do direito considera-se que a contrapartida do trabalho prestado ao abrigo de contrato individual de trabalho constitui rendimento do seu titular, fazendo o CIRS, em certa medida, equivaler o conceito de retribuição do direito laboral à ideia de rendimento no direito fiscal.

---

[120] Neste sentido v. SALGADO DE MATOS, *ob. cit.,* p. 64.

Para além desta sobreposição conceptual, são diversas as referências da lei que permitem concluir que a categoria A do IRS é desenhada tendo o contrato de trabalho como pano de fundo, não obstante contemplar outras situações de facto. Veja--se, por exemplo, o caso de o artigo 2.º fazer inúmeras referências à "entidade patronal"[121], quando pode não estar em causa a "entidade patronal". Tão flagrante é a assimilação de conceitos que o legislador sentiu necessidade de, no n.º 10 do referido artigo 2.º do CIRS, dar uma definição de "entidade patronal" para efeitos deste imposto. Assim, alargou o conceito de entidade patronal a toda e qualquer entidade que pague ou coloque à disposição remunerações que constituam rendimentos do trabalho dependente nos termos do artigo 2.º do CIRS, bem como às entidades que com aquelas estejam em relação de domínio ou de grupo.

Como já mencionámos, o direito fiscal vai além do direito laboral, uma vez que a noção de rendimento não se fica pelo conceito de retribuição. Assim como as situações geradoras de rendimento não se confinam ao contrato de trabalho. Menezes Leitão refere que o alargamento da categoria A do CIRS a situações que não se reconduzem a um contrato de trabalho "implica ter que se construir um enquadramento do facto tributário na categoria A com base em critérios económicos e não exclusivamente jurídicos"[122].

Assim, incluem-se na categoria A[123] os contratos de trabalho sujeitos ao regime geral do Código do Trabalho, bem como os contratos de trabalho sujeitos a regimes especiais, como seja

---

[121] V., a título de exemplo, no art. 2.º do CIRS – o n.º 3, al. *b)*, 3); o n.º 3, al. *b)* 4); o n.º 3, al. *b)*, 5); o n.º 3, al. *b)*, 6); o n.º 3, al. *b)*, 9); etc.

[122] V. Luís Manuel Teles de Menezes Leitão, "A tributação dos rendimentos de trabalho dependente em IRS", *Estudos do Instituto do Direito do Trabalho* – Volume IV, Instituto do Direito do Trabalho, Almedina, Coimbra, 2003, p. 226.

[123] Art. 2.º, n.º 1, al. *a)*, do CIRS.

o trabalho prestado a bordo, o trabalho portuário, o trabalho no domicílio, o contrato de serviço doméstico, o contrato de trabalho rural, entre outros[124]. Mais uma vez e atento o disposto no artigo 11.º da LGT, há uma assimilação dos conceitos criados pelo direito laboral, os quais são directamente importados para o direito fiscal, constituindo a sua interpretação à luz do direito laboral a base determinante para a aplicação desta concreta norma do direito fiscal.

Simultaneamente incluem-se, nesta mesma categoria, os contratos legalmente equiparados[125] ao contrato de trabalho. Estão aqui em causa desde logo, e de acordo com o disposto no artigo 13.º do CT, os contratos que tenham por objecto a prestação de trabalho sem subordinação jurídica, sempre que o trabalhador deva considerar-se na dependência económica do beneficiário da actividade. Temos como exemplo desta concreta situação os casos em que alguém, que depende economicamente do beneficiário da actividade, se obriga a prestar uma actividade no seu domicílio, ou se obriga a transformar certas matérias-primas a pedido e com destino a um cliente final, o mesmo a quem tais matérias haviam sido adquiridas[126].

É também o caso das remunerações auferidas por membros dos órgãos estatutários das pessoas colectivas[127] e entidades

---

[124] Para uma enumeração mais exaustiva e detalhada v. SALGADO DE MATOS, *ob. cit.,* p. 66.

[125] SALGADO DE MATOS chama aqui à atenção, com toda a pertinência, para o facto de só devermos considerar, para este efeito, aqueles contratos cuja equiparação ao contrato de trabalho conste de lei, e não de qualquer outro fonte infra legal. V. SALGADO DE MATOS, *ob. cit.,* p. 67. Na nossa análise devemos ter sempre presente a ideia que o direito fiscal, nomeadamente a matéria da incidência, obedece estritamente ao princípio da legalidade.

[126] SALGADO DE MATOS, *ob. cit.,* p. 67.

[127] Pessoas colectivas entre as quais se contam não só as sociedades comerciais, como também as sociedades civis sob a forma comercial, as associações, as fundações, as ordens profissionais, etc. v. SALGADO DE MATOS, *ob. cit.,* p. 79.

equiparadas[128] (art. 2.º, n.º 3, al. *a)* do CIRS), sendo que neste caso a relação emerge de uma designação directa no pacto social, de eleição dos sócios em Assembleia-Geral ou de procuração, e não de um contrato. Com esta menção às "entidades equiparadas"[129] pretende a lei referir-se às pessoas equiparadas a pessoas colectivas, mas desprovidas de personalidade jurídica, por forma a dotá-las de relevo jurídico para este fim, evitando assim qualquer fuga fiscal. A consideração legal de tais entidades não é situação nova, uma vez que muitas daquelas gozam de personalidade judiciária[130] nos termos do artigo 6.º do Código de Processo Civil. Note-se que, nestas situações em particular, estamos realmente para além dos limites apertados do contrato de trabalho, pois não podemos considerar que subsista o elemento primordial do contrato de trabalho que é a subordinação jurídica. Já no tocante à forma de retribuição, nos casos em que exista[131], esta vai assemelhar-se em tudo à retribuição auferida ao abrigo de um contrato de trabalho, razão que justifica a sua previsão na categoria A do CIRS.

Nesta categoria foi também incluído um conjunto de situações de facto que, não obstante não configurarem uma relação de trabalho, em muitos aspectos se reconduzem a tal ideia – são os contratos de "aquisição de serviços"[132]. Esta previsão legal resulta, em nosso entender, do princípio da legalidade em maté-

---

[128] Note-se que poderá caber nesta categoria, por exemplo, a remuneração auferida pelo representante legal nomeado para a sucursal em Portugal de uma sociedade estrangeira, o qual age por procuração e não ao abrigo de qualquer contrato de trabalho.

[129] Art. 2.º, n.º 3, al. *a)*, do CIRS.

[130] Veja-se por exemplo o caso de um administrador de condomínio ou do secretário de uma associação sem personalidade jurídica remunerados pelo exercício do cargo.

[131] Isto porque, de acordo com o art. 255.º CSC, podemos ter gerentes não remunerados.

[132] Art. 2.º, n.º 1, al. *b)*, do CIRS.

ria fiscal – o legislador, com vista a assegurar que nenhuma situação factual fica excluída de tributação por falta de previsão legal, introduz esta alínea para abarcar situações que poderiam ser de difícil qualificação. Nesta hipótese legal pretendeu o legislador contemplar diversas realidades.

Entre elas contam-se aquelas relações triangulares nas quais existe um trabalhador contratado por determinada entidade para responder aos contratos de prestação de serviços que essa entidade celebrou com entidades terceiras. De facto o trabalhador irá ser colocado sob a direcção e orientação destas últimas, que pagarão, ainda que indirectamente, o vencimento ao trabalhador. É por exemplo o caso dos contratos de utilização de trabalho temporário ou da cedência ocasional de trabalhadores[133].

Outra situação enquadrável nesta previsão legal será a dos trabalhadores que se encontram destacados a prestar serviço em Portugal ao abrigo de um contrato que, porque feito ao abrigo de legislação estrangeira, não se reconduz à ideia precisa de contrato de trabalho da nossa lei laboral. O CT, nos seus artigos 7.º e 8.º, determina a aplicação das disposições do Código de Trabalho a tais situações. Em consequência, atento o facto de tal trabalho ser prestado sob a autoridade e direcção do destinatário em território nacional, entendemos que a prestação auferida pelo sujeito passivo poderá, em última instância e se não o for ao abrigo de qualquer outra disposição, ser tributada como rendimento do trabalho dependente nos termos do artigo 2.º, n.º 1, al. *b)*, do CIRS.

Por último, temos a possibilidade, prevista no CIRS[134], de o sujeito passivo que, ao abrigo de um contrato de prestação de serviços, presta serviços a uma única entidade, optar pela tributação segundo as regras da categoria A[135]. Esta opção justifica-se por razões de simplificação fiscal e, simultaneamente, visa asse-

---

[133] SALGADO DE MATOS, *ob. cit.,* p. 69.

[134] Art. 28.º n.º 8 do CIRS

[135] Neste sentido v. MENEZES LEITÃO, *ob. cit.,* p. 229.

gurar o cumprimento do princípio da igualdade fiscal entre trabalhadores em situações de facto muito similares, como sejam os trabalhadores por conta de outrem e os trabalhadores independentes que prestam serviços a uma única entidade.

O CIRS inclui igualmente nesta categoria[136] situações que, não obstante extravasarem os domínios do contrato de trabalho, em tudo se assemelham a este no que respeita aos rendimentos auferidos e à forma como estes são pagos ao seu titular. É, por exemplo, o caso dos rendimentos auferidos no exercício de função, serviço ou cargo público (art. 2.º, n.º 1, al. *c)*, do CIRS) decorrentes das relações com a administração pública, os quais podem resultar de simples nomeação, de cooptação, de um contrato de provimento ou de um contrato de trabalho a termo certo. Tais relações podem reportar-se a indivíduos com lugar no quadro da administração pública, a titulares de cargos públicos (estes consubstanciados em centros autónomos institucionalizados de emanação de uma vontade atribuída a uma pessoa colectiva pública) ou a simples funcionários contratados para a prestação de uma actividade na administração pública sem integrarem os respectivos quadros[137].

Ainda nesta categoria A[138], o legislador decidiu considerar os rendimentos que estão temporalmente para além do contrato de trabalho, mas que não poderão ainda ser considerados pensões e como tal ser incluídos na categoria H (art. 11.º do CIRS). Estabelecendo como pressuposto a prévia existência de um contrato de trabalho, o legislador inclui aqui as remunerações auferidas pelo sujeito passivo após uma relação de trabalho (ou equiparada para efeitos de tributação de rendimentos do trabalho) e antes de verificados os requisitos legais que determinam a passagem daquele à situação de reforma. Tais remunerações

---

[136] Art. 2.º, n.º 1, al. *c)*, do CIRS
[137] V. SALGADO DE MATOS, *ob. cit.*, p. 69
[138] Art. 2.º, n.º 1, al. *d)*, do CIRS.

poderão ser auferidas numa de três situações: (a) existe contrato de trabalho e prestação efectiva de trabalho, ainda que com redução atenta a fase de transição para a situação de reforma; (b) ainda existe contrato de trabalho mas já não se verifica qualquer prestação de trabalho pelo sujeito passivo[139]; (c) já não subsiste o contrato de trabalho mas o pagamento de tais prestações (pela antiga entidade patronal ou por terceiro) foi previamente acordado até que se verificassem os requisitos legais de passagem à situação de reforma. Em qualquer das situações, a lei deixa espaço para a forma que as mesmas possam revestir, admitindo que possam ser pagas a título de pré-reforma, pré-aposentação, reserva, ou qualquer outro (art. 2.º, n.º 1, al. *d)* do CIRS)[140].

5.1.2. As prestações tributáveis

Elencadas que estão as situações de factos geradoras de prestações patrimoniais consideradas como rendimentos do trabalho tributáveis em sede de IRS, importa agora analisar minu-

---

[139] É o caso da pré-aposentação para os Polícias de Segurança Pública e pessoal de vigilância da Direcção Geral dos serviços prisionais; é também o caso da situação de reserva aplicada aos militares. Nesta matéria v. MENEZES LEITÃO, *ob. cit.,* p. 230 e 231; e SALGADO DE MATOS, *ob. cit.,* p. 71 e ss.

[140] Note-se que a assimilação de conceitos que o legislador faz neste art.2.º, n.º 1, al. *d),* do CIRS, só se justifica na medida em que os rendimentos provenientes do trabalho dependente e de pensões não estão, por ora, reunidos numa única categoria. A fusão das duas categorias (A e H) afigura-se, em nossa opinião, uma solução provável a médio prazo, uma vez que, de facto, não se vislumbra qualquer motivo que justifique a diferenciação entre ambas as categorias, que não sejam as especiais necessidades que possam recair sobre os pensionistas, em razão da idade ou da situação, por exemplo de invalidez, que determinou a atribuição da pensão. Acontece que as especiais necessidades decorrentes de uma situação de carência ou penosidade deverão ser contempladas em sede de abatimentos/deduções à colecta, e não de deduções específicas, sob pena de estarmos a introduzir mecanismos que, de forma aleatória, permitirão falsear a capacidade contributiva de determinados indivíduos.

ciosamente quais as prestações em concreto que deverão ser alvo de tributação.

O n.º 2 do artigo 2.º do CIRS recorre à enumeração aberta para tentar incluir todas as situações possivelmente geradoras de rendimentos. E é nesta matéria que surgem as primeiras grandes divergências entre os ramos do direito laboral e do direito fiscal. Em matéria de IRS o principal objectivo é abarcar toda e qualquer atribuição patrimonial, pecuniária ou não, que possa vir a afectar a capacidade contributiva de certo sujeito passivo. Assim e para o efeito, acaba por ser absolutamente indiferente se a prestação efectuada estava ou não contratualmente prevista, se é regular e periódica, se é fixa ou variável. O que importa determinar é se tal prestação foi efectivamente paga ou colocada à disposição do sujeito passivo e se, à data, tinha natureza patrimonial; em caso afirmativo, deverá a mesma ser alvo de tributação em sede de IRS.

Acontece que o CIRS não se fica por aqui. Efectivamente vais mais longe, esclarecendo que tais prestações, desde que emergentes das situações de facto supra descritas e conexas com a prestação de trabalho, são alvo de tributação como rendimentos da categoria A (e, portanto, do trabalho dependente), quer sejam pagas a título de remuneração principal ou de remunerações acessórias.

O n.º 2 do artigo 2.º do CIRS elenca todas as prestações susceptíveis de tributação no âmbito da categoria A do CIRS, quando auferidas pelo sujeito passivo como consequência das situações de facto descritas no n.º 1 do mesmo artigo. Refere a lei que constituem remunerações tributáveis nesta sede designadamente os "ordenados, salários, vencimentos, gratificações, percentagens, comissões, participações, subsídios ou prémios, senhas de presença, emolumentos, participações em coimas ou multas e outras remunerações acessórias…". Não obstante a minúcia com que o legislador previu todas as prestações, quis deixar aberta a possibilidade de serem tributadas outras remunerações auferidas e não concretamente previstas, facto que determinou que a enumeração fosse precedida do advérbio "designadamente". Depois o legislador concretiza a ideia que já antes referimos – para efeitos de tributação é irrelevante se as referidas prestações são "periódicas, fixas, variáveis, de natureza contratual ou não".

a) A remuneração principal

A tributação da remuneração principal decorre da conjugação do disposto nos números 1 e 2 do artigo 2.º do CIRS. A remuneração principal engloba, no essencial, os salários, ordenados ou vencimentos pagos regular e periodicamente ao trabalhador como contrapartida do trabalho prestado no horário normal de trabalho. Como refere Salgado de Matos[141], há aqui uma certa coincidência entre o conceito de remuneração principal estabelecido no direito fiscal e de remuneração base resultante do disposto no artigo 250.º do CT. A tributação destas prestações não apresenta grande complexidade, sendo geralmente aceite sem dificuldades de maior.

Paralelamente a tais rendimentos e em articulação com eles, o artigo 2.º, n.º 2, do CIRS prevê igualmente a tributação de prestações cada vez mais comuns e com maior peso nas retribuições mensais de muitos trabalhadores. Referimo-nos às remunerações relativas à prestação de trabalho fora do horário normal de trabalho, o qual é tendencialmente melhor remunerado e cuja remuneração é determinada em função do número de horas de trabalho prestado em tais condições. É o caso da remuneração do trabalho nocturno[142] e do trabalho suplementar[143], e da retribuição correspondente à isenção de horário de trabalho[144].

---

[141] V. SALGADO DE MATOS, *ob. cit.*, p. 75.
[142] Art. 257.º do CT.
[143] Art. 258.º do CT.
[144] Art. 256.º do CT.

b) As remunerações acessórias (*fringe benefits*)

Se a tributação da remuneração principal parece não levantar muitas dúvidas, já a tributação das remunerações acessórias[145] tem sido fortemente analisada pela nossa doutrina[146]. As vantagens acessórias poderão ser definidas como as atribuições, não incluídas na remuneração principal, efectuadas directa ou indirectamente, em dinheiro ou em espécie, pela entidade patronal, conexas com a prestação de trabalho e que conferem vantagem para o seu beneficiário. Naqueles casos em que tal vantagem acessória configurar verdadeiro rendimento para o seu beneficiário, deverá a mesma ser tratada fiscalmente como remuneração, neste caso remuneração acessória. De facto, atendendo aos princípios que norteiam a tributação dos rendimentos do trabalho, impõe-se concluir que a não tributação das remunerações acessórias provocaria fortes distorções ao nível da igualdade, da justiça, da equidade e da neutralidade fiscal[147]. Isto porque resulta muito evidente que as referidas remunerações acessórias, pelas diferentes formas que hoje assumem e pelos

---

[145] Note-se que, na sequência da análise antes efectuada em 3.3., falamos aqui de remunerações acessórias e já não de vantagens acessórias, uma vez que pretendemos restringir a nossa análise às vantagens acessórias com cariz remuneratório.

[146] V. J. L. SALDANHA SANCHES, "Antigas e novas remunerações em espécie", *Estudos do Instituto de Direito do Trabalho* – Volume I, 2001, Almedina, Coimbra, p. 387 e ss; MARIA DOS PRAZERES RITO LOUSA, "Aspectos gerais relativos à tributação das vantagens acessórias", *Ciência e Técnica Fiscal*, n.º 374, Abril/Junho de 1994, p. 9 e ss; SALGADO DE MATOS, *ob. cit.*, p. 75 e ss.

[147] Esta é uma das razões que explica a preocupação do legislador fiscal em reformar o CIRS no sentido de assegurar uma mais eficaz tributação das remunerações acessórias, que veio a concretizar-se na Lei 30-G/2000, de 29 de Dezembro. V. MINISTÉRIO DAS FINANÇAS, *Estruturar o Sistema Fiscal do Portugal Desenvolvido,* Almedina, Coimbra, 1998, p. 231.

elevados montantes que podem envolver[148], afectam decisiva e positivamente a capacidade contributiva dos seus destinatários, bem como do respectivo agregado familiar[149]. Na maioria das vezes traduzem-se em benefícios aos quais correspondem custos em que o sujeito passivo ou o seu agregado familiar deixarão de incorrer. Aliás é nesta perspectiva que o n.º 11 do artigo 2.º do CIRS considera como remunerações acessórias tributáveis em IRS os benefícios ou regalias atribuídos pela entidade patronal não só ao trabalhador, mas a qualquer membro do seu agregado familiar, a qualquer parente ou afim. Paralelamente, a não tributação das remunerações acessórias conduziria a um tratamento discriminatório entre contribuintes com igual capacidade contributiva, levando a tributar menos fortemente um deles pelo facto deste receber parte dos seus rendimentos sob a forma de vantagens acessórias (violação da equidade horizontal); simultaneamente teríamos uma situação de violação da equidade vertical, ao estarmos a tributar de forma mais gravosa o contribuinte de facto com menor capacidade contributiva, por este receber todo o seu vencimento em dinheiro e numa prestação reconduzível ao conceito de salário.

O CIRS prevê a tributação das remunerações acessórias, definindo-as de uma forma generalista como sendo "todos os direitos, benefícios ou regalias não incluídos na remuneração

---

[148] Note-se, como refere MARIA DOS PRAZERES RITO LOUSA, *ob. cit.*, p. 10, "O peso relativo das vantagens acessórias na remuneração global é muito variável (....). Pode até suceder, nos casos em que a parte fixa da remuneração seja reduzida ao salário mínimo, que a parte variável se transforme, afinal, na sua componente principal.

[149] Por este motivo foi estabelecido como prioritário, na reforma fiscal do IRS, "atacar os problemas causados por desvios da filosofia original do CIRS, em particular (...) uma mais eficaz tributação das remunerações acessórias (*fringe benefits*)" – v. "Principais Impostos (IRS)", *Estruturar o sistema fiscal do Portugal desenvolvido"*, Ministério das Finanças, Almedina, Coimbra, 1998, p. 230.

principal que sejam auferidos devido à prestação de trabalho ou em conexão com esta e constituam para o respectivo beneficiário uma vantagem económica". Resulta da lei que, no essencial, são três os elementos caracterizadores de uma remuneração acessória. Esta remuneração (1) não deverá integrar a remuneração principal; (2) deverá ser auferida devido à prestação de trabalho ou em conexão com ela; (3) deverá constituir uma vantagem económica para o respectivo beneficiário[150]. A esta definição dada pelo CIRS acrescentaríamos, no entanto, outro elemento que julgamos pertinente: (4) as referidas remunerações configuram um custo para a respectiva entidade patronal.

Com efeito, se o CIRS prevê a tributação das remunerações acessórias, equiparando-as à remuneração principal, qual o motivo que determina que estas sejam cada vez mais uma opção das entidades patronais[151]?

Na generalidade dos casos pretende criar-se uma situação de vantagem fiscal – muitas das vezes as empresas recorrem a estes expedientes remuneratórios na tentativa de que os mesmos escapem à detecção pela administração fiscal e, consequentemente, à tributação em IRS que incide sobre o seu destinatário, continuando a relevar como custo fiscal para aquelas entidades em sede de IRC. Simultaneamente sobre tais rendimentos não incidirão descontos para a segurança social. Se lograrem concre-

---

[150] MARIA DOS PRAZERES RITO LOUSA refere, a este propósito, que a remuneração acessória deverá conferir ao beneficiário um "acréscimo do seu bem-estar social" – v. MARIA DOS PRAZERES RITO LOUSA, *ob. cit.,* p. 11.

[151] MARIA DOS PRAZERES RITO LOUSA refere que não obstante a crescente generalização das remunerações acessórias pelas diferentes categorias de trabalhadores, "constata-se na verdade, que, quanto mais elevada for a categoria e o nível das funções exercidas pelo trabalhador, tanto mais fácil e frequente se torna a negociação e a consequente substituição e/ou acréscimo à remuneração base, de vantagens acessórias, em dinheiro ou em espécie.", *in* "Aspectos gerais relativos à tributação das vantagens acessórias", *Revista de Ciência e Técnica Fiscal,* n.° 374, Abril/Junho 1994, p. 11.

246 *Os Rendimentos do Trabalho e a sua Tributação*

tizar esse objectivo, temos uma situação de dupla vantagem – ganha a empresa porque aumentou os seus custos ficais e ganha o destinatário da remuneração porque beneficiou de uma vantagem patrimonial sem que a mesma fosse alvo de IRS e dos demais descontos legais, nomeadamente ao nível das contribuições obrigatórias para a segurança social. Se não lograrem alcançar o objectivo referido, nomeadamente pelo facto de as atribuições terem sido detectadas pela administração fiscal, manter-se-á alguma situação de vantagem face à grande probabilidade de ser dado a tais rendimentos acessórios um tratamento fiscal favorável relativamente às demais remunerações, mesmo a nível dos descontos para a Segurança Social[152].

Perante estas situações, torna-se necessário ter meios para detectar tais remunerações por forma a que as mesmas sejam analisadas e eventualmente sujeitas às regras da tributação, caso em que poderemos ter uma de três possibilidades: ou a atribuição efectuada não está legalmente prevista, escapando assim à

---

[152] Note-se que, nos termos do disposto no referido Decreto Regulamentar n.º 12/83, de 12/02, estabelece-se no artigo 3.º que

"Para os efeitos do artigo 1.º, não se consideram remunerações:

a) As despesas de transporte;

b) As ajudas de custo;

c) A indemnização pela não concessão de férias;

d) Os complementos de subsídios na doença, bem como os complementos de pensão;

e) Os subsídios pagos pelas entidades patronais aos trabalhadores a prestar serviço militar;

f) Os subsídios concedidos a trabalhadores para estudos dos filhos;

g) Os subsídios eventuais destinados ao pagamento de despesas com assistência médica ou hospitalização do trabalhador."

De acordo com o Decreto Regulamentar n.º 53/1983, de 22 de Junho, não constitui igualmente base de contribuições para a segurança social a participação nos lucros de empresa. De igual modo, também o abono para falhas deixou de ser considerado remuneração para este efeito, nos termos do disposto no Decreto-Lei n.º 140-D/1986, de 14 de Junho.

tributação; ou a atribuição efectuada a favor do trabalhador não tem qualquer motivo justificativo, consistindo numa mera liberalidade não declarada que se pretende que escape à tributação, caso em que estaremos perante uma situação de fraude fiscal; ou a atribuição efectuada a favor do trabalhador, embora não declarada, corresponde, por exemplo, ao reembolso de uma despesa, caso em que deverá ser sujeita a justificação documental e a tributação na parte que excede a exclusão tributária legalmente prevista. Mesmo nesta última hipótese em que o trabalhador vai ser tributado pela remuneração acessória que recebeu, fica numa situação de vantagem porque, no geral, a lei confere um tratamento fiscal mais favorável a tais remunerações do que o que é dado às atribuições pecuniárias.

Não obstante a crescente preocupação em tributar as remunerações acessórias, o legislador fiscal[153] está consciente da dificuldade de identificação destas formas retributivas, assim como alerta para a necessidade de se fazer uma análise custo/benefício entre a vantagem decorrente da sua tributação (nomeadamente quando muitas das remunerações acessórias são de reduzido montante) e o custo da fiscalização que permitirá a sua detecção[154].

O n.º 3 do referido artigo 2.º do CIRS dá alguns exemplos de remunerações consideradas como remunerações acessórias para este efeito as quais deverão ser, em consequência, alvo de tributação, estabelecendo, quanto às mesmas, "regras explícitas de incidência e de determinação do valor"[155].

---

[153] V. MINISTÉRIO DAS FINANÇAS, *ob. cit.,* p. 233.

[154] Como refere MARIA DOS PRAZERES RITO LOUSA esta análise fica dificultada pelo facto de, na maioria dos casos, ser difícil extrair da contabilidade das empresas elementos que permitam concluir qual o custo efectivo deste tipo de remunerações, já que as mesmas estão dispersas por distintas contas. V. MARIA DOS PRAZERES RITO LOUSA, *ob. cit.,* p. 21.

[155] V. XAVIER DE BASTO, *A tributação, em IRS, dos planos de opção, de subscrição ou de aquisição de valores mobiliários a favor de trabalhadores dependentes ou de membros de órgãos sociais,* Coimbra, 2003, p. 4.

248   *Os Rendimentos do Trabalho e a sua Tributação*

Em primeiro lugar prevê a tributação dos abonos de família[156] e respectivas prestações complementares na parte que fica para lá do limite fixado anualmente, conforme dispõe o n.º 14 do mesmo artigo.

Situação similar ocorre com a prevista tributação do subsídio de refeição, mas apenas na parte que exceder o limite legal fixado anualmente majorado em determinada percentagem[157].

O legislador prevê igualmente a tributação, como vantagem acessória, das importâncias dispendidas pela entidade patronal com seguros de vida e contribuições para regimes complementares de segurança social, nos casos em que estas possam representar um ganho claro e imediatamente concretizável para o seu beneficiário, independentemente da prestação de trabalho. Estão nestas condições as contribuições da entidade patronal para fundos complementares de segurança social e para seguros de vida, desde que constituam direitos adquiridos e individualizados dos respectivos titulares, concretamente por não exigirem a manutenção do vínculo laboral com a respectiva entidade patronal ou de qualquer outra que com esta esteja em relação de domínio ou de grupo[158]; preenchem igualmente os requisitos necessários à tributação aquelas prestações que, ainda que não individualizáveis, sejam antecipadamente resgatadas pelo beneficiário ou cujo capital seja recebido por este. Nestas situações justifica-se a tributação das prestações acessórias efectuadas pela entidade patronal, uma vez que a sua disponibilização por esta via funcionaria apenas como um expediente para permitir uma fuga à tributação, já que não haveria qualquer intuito de contribuir para

---

[156] Os abonos de família são "prestações pecuniárias, recebidas (...) pelos trabalhadores (...), em função do número e idade dos dependentes e do rendimento do agregado familiar" – v. VASCO BRANCO GUIMARÃES, *ob. cit.*, p. 50.

[157] Refira-se que os valores vigentes para o ano de 2005 são os constantes da portaria n.º 42-A/05, de 17/01

[158] Art. 2.º n.º 9 e n.º 10 do CIRS.

a reforma do beneficiário das mesmas, o qual, de facto, acede de imediato, ainda que por via indirecta, às importâncias dispendidas pela entidade patronal.

Ao invés, se estivermos perante contribuições para regimes de segurança social, ainda que privados, que visem assegurar exclusivamente benefícios em caso de reforma, invalidez ou sobrevivência, não serão os mesmos alvo de tributação[159]. Menezes Leitão[160] chama ainda a atenção para o previsto no artigo 86.º do CIRS e para a ressalva que aí é efectuada, segundo a qual apenas poderão ser deduzidas à colecta pelo sujeito passivo os prémios de seguros suportados por terceiros, no caso de a respectiva prestação ter sido alvo de tributação em sede de IRS como remuneração acessória do beneficiário. Ainda assim é nosso entendimento que, independentemente da dedução à colecta da referida prestação, esta deverá, no caso de preencher os requisitos antes referidos, ser sujeita a tributação por se tratar de verdadeiro rendimento do seu beneficiário[161].

A alínea *b)* do n.º 3 do artigo 3.º do CIRS prossegue com a enumeração das remunerações acessórias, referindo agora os subsídios de residência ou a utilização de casa de habitação fornecida pela entidade patronal. Parece claro que a atribuição da referida verba ou a disponibilização da habitação representam um ganho inequívoco para o sujeito passivo. No entanto é também notório que, em muitas situações, a necessidade de efectuar tal despesa decorre das especificidades da actividade laboral do sujeito passivo. Por exemplo, pode acontecer que determinado sujeito passivo, em virtude da sua actividade profissional, tenha que se ausentar com cariz de permanência da sua residência habitual, que no entanto opta por manter para todos os efeitos legais e onde mantém o seu agregado familiar.

---

[159] Art. 2.º, n.º 8, al. *a)*, do CIRS.
[160] V. MENEZES LEITÃO, *ob. cit.*, p. 236.
[161] Neste sentido v. SALGADO DE MATOS, *ob. cit.*, p. 82.

Em casos como este entendemos ser de ponderar a tributação ou não de tal prestação, uma vez que a mesma não constitui um verdadeiro ganho, na medida em que o trabalhador apenas utiliza a referida habitação durante o tempo de exercício da sua actividade e por causa desta, mantendo o seu centro de vida pessoal e familiar na sua residência. No entanto já não podemos subscrever alguma da jurisprudência produzida nesta matéria, relativa aos subsídios de compensação conferidos aos magistrados judiciais que não disponham de casa de habitação mobilada. Têm entendido os nossos tribunais[162] que tais subsídios não deverão ser sujeitos a tributação pelo específico motivo de serem atribuídos "no interesse primacial do exercício da função estatal de administração da justiça". Não nos parece que a tributação em sede de IRS possa pautar-se por este tipo de justificações, devendo antes analisar se efectivamente tal subsídio afecta ou não positivamente a capacidade contributiva dos referidos magistrados judiciais, se assume para aqueles cariz remuneratório ou se se destina apenas a responder a uma necessidade específica e determinante para o exercício da profissão.

Note-se que, para colmatar tal necessidade dos trabalhadores, pode sempre recorrer-se à figura das ajudas de custo, suportando a entidade patronal as despesas em que o trabalhador tenha de incorrer para fazer face às necessidades de alojamento no exercício da sua profissão. Esta solução pode apresentar-se como uma alternativa válida ao subsídio de habitação, sendo que neste caso o trabalhador beneficia de isenção de tributação até certo limite.

O CIRS prevê igualmente a tributação dos ganhos resultantes de empréstimos sem juros ou a taxa inferior à taxa de refe-

---

[162] V. Acórdão do Supremo Tribunal Administrativo, (Benjamim Rodrigues), 2000.01.19, in Diário da República, Apêndice de 2002.11.21, 1.º, p. 153; e Acórdão do Supremo Tribunal Administrativo, (Benjamim Rodrigues), de 1996.11.20, *BMJ*, 461, p. 500.

rência para operações similares, mas apenas na parte em que exceder um determinado limite legalmente fixado e desde que a diferença seja concedida ou suportada pela entidade patronal. Nesta sede o legislador, ao fixar os limites de isenção, é sensível não à grandeza do benefício mas ao fim a que se destina o empréstimo concedido em condições mais favoráveis – tal ganho não é tributado se se destinar à aquisição de habitação própria permanente de valor não superior a 134.675,43 €. No que respeita à forma de aferir a existência de ganho parece-nos que os critérios terão de ser extremamente apurados. Isto porque a capacidade de negociação junto da banca é cada vez mais flexível e a possibilidade de se negociarem taxas de juro mais favoráveis pode resultar de muitos factores, até alheios à relação de trabalho. Ora parece-nos que nesta situação pretende tributar-se a vantagem atinente à concreta relação de trabalho e estabelecida por causa dela. Nessa medida, julgamos ser um bom indício a previsão expressa, em muitos dos casos constante dos contratos de mútuo celebrados com o trabalhador, de que caso a relação de trabalho venha a terminar por qualquer motivo, o trabalhador passará a beneficiar da taxa normal de referência para aquele tipo de operações.

Serão ainda tributadas, como vantagens acessórias, as importâncias dispendidas pela entidade patronal com viagens e estadas não conexas com as funções do trabalhador. Parece unânime e indiscutível que estas atribuições afectam claramente a capacidade contributiva dos seus beneficiários, pelo que deverão ser alvo de tributação. O que não significa que a tarefa de as tributar devidamente esteja facilitada para a administração fiscal, uma vez que são actualmente cada vez mais comuns as situações em que tenta criar-se alguma, ainda que remota, conexão entre a viagem pretendida e a actividade desenvolvida pelo sujeito passivo[163].

---

[163] Veja-se, por exemplo, o caso dos congressos promovidos nas mais diversas áreas que ocorrem geralmente em locais extremamente atractivos do

Outra remuneração acessória especificamente prevista no CIRS[164] é a que se reporta aos rendimentos decorrentes de planos de opções, de subscrição, de atribuição ou outros de efeito equivalente, relativos a valores mobiliários ou direito equiparados[165]. Geralmente a vantagem é alcançada por meio de "planos de aquisição de acções", de "planos de subscrição" ou de "planos de opção pela aquisição de acções" (*stock options*)[166] que são disponibilizados aos trabalhadores ou aos membros dos órgãos estatutários. O que a lei pretende tributar, como rendimento do trabalho, é o ganho de que o trabalhador directamente beneficia, decorrente do facto de, como trabalhador, aceder a tais planos que contêm condições especialmente vantajosas no que se reporta, nomeadamente, ao preço de aquisição dos valores mobiliários em causa ou de adesão aos respectivos planos de opção. O ganho pode, nesta sede, operar-se por três vias: (a) o trabalhador ou membro do órgão social acede a determinado valor mobiliário em condições mais favoráveis[167] do que as dis-

---

ponto de vista turístico, muitas das vezes consistindo apenas num número reduzido de sessões inserido num programa de viagem de média ou longa duração. Em tal caso ficará demonstrado, com relativa facilidade, que a viagem apresenta conexão com a actividade do beneficiário, pelo que o custo correspondente não deverá ser alvo de tributação em sede de IRS, relevando simultaneamente como custo em sede de IRC.

[164] Art. 2.º, n.º 3, al. b), 7), do CIRS.

[165] Esta matéria é minuciosamente abordada por XAVIER DE BASTO, em *A tributação, em IRS, dos planos de opção, de subscrição ou de aquisição de valores mobiliários a favor de trabalhadores dependentes ou de membros de órgãos sociais*, Coimbra, 2003; v. também JORGE FIGUEIREDO, "Da tributação dos planos de opção de compra e subscrição de acções pelos trabalhadores. Uma abordagem integrada", *Fisco*, n.º 53, Abril 93, Ano 5; para uma diferente perspectiva sobre esta temática v. SALDANHA SANCHES, "O regime actual das stock options", *Fiscalidade,* n.º 7/8, Julho/Outubro 2001

[166] Para uma distinção entre as três hipóteses v. XAVIER DE BASTOS, *ob. cit.,* p. 12.

[167] Estas condições mais favoráveis podem consistir no preço de aquisição mais reduzido ou em mecanismos de protecção do risco do adquirente

poníveis, relativamente ao mesmo produto, para terceiros interessados na sua aquisição, isto decorrente da sua condição de trabalhador ou de membro do órgão social da pessoa colectiva; (b) o trabalhador, a quem foram efectivamente atribuídos tais valores mobiliários ou que exerceu o referido direito de opção em condições mais vantajosas, transmite aqueles, ou o direito de opção, onerosamente à entidade patronal, ou procede à sua liquidação ao preço corrente de mercado; (c) o trabalhador não chega a exercer o direito de opção ou a adquirir tais valores mobiliários, mas, pela recusa relativa à aquisição ou ao exercício do direito de opção, é-lhe atribuída determinada verba. Nas três hipóteses considera a lei que existe vantagem patrimonial para o trabalhador que deverá ser tributada e o CIRS estabelece regras, no artigo 24.º, n.º 4, que permitem avaliar pecuniariamente tal vantagem.

No primeiro caso o beneficiário teve a possibilidade de adquirir ou de exercer o direito de opção pela aquisição de determinados valores mobiliários, a preço inferior ao de mercado. No momento em que adquire, ou em que exerce o direito de opção pela aquisição conhecendo já o preço de aquisição (mais vantajoso do que o de mercado), o trabalhador beneficia de uma vantagem patrimonial, estritamente conexa com a prestação de trabalho – se não fosse trabalhador da empresa naquela data não poderia beneficiar daquelas especiais condições de aquisição e teria de despender uma verba mais elevada para a produção do mesmo efeito. A condição de trabalhador permite-lhe auferir esta vantagem, susceptível de imediata avaliação patrimonial, a qual configura um ganho imediatamente avaliável para o beneficiário. Tal ganho, segundo o disposto no CIRS, deverá ser sujeito a tributação.

É de notar, no entanto, que este tipo de remuneração acessória não é isenta de riscos, podendo acontecer que o seu

---

– v. Xavier de Basto, *ob. cit.,* p. 12. Em qualquer caso configuram uma situação mais vantajosa para o adquirente.

254 *Os Rendimentos do Trabalho e a sua Tributação*

beneficiário não consiga realizar monetariamente a vantagem que auferiu pelo facto de, no momento em que decide transaccionar os títulos, estes já terem perdido valor no mercado. Mas tal situação em nada contende com a inequívoca vantagem de que o trabalhador foi beneficiário na data da aquisição ou do exercício do direito de opção. Se não quer correr o risco de ser tributado para eventualmente vir a sofrer uma perda financeira, não deverá admitir este tipo de remuneração em espécie.

Na segunda situação descrita verifica-se que existe igualmente uma vantagem, concretizada no momento em que a entidade patronal vai recomprar os valores mobiliários ou adquirir o direito de opção sobre determinado plano, vantagem essa que corresponde à diferença entre o preço de aquisição pelo trabalhador (se inferior ao de mercado) e o preço a que efectua a nova transacção com a entidade patronal.

Na terceira hipótese, o ganho tributável é o que corresponde à remuneração pela recusa da aquisição ou do exercício da opção pela subscrição do plano.

É de notar que, atento o cariz duradouro de alguns destes planos e o momento bem determinado em que o ganho se concretiza, a lei prevê a hipótese de as vantagens a eles associadas poderem ser tributadas em momento posterior à cessação do contrato de trabalho ou do mandato social[168].

Ainda em sede de remunerações acessórias, o legislador considera que constitui ganho tributável a vantagem resultante da utilização pessoal pelo trabalhador ou por membro do órgão social de viatura automóvel cujas despesas de manutenção, seguro, gasolina, etc, sejam suportadas pela entidade patronal; no entanto a lei exige que haja acordo escrito a atribuir a viatura, nestes precisos termos, ao seu beneficiário. A lei cifra esta vantagem no produto de 0,75% do custo de aquisição da viatura pelo número de meses no ano de utilização da mesma[169].

---

[168] Art. 2.º, n.º 3, al. *b)*, 7) última parte, do CIRS.
[169] Art. 24.º, n.º 5, do CIRS.

Muito próxima desta situação está aquela em que o trabalhador utiliza uma viatura para a realização da sua prestação de trabalho, sendo que a entidade patronal, por mera tolerância e não porque haja acordo escrito nesse sentido, consente que o trabalhador utilize a referida viatura para as suas deslocações pessoais fora do horário de trabalho. Neste caso, por falta de previsão legal, não haverá lugar a qualquer tributação. Coloca-se a questão de saber se, dispondo desta hipótese, o trabalhador acederá a assinar o referido acordo, sabendo que então cairá nos pressupostos de tributação em sede de IRS. Menezes Leitão entende que "o trabalhador dificilmente aceitará celebrar esse acordo, em virtude de passar a ser tributado em IRS por este montante"[170].

Em nossa opinião tal situação não será tão clara. Isto porque é inegável a vantagem patrimonial que a atribuição de uma viatura constitui nos dias de hoje. Conforme tivemos oportunidade de referir anteriormente quando analisámos as prestações integrantes da retribuição à luz do direito do trabalho, referimos que todas as prestações que estão contratualmente previstas integram a retribuição e beneficiam das garantias decorrentes, entre outros, do princípio da proibição do retrocesso. Assim, parece-nos normal que o trabalhador pondere qual a situação apta a trazer-lhe maior vantagem – será a não tributação destes rendimentos em sede de IRS ou será a inclusão clara e inequívoca de tal prestação na retribuição, caso em que não poderá ser unilateralmente retirada pela entidade patronal? Atendendo a que muitas das vezes o trabalhador, não obstante o acordo escrito, apenas vai declarar esta remuneração em espécie, para efeitos de IRS, caso venha a ser fiscalizado pelos serviços da administração fiscal, entendemos ser de considerar a possibilidade de o trabalhador preferir que a referência à atribuição da viatura conste de acordo escrito.

---

[170] V. Menezes Leitão, *ob. cit.,* p. 240.

256 *Os Rendimentos do Trabalho e a sua Tributação*

Paralelamente e ainda no que respeita às vantagens relativas a viaturas, está prevista a tributação do ganho resultante da aquisição, por preço inferior ao preço de mercado, por trabalhador ou membro de órgão social, de viatura que gerou encargos para a entidade patronal. Vale neste caso a presunção estabelecida no n.º 13 do artigo 2.º do CIRS, de que a viatura foi adquirida pelo trabalhador ou membro do órgão social mesmo quando registada em nome de qualquer pessoa que integre o seu agregado familiar ou de qualquer pessoa por si indicada, desde que tal registo seja efectuado no prazo de dois anos a contar da data em que a mesma deixou de gerar encargos para a entidade patronal. Esta vantagem é tributada na medida do estabelecido no n.º 6 do artigo 24.º do CIRS.

Para além das situações agora elencadas que constam expressamente do CIRS, outras existem que integram o conceito de remuneração acessória para efeitos de tributação em sede de IRS, desde que em concreto estejam preenchidos os requisitos legais. Entendemos estar abrangido por tal disposição legal, por exemplo, o direito a estacionamento num determinado aparcamento quando directamente suportado pela entidade patronal e ao qual corresponde um determinado custo mensal; bem como o subsídio de fardamento quando consubstanciado em comparticipação na aquisição de vestuário relativo a trabalhadores com especiais necessidades de cuidado com a sua apresentação, desde que o respectivo vestuário seja para livre utilização do trabalhador fora do horário de trabalho[171].

c) Abonos para falhas

De entre as diferentes atribuições patrimoniais efectuadas ao trabalhador no âmbito de uma relação de trabalho ou a ela

---

[171] É por exemplo o caso de uma apresentadora de televisão que recebe um subsídio de fardamento para a aquisição de vestuário para uso não exclusivo nas respectivas emissões televisivas.

equiparada, o legislador teve alguma atenção no tratamento a dar à situação dos abonos para falhas.

Em matéria laboral é defendido o entendimento de que tais prestações não integram o conceito de retribuição por não serem contrapartida do trabalho prestado, revestindo antes um cariz indemnizatório.

Visto que tal entendimento não poderá ser importado para o direito fiscal pois, como já vimos, os fundamentos que presidem à tributação dos rendimentos do trabalho são em tudo distintos dos que orientam a lei laboral, há que procurar a razão que determina a não tributação destes abonos para falhas até certo limite.

Em nosso entender, tal dispensa de tributação verifica-se pelo facto de o legislador pretender acautelar as situações em que efectivamente venham a verificar-se falhas nos movimentos em numerário desencadeados por tais trabalhadores. Caso a lei pretendesse tributar na íntegra os abonos para falhas por considerá-los como aptos a afectar positivamente a capacidade contributiva do seu beneficiário, teria de prever, ao invés, a possibilidade daquele deduzir, ao seu rendimento mensal, as verbas que tivesse de despender para efectuar regularizações de caixa, ou equiparadas, quando se verificasse, de facto, alguma falha. Isto porque, em tais situações, o trabalhador, ao efectuar a dita regularização, veria a sua capacidade contributiva reduzida em igual montante.

Claro que tal razão não justifica uma dispensa ilimitada de tributação. Por referência à remuneração mensal fixa, a lei determina que deverão ser tributados os abonos para falhas na parte em que excedam 5% da mesma. Isto acontece por se entender que, a partir do referido limite, a prestação efectuada já passa a ter cariz remuneratório.

d) Ajudas de custo

Em matéria de ajudas de custo e de reembolso pelos custos de deslocação em automóvel próprio ao serviço da entidade patronal, o legislador, consciente da variabilidade do custo de vida, optou por fixar anualmente limites máximos considerados como adequados a ressarcir o sujeito passivo por tais despesas. Qualquer importância paga para além de tais limites entende-se como excessiva para o simples reembolso e é já considerada de cariz retributivo, pelo que deverá, nessa parte excedente, ser tributada.

Já no que respeita às despesas de deslocação, viagens ou representação em que o sujeito passivo incorreu em virtude da sua actividade profissional, a lei prevê o seu reembolso desde que as mesmas estejam documentalmente justificadas. No caso de não serem justificadas até ao final do exercício a que respeitam, deverão os respectivos pagamentos ser considerados de natureza retributiva e, em consequência, deverão ser sujeitos a englobamento como rendimentos do trabalho dependente enquadráveis na categoria A para efeitos de IRS.

e) Indemnizações

Uma importante previsão legal em matéria de tributação de rendimentos do trabalho prende-se com a tributação das indemnizações auferidas em virtude da constituição, extinção ou modificação das relações jurídicas que originam rendimentos do trabalho dependente. Neste ponto entendemos ser de salientar o facto de tais indemnizações serem não só as relativas a contratos de trabalho, mas antes as relativas a toda e qualquer situação de facto que, nos termos do disposto no n.º 1 do artigo 2.º do CIRS, seja fonte de rendimentos do trabalho.

É de sublinhar que esta norma contraria o princípio base estabelecido no artigo 12.º do CIRS de que as indemnizações não deverão ser sujeitas a tributação. Todavia, a possibilidade legalmente prevista de tributar tais indemnizações no âmbito da categoria A de IRS justifica-se pelo facto de, a esse título e em determinadas situações, serem atribuídas verbas extremamente elevadas que ultrapassam os limites razoáveis para uma prestação de cariz indemnizatório, contribuindo efectiva e positivamente para a alteração da capacidade contributiva do respectivo beneficiário.

Um exemplo da situação antes descrita é a possibilidade de serem atribuídas indemnizações aos membros de órgãos sociais de pessoas colectivas em virtude da cessação de funções sem justa causa. Na grande maioria dos casos em que estão em causa grandes sociedades, os membros dos órgãos sociais apenas aceitam desempenhar tais funções se tiverem a possibilidade de assegurar que não serão destituídos dos cargos sem mais. Daí que muitas vezes se acordem indemnizações extremamente avultadas[172] para o caso de tais indivíduos serem destituídos do cargo. A manter-se a vontade de destituição, mesmo perante tais indemnizações, não faria qualquer sentido isentar as mesmas completamente de tributação.

No entanto a lei é sensível ao cariz efectivamente indemnizatório que tais atribuições patrimoniais podem revestir. Por isso fixa no n.º 4 do mesmo artigo 2.º o limite até ao qual tais indemnizações ficam excluídas de tributação, determinando a tributação na parte excedente. Os critérios utilizados na fixação do limite de isenção de tributação prendem-se com a média das remunerações auferidas nos últimos 12 meses e com o tempo de exercício de tais funções.

Acrescenta o n.º 6 do mesmo artigo que os limites de isenção previstos para a referida indemnização não deverão abranger os créditos vencidos relativos às situações jurídicas que lhes deram causa. Em nossa opinião esta disposição deixa espaço aberto para eventuais fugas à tributação. Na prática verifica-se

---

[172] São os vulgarmente denominados "pára-quedas dourados".

que as partes têm total margem de manobra na celebração dos acordos subjacentes às indemnizações optando, na grande maioria dos casos, pela fixação de uma indemnização compensatória de natureza global, sem alusão a qualquer tipo concreto de prestação, no qual acabam por incluir os créditos vencidos, com vista a que os mesmos escapem à tributação. Paralelamente, e para garantia da entidade pagadora, celebram um acordo escrito no qual o beneficiário da prestação admite expressamente nada mais ter a reclamar, a nenhum título, da referida entidade. Em tais situações, apenas uma fiscalização altamente especializada detectaria a situação de fuga à tributação, o que nos parece configurar uma hipótese na prática bastante remota. Em nossa opinião, graças à maleabilidade que esta previsão legal confere e ao uso efectivo que trabalhadores e entidades patronais fazem da mesma, os custos decorrentes da não tributação parcial das indemnizações ascendem a níveis muito elevados e claramente desproporcionais ao objectivo de auxílio ao trabalhador que a norma pretendeu atingir.

Uma última nota neste ponto para sublinhar que, atento o disposto na alínea *b)* do n.º 1 do artigo 9.º do CIRS, são sempre sujeitas a tributação as indemnizações que visem a reparação de danos não patrimoniais, isto mesmo que acordadas no âmbito da extinção de um contrato de trabalho, exceptuando-se apenas as fixadas por decisão judicial, por decisão arbitral ou por transacção.

f) Participação nas companhas de pesca

O CIRS prevê a tributação no âmbito da categoria A os rendimentos, acrescidos dos descontos para a segurança social, decorrentes das companhas de pesca em que participem os pescadores. Esta remuneração é normalmente composta por uma parte fixa e por uma parte variável em função do pescado[173].

---

[173] MENEZES LEITÃO, *ob. cit.,* p. 243.

g) Gratificações atribuídas por terceiros

Nesta matéria assumem papel de relevo as chamadas gorjetas, com especial incidência para as gorjetas auferidas pelos trabalhadores do ramo do jogo, nomeadamente em casinos, bingos e salas de jogo. Outra área na qual as gorjetas assumem cada vez maior importância, mas onde, comparativamente, continuam a ter menor peso é a da hotelaria e restauração.

Se durante muito tempo se assumiu que era vantajoso para os trabalhadores que tais pagamentos fossem ocultados, ultimamente tem crescido a consciência de que poderá haver interesse em que as mesmas sejam declaradas, por diversas razões, passando nesse caso a ser alvo de retenção na fonte[174]. Todas elas se baseiam, no entanto, no facto de, nomeadamente no caso dos profissionais das casas de jogo, as gorjetas representarem uma parte muito significativa do salário auferido mensalmente. Assim, tem surgido interesse em que as mesmas relevem, por exemplo, para efeitos de descontos para a segurança social, por forma a garantir que, quer a nível de reforma, quer a nível de pensão a receber em caso de incapacidade para o trabalho, sendo atribuído um subsídio mais próximo do salário real. Por outro lado, em caso de conflitos laborais com a própria entidade patronal, poderá haver interesse em conhecer a remuneração real (gorjetas incluídas) para efeitos de pagamento de eventuais indemnizações calculadas com base nos rendimentos efectivamente auferidos pelo trabalhador[175].

---

[174] Retenção a efectuar pela Comissão de Distribuição de Gratificações conforme refere SALGADO DE MATOS, *ob. cit.,* p. 86.

[175] Veja-se a decisão do STJ de 23/01/1996, 1996, n.414, p.801, pela qual o tribunal considerou como dano causado ao trabalhador do casino o montante das gorjetas que este deixou de auferir em virtude da ilicitude do despedimento promovido pela entidade patronal, determinando-se que as mesmas fossem tidas em conta na indemnização a arbitrar ao trabalhador em sede de responsabilidade civil por factos ilícitos – MARIA MANUELA MAIA, *ob. cit.,* p. 271.

262   *Os Rendimentos do Trabalho e a sua Tributação*

Foram estas as razões que determinaram a criação da possibilidade de os beneficiários de tais prestações optarem por declarar as mesmas, em complemento da sua remuneração base. Caso seja exercido esse direito de opção deverão tais prestações ser tributadas em IRS como rendimentos do trabalho dependente (art. 2.º, n.º 3, al. *g)*, do CIRS).

5.2. *A categoria B – os rendimentos do trabalho independente*

De acordo com o previsto no artigo 3.º do CIRS, são tributáveis no âmbito da categoria B os rendimentos "auferidos no exercício, por conta própria, de qualquer actividade de prestação de serviços, incluindo as de carácter científico, artístico ou técnico, qualquer que seja a sua natureza...". A lei cria assim o conceito de rendimento do trabalho independente, fortemente baseado na noção de remuneração proveniente do contrato de prestação de serviços, podendo esta revestir a forma de uma remuneração pontual ou de uma remuneração de carácter regular, emergente de um contrato de avença.

Por outro lado deverão ainda ser tributados como rendimentos da categoria B aqueles que resultem da imputação efectuada aos sócios de sociedades de profissionais segundo as regras da transparência fiscal[176].

Verifica-se que também nesta sede o legislador foi além do previsto na lei civil para o contrato de prestação de serviços. Acrescenta a alínea *d)* do n.º 2 do mesmo artigo que, são igualmente rendimentos desta categoria, as indemnizações auferidas pelo sujeito passivo que sejam conexas com a actividade exercida, nomeadamente a sua redução, suspensão e cessação, assim como pela mudança do local de exercício da actividade,

---

[176] Art. 20.º do CIRS e art. 6.º do CIRC.

isto à semelhança do que está previsto para a categoria A[177]. No entanto separa-as uma grande diferença – em sede de categoria B não está prevista a isenção de tributação até um certo limite da indemnização auferida por extinção da relação que lhe está subjacente. Atentas as características dos rendimentos auferidos no âmbito desta categoria fará sentido, em abstracto, o diferente tratamento. No entanto, como antes mencionámos, é vulgar hoje em dia termos situações de prestação de serviços ao abrigo de contratos de avença em regime de quase exclusividade. Em tais situações, atendendo nomeadamente ao peso que os rendimentos provenientes do contrato de avença poderiam assumir no orçamento do prestador de serviços, entendemos compreensível que estivesse contratualmente prevista uma indemnização por cessação em certas circunstâncias, cuja isenção de tributação se justificaria nos precisos termos em que se justifica relativamente aos rendimentos da categoria A.

Conforme tivemos oportunidade de referir anteriormente no presente estudo, a prestação do trabalho autónomo, quer sob uma das formas típicas de contrato de prestação de serviços, quer sob qualquer forma atípica, pelas características que lhe são próprias, não contempla a existência de distintas prestações retributivas. De facto, o trabalho assim prestado é geralmente pago numa única prestação que contempla não só a remuneração do prestador de serviços, como também as despesas em que este teve de incorrer para o efeito. Por esta razão não se justifica, do nosso ponto de vista falar, nesta matéria, em prestações acessórias da remuneração do serviço efectuado, sendo que toda e qualquer quantia entregue pelo cliente ao prestador de serviços constitui, na íntegra, rendimento deste nos termos e para os efeitos do disposto no artigo 3.º do CIRS.

---

[177] Art. 3.º, n.º 2, al. *d)*, do CIRS.

5.3. O valor das prestações tributáveis

O rendimento, consubstanciado em qualquer uma das prestações anteriormente analisadas, pode ser pago ou colocado à disposição do seu titular por uma de três vias – em moeda com curso legal em Portugal; em moeda sem curso legal em Portugal; ou em espécie.

Caso o rendimento consista em determinado montante de moeda com curso legal em Portugal, o sujeito passivo deverá levar tal montante a englobamento, depois de efectuadas as competentes deduções e abatimentos[178].

Nas outras duas situações torna-se necessário converter o rendimento auferido pelo sujeito passivo em moeda com curso legal em Portugal. Na hipótese de o pagamento ser efectuado em moeda estrangeira, a conversão deverá ser realizada com base na cotação oficial da respectiva divisa à data em que a remuneração é disponibilizada ao seu titular ou, não sendo esta conhecida, à data de 31 de Dezembro do ano respectivo. No que respeita aos rendimentos em espécie, o artigo 24.º do CIRS estabelece as regras a observar para efectuar a equivalência pecuniária daqueles. Especial destaque é dado às remunerações resultantes da utilização de casa de habitação, de empréstimos concedidos sem juros ou com taxas de juro reduzidas, dos ganhos decorrentes dos pagamentos efectuados por recurso a situações de vantagem nas transacções relativas a valores mobiliários ou direitos equiparados e da atribuição do uso ou da aquisição de viatura automóvel.

Verifica-se, de facto, que o recurso a este último tipo de remuneração tem aumentado significativamente. Com elas deverá aumentar também a preocupação em criar meios adequados a permitir o seu controlo e tributação, por forma a não serem provocadas distorções ao nível da equidade e neutralidade fiscal.

---

[178] Art. 22.º do CIRS.

É que muitas das vezes as partes recorrem a este tipo de remuneração por razões fiscais, com o intuito de as mesmas escaparem à tributação. Nas palavras de Saldanha Sanches[179] "temos por isso uma remuneração em espécie que proporciona vantagens fiscais, sempre que encontramos uma atribuição patrimonial feita por um sujeito passivo de IRC a um sujeito passivo de IRS. Mas apenas quando essa atribuição patrimonial constitui, de acordo com a correcta interpretação da lei fiscal, um custo para o primeiro sem que constitua um rendimento tributável para o segundo".

5.4. *O tratamento fiscal mais favorável*

O estado, nas suas múltiplas funções e para além da necessidade de angariar fundos com a intenção de levar a cabo as diversas tarefas que lhe estão acometidas, tem também interesses sociais e económicos relevantes a defender.

Para o efeito serve-se dos mecanismos que tem ao seu dispor, sendo as políticas fiscais um meio por excelência para manifestar as suas opções sociais e económicas.

Tais opções manifestam-se pelo estabelecimento, geralmente limitado no tempo, de regimes fiscais diversos para determinadas situações, que podem passar pela exclusão tributária, pelo desagravamento fiscal (podendo este culminar numa isenção), pela criação de um incentivo fiscal e pela admissão de determinado gasto como despesa fiscal.

Atendendo ao princípio base que preside à tributação do rendimento – o princípio da capacidade contributiva, e ao que foi dito anteriormente em 1.2., o estabelecimento de um regime fiscal mais favorável para determinado tipo de situações deverá

---

[179] V. J. J. SALDANHA SANCHES, *ob. cit.*, p. 389.

ser especialmente legitimado, sob pena de se provocarem graves distorções entre os contribuintes[180].

Alcançado o fim visado ou comprovada a ineficácia do meio escolhido para o alcançar, deverá o rendimento objecto do tratamento fiscal mais favorável ser sujeito novamente ao regime normal de tributação, passando a obedecer aos princípios gerais de tributação do rendimento supra enumerados.

Não obstante a noção de rendimento do trabalho que decorre do CIRS, certo é que o mesmo código prevê a possibilidade de ser concedido tratamento fiscal diferenciado a determinadas prestações.

O direito fiscal, apesar de reconhecer o recebimento de determinado rendimento pelo sujeito passivo, pode submetê-lo a um regime excepcional previsto como tal pela lei fiscal. Esta, em vez de os sujeitar ao regime geral da tributação, dá-lhes um tratamento fiscalmente diferenciado, o que pode ocorrer essencialmente por quatro vias: pela delimitação negativa da incidência, pelo tratamento fiscal mais favorável que poderá levar à isenção, através das cláusulas de salvaguarda e dos benefícios fiscais[181].

Concretamente e para aquilo que nesta sede releva, diríamos que estão em causa prestações que, caso fossem analisadas unicamente à luz dos motivos que determinam a tributação dos rendimentos do trabalho, caberiam nas categorias A e B do CIRS. Ao invés, e nos termos do previsto no artigo 2.º, n.ºs 4 e 8, e no artigo 12.º do referido diploma, tais atribuições patrimoniais são excluídas da tributação, sendo que à partida se determina que o imposto não incide sobre as mesmas. Tal ocorre por razões extra-fiscais e pressupõe que seja encontrado um

---

[180] V. SALDANHA SANCHES, *Manual de Direito Fiscal,* Coimbra Editora, 2002, p. 187.

[181] De acordo com o previsto no art. 14.º da LGT, se nada for dito em contrário, a norma que prevê um benefício fiscal vigorará pelo prazo de 5 anos, com excepção dos benefícios fiscais com carácter estrutural.

ponto de equilíbrio entre as razões fiscais que motivam a tributação e as razões de índole sócio-económica que justificam a criação destes regimes excepcionais.

Saldanha Sanches chama a atenção para que este tratamento fiscal mais favorável não seja confundido com outras duas situações paralelas[182]. Em primeiro lugar, não deverá confundir-se com a não tributação decorrente da falta de previsão legal, pois, de acordo com o princípio da legalidade, quando determinada prestação não está prevista na lei não poderá ser tributada. Por outro lado, não deverá tal tratamento mais favorável ser confundido com as situações de não sujeição, em que determinado rendimento não é tributado pelo facto de, atento ao seu reduzido valor, se entender que, caso fosse tributado, colocaria o seu beneficiário abaixo dos limites mínimos de dignidade humana. Tal tratamento fiscal mais favorável é, assim, a concretização do princípio da capacidade contributiva limitado pelo princípio do mínimo de existência[183].

As delimitações negativas da incidência e as exclusões tributárias previstas no CIRS justificam-se, em nosso entender, por motivos económicos e sociais.

Em primeiro lugar e atendendo à exclusão de tributação de certo montante relativo às indemnizações previstas no n.º 4 do artigo 2.º do CIRS, entendemos que tal exclusão fica a dever-se a razões económicas e sociais de apoio a situações de desemprego. Terá considerado o legislador que o facto de determinado trabalhador perder o seu emprego é uma situação de sobremaneira grave e com consequências tais a nível financeiro que deverá determinar a criação de condições fiscais favoráveis à minoração de tais prejuízos.

Depois, e na nossa perspectiva por razões estritamente sociais, ficam isentas de tributação os descontos efectuados pelas

---

[182] V. SALDANHA SANCHES, *ob. cit.*, p. 190 e ss.
[183] Art. 70.º do CIRS.

entidades patronais para regimes obrigatórios de segurança social, nos termos estabelecidos na alínea *a)* do n.º 8 do artigo 2.º do CIRS.

Por outro lado, e já por razões que se prendem com a fomentação da capacidade produtiva e do progresso empresarial, ficam excluídas da tributação as prestações relacionadas com acções de formação profissional dos trabalhadores, conforme disposto no artigo 2.º, n.º 8, al. *c)*, do CIRS.

Outras atribuições há que, não fosse a disposição legal específica constante do artigo 12.º do CIRS, preencheriam os requisitos do artigo 2.º ou 3.º do CIRS para serem consideradas rendimentos das categorias A ou B. Estão em causa, por exemplo, as verbas atribuídas pela Segurança Social ou pela Santa Casa da Misericórdia de Lisboa pela prestação de acção social como família de acolhimento e de apoio a idosos, deficientes, crianças e jovens.

Naturalmente com distinta motivação e notoriamente envolvendo montantes consideravelmente mais elevados, o mesmo se passa relativamente aos prémios atribuídos aos praticantes de alta competição e aos respectivos treinadores pelas classificações relevantes obtidas em provas desportivas de elevado prestígio e nível competitivo. Nesta situação podemos igualmente considerar que, com alguma facilidade, tais atribuições patrimoniais seriam considerados rendimentos do trabalho para efeitos de IRS.

Se a nossa análise começou pela abordagem dos motivos que determinam a forma de tributação dos rendimentos do trabalho e se entre eles destacámos a intenção de tributar de acordo com a capacidade contributiva, facilmente nos apercebemos das fortíssimas distorções provocadas por tratamentos fiscais diferenciados como os agora referidos. Nomeadamente no caso dos prémios desportivos, são bem conhecidos os elevadíssimos montantes atribuídos em determinadas modalidades, tornando-se quase chocante conceber a ausência de tributação de tais situações num sistema que se quer justo, equitativo e pautado pela igualdade e que, para o efeito, pretende implementar a tributação de acordo com a capacidade contributiva dos sujeitos passivos.

A outra situação referida é aparentemente menos chocante pelo facto de estar em causa a assistência a pessoas em situação de carência, muitas das vezes a necessitar de cuidados muito específicos. Mas também aqui convém não confundir as realidades. Uma coisa são as necessidades dos receptores da assistência; realidade distinta é a capacidade contributiva daqueles que se propõem a acolhê-los. De facto, tais indivíduos limitam-se a prestar um determinado serviço e a ser remunerados por isso. Deverão as características do beneficiário da assistência influir na análise da capacidade contributiva da sua família de acolhimento, que muitas vezes acolhe duas e três crianças ou jovens, recebendo o respectivo subsídio por cada uma delas e assim provendo pelo sustento do seu agregado familiar? Da mesma forma esta situação de não incidência do IRS poderá causar distorções no comportamento dos sujeitos passivos, distorções essas que são indesejáveis[184].

A situação de desequilíbrio criada por tais normas só poderá, em nosso entender, ter uma explicação: a necessidade que o Estado tem de tratar mais favoravelmente determinadas situações para colmatar a intervenção que o próprio Estado é chamado a fazer nessas áreas, mas para as quais não dispõe de meios. É o caso da formação e do apoio financeiro à prática de actividades desportivas, bem como o caso de conseguir encontrar soluções, socialmente integradas, para indivíduos que necessitam

---

[184] Veja-se, por exemplo, a situação de uma mãe que abandona o trabalho que vinha desenvolvendo num infantário para ficar em casa, onde toma conta dos seus próprios filhos e ainda recebe duas ou três crianças entregues pela Segurança Social, estando neste caso isenta de tributação em sede de IRS.

de receber assistência e cuidados especiais, soluções que o Estado, só por si, não tem condições de proporcionar.

Também no campo das remunerações acessórias o legislador, em algumas das situações antes referidas[185], exclui de tributação algumas das vantagens acessórias de que o trabalhador é beneficiário.

Há casos em que o faz através da fixação de um limite de isenção e outros casos em que concretiza quais as situações de facto em que tal prestação fica isenta de tributação. Tal opção do legislador é orientada por razões de cariz social.

O legislador acolheu a ideia de que existem determinadas prestações que são outorgadas pela entidade patronal para garantir que, não obstante a prestação de trabalho, o trabalhador poderá ver assegurada a tutela de determinados valores essenciais. Entres estas contam-se o direito à alimentação mesmo quando, em virtude da sua actividade laboral, fica privado de confeccionar as refeições na sua habitação, vendo-se forçado a encontrar alternativas para assegurar a alimentação; a protecção da maternidade e o direito à educação da criança quando, mais uma vez em virtude da prestação de trabalho, o trabalhador não pode ficar a cuidar dos seus filhos; bem como o respeito pela igualdade de sexos no acesso ao trabalho por forma a permitir que os pais possam, em condições de igualdade, ter acesso a uma actividade laboral, dispondo a mãe de alternativas para assegurar os cuidados de vigilância e educação dos seus filhos. Por tais razões, o legislador opta por isentar de tributação até certo limite os abonos de família[186], o subsídio de refeição[187], as ajudas de custo[188], entre outros. Mas fá-lo apenas até certos limites, por considerar que poderia haver a tendência, ante a

---

[185] V. antes no texto em 5.1.2...
[186] Art. 2.º, n.º 3, al. *b)*, 1), do CIRS.
[187] Art. 2.º, n.º 3, al. *b)*, 2), do CIRS.
[188] Art. 2.º, n.º 3, al. *d)*, do CIRS.

inexistência de tais limites, de utilizar a isenção legal como meio de fugir à tributação[189].

Paralelamente o legislador isenta de tributação os benefícios imputáveis à utilização e fruição de realizações de utilidade social e de lazer mantidas pela entidade patronal, como sejam as creches, jardins-de-infância, cantinas, entre outros[190]. E note-se que, neste campo, o tratamento fiscal mais favorável está presente em duas frentes – se por um lado os respectivos benefícios são excluídos de tributação em sede de IRS, por outro as despesas inerentes à manutenção de tais estruturas de utilidade social são admitidas como custos fiscais das respectivas entidades patronais em sede de IRC, conforme disposto no artigo 40.º do CIRC.

6. Uma abordagem crítica

Analisados que estão os rendimentos do trabalho do ponto de vista laboral e do ponto de vista fiscal, importa agora fazer um balanço do estado da tributação de tais rendimentos no âmbito da lei nacional.

Começaremos por recordar que a intenção última do direito fiscal é angariar fundos para permitir a sustentabilidade do estado, mormente na actual veste de estado social de direito. Todavia pretende-se que o sistema de cobrança de tributos seja revestido de uma total neutralidade. Isto equivale a dizer que um sistema fiscal bem concebido é aquele que não influencia, positiva ou negativamente, as opções dos cidadãos.

---

[189] Neste sentido pode explicar-se, por exemplo, a diferença que existe no art. 3.º, n.º 3, al. *b)*, 2), do CIRS entre o subsídio de refeição pago em dinheiro ou em vales de refeição. Neste último caso há um elevado grau de certeza de que tal prestação recebida pelo trabalhador vai efectivamente ser utilizada para o fim a que se destina, razão pela qual a lei prevê um maior limite de isenção.

[190] Art. 2.º, n.º 8, al. *b)*, do CIRS.

Concluída esta abordagem à forma como a lei nacional concebe os rendimentos do trabalho, consideramos que há ainda algum esforço a desenvolver até atingirmos o ponto óptimo de neutralidade do sistema. Isto porque detectámos diversas situações em que, por razões fiscais, empregadores e trabalhadores são compelidos a adoptar determinados comportamentos, nomeadamente a nível contratual e retributivo. Mais curioso ainda é termos encontrado, paralelamente, casos em que é o próprio direito laboral e constitucional que determina e condiciona as opções fiscais dos empregadores e trabalhadores.

Em primeiro lugar, faremos uma breve referência aos condicionalismos decorrentes da lei fiscal. Depois abordaremos as situações que consideramos pertinentes a nível laboral.

A primeira situação que, do nosso ponto de vista, continua a provocar fortes distorções no sistema tributário é a diferença de regime resultante da opção pela celebração de um contrato de trabalho ou de um contrato de prestação de serviços, quando as circunstâncias que estão na sua base são similares e existe de facto subordinação jurídica. No caso de se optar pela celebração de um contrato de prestação de serviços, o prestador poderá beneficiar do regime simplificado de tributação, tendo a possibilidade de ver apenas tributados 65% dos rendimentos que efectivamente aufere (isto ainda que os 35% não tributados não correspondam a qualquer despesa efectivamente realizada pelo sujeito passivo).

Por outro lado e a título de exemplo, a lei não prevê a tributação, em sede de categoria B, de rendimentos que o artigo 2.º do CIRS elenca como remunerações acessórias. É, por exemplo, o caso de o prestador de serviços ter obtido, em consequência do seu contrato de avença com determinada entidade, condições mais favoráveis, consubstanciadas nomeadamente em taxas mais reduzidas, relativas a empréstimos efectuados com a própria entidade sua cliente[191]. Da mesma forma não existe previsão legal, no caso de estarmos perante um contrato de prestação de serviços, relativa à tributação das quantias dispendidas pela entidade patronal com contribuições para fundos de pensões ou similares, que constituam direitos individualizáveis dos respectivos titulares.

Ao mesmo tempo observa-se que os prestadores de serviço têm uma clara vantagem, a curto prazo, relativa à não obrigatoriedade de a entidade pagadora efectuar descontos para a segurança social sobre a totalidade dos seus rendimentos, cabendo ao prestador de serviços optar pelo escalão de contribuições a que pretende aderir.

Numa perspectiva inversa e como já anteriormente tivemos oportunidade de referir, o prestador de serviços não goza da possibilidade de exclusão tributária prevista no artigo 2.º, n.º 4, do CIRS. Ora, em nossa opinião, tal regime, a existir, faria todo o sentido que fosse extensível à categoria B, nomeadamente nas situações em que o prestador de serviços cessa contratos de avença relevantes ou cessa contratos de prestação de serviços que mantinha em regime de quase exclusividade, mas que por não serem de total exclusividade não lhe permitem optar pelas regras de tributação segundo a categoria A. Note-se porém que o facto de defendermos o alargamento do referido regime à categoria B não significa que concordemos com o mesmo. Isto porque, como referimos em momento anterior no texto, em nossa opinião, os custos decorrentes da não tributação parcial das indemnizações são desproporcionais e desadequados ao fim que, com a referida norma, se visou alcançar.

No que respeita ao regime simplificado, é este apontado como constituindo a solução possível para facilitar o controlo

---

[191] Imagine-se, por exemplo, a hipótese de um solicitador ou um advogado que, de forma exclusiva, prestam serviços a uma entidade bancária, desenvolvendo a actividade nas instalações desta.

274 *Os Rendimentos do Trabalho e a sua Tributação*

pela administração fiscal, resultando de uma análise do equilíbrio entre os custos decorrentes de uma permanente fiscalização e os proveitos decorrentes da tributação que de tal fiscalização poderiam advir. Concluiu-se, então, que seria mais proveitoso excluir da tributação, desde logo, parte dos rendimentos, sem qualquer exigência de suporte documental, assegurando, assim, a tributação do remanescente sem custos de fiscalização para a administração fiscal. Não se discute a bondade deste raciocínio, pondo-se apenas em causa a falta de neutralidade que introduz no sistema quando a ele podem recorrer sujeitos passivos apenas para poderem retirar os referidos benefícios, que não encontrariam se optassem por situações de facto que originam outras formas de tributação em IRS (nomeadamente segundo as regras da categoria A).

Ao mesmo tempo, entendemos ser de apontar outro desajuste do sistema que, do nosso ponto de vista, merecia tratamento diferente em sede de regime simplificado. De acordo com o disposto no artigo 31.º do CIRS, a determinação do rendimento tributável segundo as regras do regime simplificado, resulta da aplicação de indicadores objectivos para os diferentes sectores de actividade. A ideia será, naturalmente, a de ponderar o tipo de gastos em que cada prestador de serviço terá de incorrer para desenvolver a sua actividade. Isto em nada contende com outro tipo de gastos em que o prestador de serviços, nos termos da lei, tem obrigatoriamente de incorrer, como sejam os descontos obrigatórios para a segurança social, sejam estes relativos ao regime geral ou a regimes privativos de segurança social[192]. Ora não encontramos razão que justifique a impossibilidade de determinado trabalhador independente que tenha optado pelo regime simplificado de tributação não poder deduzir, para efeitos de IRS e à semelhança do que ocorre no âmbito da

---

[192] Como seja, por exemplo, a "Caixa de Previdência de Advogados e Solicitadores".

categoria A de rendimentos (art. 25.º, n.º 2, do CIRS), os montantes despendidos com descontos obrigatórios para a segurança social[193]. É uma diferença de regime que, em nossa opinião, não tem qualquer justificação.

A segunda situação que entendemos que influencia as escolhas dos trabalhadores e dos empregadores é a diferença de regime de tributação da remuneração principal e das remunerações acessórias. Este é um dos motivos que tem conduzido ao aumento significativo do recurso às remunerações acessórias em alternativa a um incremento da remuneração principal. Isto acontece porque tal situação representa um benefício para ambas as partes envolvidas – trabalhadores e respectivas entidades patronais. A primeira intenção de ambos é que tais remunerações escapem à tributação e aos descontos para a segurança social. Se assim acontecer, temos uma situação que por princípio gerou um aumento de bem-estar para o trabalhador, configurando um ganho real consubstanciado numa despesa em que o trabalhador não terá necessidade de incorrer, sem que tenha sido chamado a pagar impostos sobre tais montantes ou sobre a sua equivalência pecuniária. Simultaneamente, tais situações representam um ganho para a entidade patronal, que pôde considerá-las como custos fiscais nas rubricas contabilísticas respectivas. Em complemento e do ponto de vista da entidade patronal, tais situações traduzem um aumento do salário real e funcionam como um mecanismo de incentivo à produtividade e à fidelização dos trabalhadores, sem custos acrescidos.

Caso tais remunerações venham a ser detectadas, certo é que o regime de tributação previsto para as mesmas no CIRS é claramente mais favorável do que aquele que seria aplicável caso a entidade patronal se limitasse a efectuar o respectivo pagamento em dinheiro de tais remunerações. Não obstante as

---

[193] Sejam estes efectuados para o regime geral ou para regimes privativos de Segurança Social.

descritas vantagens, é inegável que tal opção retributiva vai influenciar a neutralidade do sistema fiscal, e vai trazer enormes consequências ao nível da equidade. Vasco Branco Guimarães[194] refere como consequências da não tributação das remunerações acessórias (1) a violação do princípio da igualdade entre os contribuintes, com prejuízo da equidade horizontal e vertical; (2) a diminuição da carga fiscal de imposto sobre o rendimento pessoal; (3) a erosão da base tributável; (4) distorções nos cálculos nacionais reportados à massa salarial; (5) distorção do consumo, uma vez que os trabalhadores destinatários da remuneração ficam privados de efectuarem a escolha do que pretendem consumir; (6) encoraja a substituição das remunerações em dinheiro pelas remunerações acessórias.

Como refere este autor e em clara conexão com esta situação, temos a crescente opção pelo pagamento da remuneração em espécie, em vez do corrente pagamento em dinheiro. Atendendo ao facto de as remunerações em espécie serem primordialmente escolhidas para remunerar trabalhadores de escalões mais elevados, a sua não tributação vai provocar ainda mais sérias distorções ao nível da equidade do sistema fiscal, ao mesmo tempo que introduz limitações à liberdade de escolha dos trabalhadores. Temos de atender ao facto de que o trabalhador exerce determinada actividade por forma a auferir um rendimento que lhe permita fazer face, de acordo com a sua liberdade dispositiva, às necessidades quotidianas do seu agregado familiar. Impõe-se reconhecermos que a atribuição ao trabalhador de rendimentos em espécie limita fortemente tal liberdade dispositiva, pois haveria sempre a hipótese de o trabalhador decidir, caso recebesse uma quantia pecuniária destinada a criar igual condição de bem-estar, não afectar a verba recebida a tal despesa, atento o carácter fungível do dinheiro.

---

[194] Vasco Branco Guimarães, *ob. cit.*, p. 45.

A acrescer temos de considerar igualmente a existência de razões laborais que têm determinado as opções retributivas e, consequentemente fiscais, das entidades empregadoras.

Se atendermos à disposição constitucional que determina que "os salários gozam de garantias especiais, nos termos da lei"[195] e às disposições de protecção da retribuição constantes do Código de Trabalho, aliadas às apertadas regras de cessação do contrato de trabalho por iniciativa do empregador[196], facilmente concluímos que a criação de postos de trabalho é uma decisão com pesadas consequências para as entidades patronais. Com efeito, tem existido a preocupação de criar um conjunto de condições, nomeadamente com vantagens a nível fiscal, de incentivo à criação líquida de postos de trabalho. Constata-se, no entanto, que a vontade das entidades patronais não tem sido direccionada nesse sentido, de onde decorrem as consequências a nível retributivo a que vamos fazer alusão.

O que se tem verificado é que as entidades patronais, ao invés de admitirem novos trabalhadores, têm optado por agilizar a mão-de-obra de que dispõe efectivamente. E fazem-no com a preocupação de recorrer a expedientes que, do ponto de vista laboral, não as vinculem às apertadas regras em matéria de retribuição e que, simultaneamente, do ponto de vista fiscal, criem benefícios para elas próprias e sejam atractivas para os trabalhadores. É com base nesta ideia que podemos explicar o crescente recurso às remunerações complementares da remuneração base e às remunerações acessórias.

Na verdade tem-se assistido a um crescente recurso ao trabalho suplementar, à isenção de horário e ao trabalho em dias feriados e de descanso. De acordo com o disposto no CT e em

---

[195] Art. 59.º n.º 3 da CRP

[196] Art. 396.º e ss, sendo que na maioria dos casos a lei faz depender o despedimento de causa justificativa, impondo a organização de um processo disciplinar.

convenções colectivas de trabalho, o trabalho prestado em tais condições é especialmente remunerado, o que pode despertar no trabalhador o interesse em prestá-lo. Todavia, tais prestações não integram o conceito de retribuição. O que significa que a entidade patronal, assim que perca interesse naquela prestação extraordinária de trabalho, pode dispensar o trabalhador de a prestar. Ora tais prestações, que podem assumir extrema relevância no salário do trabalhador por poderem atingir valores mensalmente muito elevados, serão, em qualquer altura, unilateralmente retiradas pela entidade patronal, ficando o trabalhador dispensado de prestar trabalho ao abrigo de tais regimes.

Paralelamente, tem-se assistido ao aumento crescente do recurso às remunerações acessórias. Por via destas privilegia-se a criação de condições de bem-estar do trabalhador, cativando-o com a atribuição de bens ou prestações que à partida se sabe que lhe aumentarão o seu grau de satisfação. Mais interesse ainda revestem estas prestações, se ambas as partes souberem que fiscalmente vão poder escapar à tributação ou contar com um tratamento mais favorável. Muitas destas prestações, como antes analisámos, não integram o conceito laboral de retribuição, razão pela qual poderão também ser retiradas unilateralmente pela entidade patronal quando assim o entender.

Além de que as diversas formas existentes de remuneração acessória são extremamente maleáveis, podendo a entidade patronal jogar com elas segundo a política de gestão de recursos humanos que pretenda seguir e os objectivos que vise alcançar. Por recurso, por exemplo, à remuneração através de *stock-options*, nomeadamente quando estão em causa quadros superiores de empresas, pode a entidade patronal criar um especial interesse nos trabalhadores em se empenharem no crescimento e sucesso da empresa na qual têm agora uma especial participação. Se optar, por exemplo, pela atribuição de prémios de produtividade em função dos resultados obtidos, a entidade patronal criará no trabalhador um interesse especial pelo bom desempenho da empresa. Note-se que qualquer um destes mecanismos traz vantagens para a entidade patronal e é agradável ao trabalhador porque configura um aumento do seu salário real. Ao mesmo tempo pode configurar uma vantagem fiscal por conseguir escapar à tributação ou porque, sendo tributado, beneficia de condições mais vantajosas do que beneficiaria caso fosse efectuado o correspectivo pagamento em dinheiro, nomeadamente pelas dificuldades que muitas vezes surgem em quantificar os ganhos obtidos.

Nestas situações podemos falar em verdadeiro "conluio fiscal" entre as entidades patronais e os trabalhadores, apenas susceptível de ser quebrado por iniciativa da Administração Fiscal. E, mesmo conhecendo a possibilidade, ainda que remota, de tais remunerações virem a ser detectadas, entidades empregadoras e trabalhadores, fazendo uma análise de custo/benefício, facilmente poderão concluir que "o crime compensa". Isto porque, uma vez detectada a fraude fiscal e atentos os montantes envolvidos, não advirão daí consequências muito mais gravosas do que as que suportariam se à partida declarassem tais rendimentos.

Em qualquer dos casos é de notar que tais remunerações podem ser retiradas unilateralmente pela entidade patronal, sem que constituam diminuição da retribuição[197]. Acontece que, como os trabalhadores se movem muito pela satisfação de interesses imediatos, geralmente só se apercebem das consequências resultantes da não inclusão de tais rendimentos na sua retribuição em momento muito posterior, nomeadamente em caso de cessação do contrato de trabalho.

Face ao exposto impõe-se concluir que o direito fiscal, em matéria de tributação de rendimentos, está longe de ser neutro,

---

[197] V. Acórdão da RL de 2000.05.24, *Colectânea de Jurisprudência,* 2000, 3.º, p. 163.

continuando a provocar distorções e a influenciar as opções dos sujeitos passivos. Situação que tenderá a agravar-se se pensarmos que a prestação de trabalho é uma realidade que acompanha as tendências da globalização económica pelo que, com grande facilidade, os quadros altamente qualificados das empresas poderão estabelecer-se fiscalmente no ponto do globo que apresentar maiores vantagens a nível tributário. Esta realidade só irá contribuir para o agravamento das distorções em matéria fiscal, fazendo recair o ónus contributivo sobre os indivíduos de forma desigual, deixando muitas dúvidas quanto à aplicabilidade efectiva da ideia de equidade e redistribuição de riqueza que, em última instância, preside ao nosso sistema fiscal.

Paralelamente, também as apertadas regras do direito laboral, nomeadamente no que se prende com as garantias da retribuição e de cessação do contrato de trabalho, têm condicionado as opções retributivas de trabalhadores e entidades patronais. Por um lado, não têm conduzido (não obstante todos os incentivos legais, mormente a nível fiscal, introduzidos com este propósito) à criação líquida de postos de trabalho, de onde se depreende que as vantagens fiscais não compensam a rigidez do Código do Trabalho. Por outro, verifica-se um aumento do recurso às remunerações em espécie e às remunerações acessórias, em alternativa ao aumento da retribuição base, criando condições que, a seu modo, têm permitido um aumento da evasão fiscal.

Abreviaturas utilizadas

BMJ – Boletim do Ministério da Justiça

CC – Código Civil

CIRS – Código do Imposto sobre o rendimento das pessoas singulares

CIRC – Código do Imposto sobre o rendimento das pessoas colectivas

CJ – Colectânea de Jurisprudência

CPC – Código de Processo Civil

CRP – Constituição da República Portuguesa

CSC – Código das Sociedades Comerciais

CT – Código do Trabalho

IRS – Rendimento das pessoas singulares

IRC – Rendimento das pessoas colectivas

LGT – Lei Geral Tributária

RC – Tribunal da Relação de Coimbra

RE – Tribunal da relação de Évora

RL – Tribunal da Relação de Lisboa

ROA – Revista da Ordem dos Advogados

STJ – Supremo Tribunal de Justiça

Bibliografia

CASALTA NABAIS, José, "A face oculta dos direitos fundamentais: os deveres e os custos dos direitos", *Por um estado fiscal suportável - Estudos de Direito Fiscal,* Almedina, Coimbra, 2005

CASALTA NABAIS, José, "Jurisprudência do Tribunal Constitucional em matéria fiscal", *Estudos de Direito Fiscal – Por um estado fiscal suportável,* Almedina, Coimbra, 2005

CASALTA NABAIS, José, "Avaliação indirecta e manifestações de fortuna na luta contra a evasão fiscal", *Direito e Cidadania,* Ano VI, n.º 20/21, Praia-Cabo Verde, 2004

CASALTA NABAIS, José, *O dever fundamental de pagar impostos. Contributo para a compreensão constitucional do estado fiscal contemporâneo,* Almedina, Coimbra, 1998

282 *Os Rendimentos do Trabalho e a sua Tributação*

RIBEIRO LOPES, Fernando, "Trabalho subordinado ou trabalho autónomo: um problema de qualificação", *RDES,* n.º 29, 2.ª série, 1987

FIGUEIREDO, Jorge, "Da tributação dos planos de opção de compra e subscrição de acções pelos trabalhadores. Uma abordagem integrada", *Fisco,* n.º 53, Abril 93, Ano 5

FREITAS PEREIRA, Manuel H. de, "Relações entre a tributação dos rendimentos do trabalho dependente e as contribuições para a segurança social – a experiência portuguesa", *Tributação dos rendimentos do trabalho dependente – Relação com as contribuições para a Segurança Social,* Vida Económica, 2000

GOMES SANTOS, José Carlos, "A tributação dos profissionais liberais – uma proposta de mudança", *Fisco,* n.º 16, Janeiro 1990, Ano 2

LEAL AMADO, João, *A protecção do salário,* Separata do vol. XXXIX, Boletim da Faculdade de Direito da Universidade de Coimbra, Coimbra, 1993

LEITE, Jorge, *Direito do Trabalho - Vol. II,* Faculdade de Direito da Universidade de Coimbra, Coimbra, 2004

LEITE, Jorge, "O princípio da igualdade salarial entre homens e mulheres no direito português", *Compilação de elementos para uma consulta especializada sobre igualdade de remuneração entre mulheres e homens,* Presidência do Conselho de Ministros, DGEEP, Lisboa, 2004

LEITE DE CAMPOS, Diogo, "O estatuto jurídico da pessoa (direitos da personalidade) e os impostos", *Revista da Ordem dos Advogados,* Ano 65, Junho 2005, Lisboa

LEITE CAMPOS, Diogo, *Direito Tributário,* Almedina, Coimbra, 2000

LOBO XAVIER, Bernardo da Gama, "Introdução ao estudo da retribuição no direito do trabalho português", *RDES n.º 28 – 2.ª Série,* 1986

LOUSA, Maria dos Prazeres Rito, "Aspectos gerais relativos à tributação das vantagens acessórias", *Revista de Ciência e Técnica Fiscal,* n.º 374, Abril/Junho de 1994

MAIA, Maria Manuela, "O conceito de retribuição e a garantia retributiva", *II Congresso Nacional de Direito do Trabalho – Memórias,* Almedina, Coimbra, 1999

MENEZES LEITÃO, Luís Manuel Teles de, "A tributação dos rendimentos de trabalho dependente em IRS", *Estudos do Instituto do Direito do Trabalho – Volume IV,* Instituto do Direito do Trabalho, Almedina, Coimbra, 2003

MINISTÉRIO DAS FINANÇAS, *Estruturar o Sistema Fiscal do Portugal desenvolvido,* Almedina, Coimbra, 1998

MARTINEZ, Pedro Romano, "Trabalho Subordinado e Trabalho Autónomo", *Estudos do Instituto de Direito do Trabalho – Volume I,* Instituto de Direito do Trabalho, Almedina, Coimbra

RODRIGUES ALMEIDA, Luciano S., *Introdução ao direito tributário português,* Almedina, Coimbra, 1997

RUI BARREIRA, "A tributação das indemnizações no âmbito do IRS", *Fisco,* n.º 9, Junho 1989, Ano 1

SALDANHA SANCHES, J. L., "Conceito de rendimento do IRS", *Fiscalidade,* n.º 7/8, Julho/Outubro 2001

SALDANHA SANCHES, J. L., *Manual de Direito Fiscal,* 2.ª Edição, Coimbra Editora, 2002

SALDANHA SANCHES, J. L., "Antigas e novas remunerações em espécie: o seu regime fiscal", *Estudos do Instituto de Direito do Trabalho – Volume I,* 2001, Almedina, Coimbra

SALDANHA SANCHES, J. L., "O regime actual das stock options", *Fiscalidade,* n.º 7/8, Julho/Outubro 2001

SALGADO DE MATOS, André, *Código do Imposto do Rendimento das Pessoas Singulares (IRS) Anotado,* Instituto Superior de Gestão

TEIXEIRA RIBEIRO, J. J.,"A noção de rendimento na reforma fiscal", *RLJ,* n.º 127

VASCO BRANCO GUIMARÃES, "As componentes não tributadas das remunerações e outra formas de obtenção de rendimento líquido", *Revista de Ciência e Técnica Fiscal,* n.º 395, Julho a Setembro de 99

VASCO BRANCO GUIMARÃES, "Tributação das profissões liberais", *Revista de Ciência e Técnica Fiscal,* n.º 354, Abril a Junho de 1989

XAVIER DE BASTO, José, *A tributação, em IRS, dos planos de opção, de subscrição ou de aquisição de valores mobiliários a favor de trabalhadores dependentes ou de membros de órgãos sociais,* Coimbra, 2003

ÍNDICE

NOTA DE APRESENTAÇÃO 5

OS GRUPOS NO DIREITO SOCIETÁRIO ALEMÃO
    Hans-Georg Koppensteiner 7

I – Introdução 7

II – Sinopse da lei orginária e da evolução legislativa 11
    1. Resumo 11
    2. Evolução legislativa 18

III – As perspectivas dos tribunais e da doutrina 23

IV – Comparação com o regulamento das "sociedades coligadas" em Portugal   31

V – Direito europeu 35

O ESTABELECIMENTO ESTÁVEL NAS CONVENÇÕES MODELO DA
OCDE E DA ONU
    Carla Palmeira 37

I – Introdução 39

II – O Estabelecimento Estável na Convenção Modelo da OCDE 47
    a) Evolução histórica do conceito 49
    b) A definição geral 55
    c) O elenco positivo 62
    d) Os estaleiros de construção ou de montagem 65
    e) A lista negativa – actividades de natureza preparatória ou auxiliar .. 71
    f) A cláusula de agência 79
    g) As empresas subsidiárias 92

III – O Estabelecimento Estável na Convenção Modelo da ONU 97
    a) Evolução histórica 98
    b) Análise da Convenção 100

286   *Índice*

IV – Considerações Finais 111
    Anexo 115
    Bibliografia 127

A LICENÇA POR MATERNIDADE E A SUSPENSÃO DO CONTRATO DE TRABALHO
    luísa Andias Gonçalves 131

I – Introdução 133

II – A Suspensão do Contrato de Trabalho 135

    1. A suspensão como efeito jurídico – regime civilista 135
    2. As insuficiências do regime civilista face às especificidades do contrato de trabalho 138
    3. Características da suspensão do contrato de trabalho determinada por impedimento temporário respeitante ao trabalhador 141
    4. A noção legal de suspensão do contrato de trabalho determinada por impedimento temporário respeitante ao trabalhador 145

III – A Suspensão do Contrato de Trabalho Determinada por Impedimentos Temporários Ligados à Maternidade e à Paternidade 151

    1. A licença por maternidade 151

        1.1. Regime Legal – Breve resenha histórica 151
        2.2. Finalidade da licença 158
        2.3. Os casos de parto de nado-morto e de morte de nado-vivo 161
    2. A suspensão do contrato de trabalho determinada pela licença por maternidade 164

IV – Efeitos da Suspensão do Contrato de Trabalho 169

    1. Efeitos da suspensão do contrato de trabalho por impedimento respeitante ao trabalhador 169
    2. Especificidades dos efeitos da suspensão do contrato de trabalho no caso da licença por maternidade 172

V – Conclusão 183
    Bibliografia 184

OS RENDIMENTOS DO TRABALHO E A SUA TRIBUTAÇÃO
    Joana Domingues 187

Introdução 189
    1. A necessidade de definir rendimento do trabalho 190

1.1. A perspectiva do direito laboral	190
1.2. A perspectiva do direito fiscal	198
2. Relevo da definição de rendimento do trabalho	206
2.1. Relevo da definição construída pelo direito do trabalho	206
2.2. Relevo da definição construída pelo direito fiscal	210
3. A prestação de trabalho e a sua remuneração	213
3.1. O trabalho subordinado	215
3.2. O trabalho autónomo	217
3.3. Consequências ao nível da retribuição	218
4. O conceito de rendimento do trabalho no direito laboral	223
5. O conceito de rendimento do trabalho no direito fiscal	231
5.1. A categoria A – os rendimentos do trabalho dependente	234
5.1.1. As fontes de rendimento	234
5.1.2. As prestações tributáveis	240
a) A remuneração principal	242
b) As remunerações acessórias (*fringe benefits*)	243
c) Abonos para falhas	256
d) Ajudas de custo	258
e) Indemnizações	258
f) Participação nas companhas de pesca	260
g) Gratificações atribuídas por terceiros	261
5.2. A categoria B – os rendimentos do trabalho independente	262
5.3. O valor das prestações tributáveis	264
5.4. O tratamento fiscal mais favorável	265
6. Uma abordagem crítica	271